纪念抗日战争胜利七十五周年

抗战大迁徙实录丛书
编委会

主　　任：潘　洵

副 主 任：刘东风　郭永新

顾　　问：张　生　黄正林

编　　委：（按姓氏笔画排序）

　　　　　王兆辉　王勇安　刘志英　张　炜　张守广

　　　　　赵国壮　郭　川　高　佳　唐润明

审　　稿：方大卫

抗战大迁徙实录丛书

丛书主编 潘洵

文化存续

郭川 著

陕西师范大学出版总社

图书代号：SK20N0718

图书在版编目(CIP)数据

文化存续 / 郭川著. — 西安：陕西师范大学出版总社有限公司，2020.7
（抗战大迁徙实录丛书 / 潘洵主编）
ISBN 978-7-5695-0837-6

Ⅰ. ①文… Ⅱ. ①郭… Ⅲ. ①文化史—史料—中国—近代 Ⅳ. ①K250.3

中国版本图书馆CIP数据核字（2019）第100747号

文化存续
WENHUA CUNXU

郭　川　著

选题策划	刘东风　张　炜　王勇安
执行编辑	郭永新　王西莹　胡　杨
责任编辑	高　歌
责任校对	熊梓宇
封面设计	张潇伊
图表设计	荣智广告文化
出版发行	陕西师范大学出版总社
	（西安市长安南路199号　邮编710062）
网　　址	http://www.snupg.com
印　　刷	中煤地西安地图制印有限公司
开　　本	720mm×1020mm　1/16
印　　张	20.25
插　　页	2
字　　数	280千
版　　次	2020年7月第1版
印　　次	2020年7月第1次印刷
书　　号	ISBN 978-7-5695-0837-6
定　　价	88.00元

读者购书、书店添货或发现印装质量问题，请与本公司营销部联系、调换。
电话：(029) 85307864　85303629　传真：(029) 85303879

总序：气壮山河之大迁徙

潘 洵

抗日战争全面爆发前的中国，不仅经济、文化、教育、科技等十分落后，布局也极不合理，绝大多数现代工业、金融、文化、教育、科技等机构集中分布于东部沿海沿江地区。据国民政府实业部统计，战前工业主要分散在冀、鲁、苏、浙、闽五省及天津、威海、青岛、上海四市，尤其集中于长江三角洲地带的苏、浙、沪两省一市，广大中西部地区川、滇、黔、陕、甘、湘、桂七省共有工厂237家，占全国工厂总数的6.03%，稍具规模的工厂几乎没有。战前全国108所高等院校中大学42所、专科30所，大部分集中在中心城市及沿江沿海一带，其中上海与北平占1/3，而贵州、陕西则一所没有。一旦东部沿海沿江地区遭遇战争破坏，将会给中国经济、文化、教育等带来毁灭性的打击。

从1931年九一八事变，日军炮击沈阳北大营开始，到1945年抗日战争胜利，中国历经了一次史无前例的大迁徙。特别是在全面抗战爆发以后，为了躲避日寇的炮火，为了不当亡国奴，数以千万的社会精英和平民百姓扶老携幼、驮箱推车、风餐露宿，艰难地向大后方迁徙。而同时，在国民政府和社会各界的动员和组织下，各政府机关、厂矿企业、文化单位、科研机构、大中院校、金融机构等也艰难地向西迁移。抗战大迁徙，涉及地域之广、动员力量之大、跋涉路途之遥远、历经时间之长久、辗转周折之艰险、作用影响之巨大，在人类历史上实属罕见。

这场大迁徙始因于1931年日本军国主义对中国东北的侵略。东北大学成为日军侵略下第一所内迁的高等学府,在九一八事变爆发后被迫走上流亡之路,成为第一所流亡大学,揭开了抗战大迁徙的序幕,其先迁北平复课,后又迁开封、西安,最后南下四川三台继续办学。

1935年华北事变后,华北危在旦夕,华北之大,已放不下一张平静的书桌。北平的部分学校、科研及文化机构开始了国难迁徙。位于北平的中央地质调查所、故宫博物院、中央研究院历史语言研究所等陆续南迁南京、上海。

全面抗战爆发后,平津很快沦陷,淞沪会战打响,首都南京岌岌可危,政府西迁迫在眉睫。1937年10月29日,中国军队在淞沪战场上处于不利的形势,蒋介石在国防最高会议上发表《国府迁渝与抗战前途》的讲话,确定以四川为抗日战争的大后方,以重庆为国民政府的驻地。①11月16日晚,国防最高会议正式决定国民政府西迁重庆。国民政府主席林森即席辞别,于当晚乘军舰溯江而上,率领国民政府高级官员及随员800余人离开南京,首途重庆。11月20日,国民政府正式发表移驻重庆宣言:"国民政府兹为适应战况,统筹全局,长期抗战起见,本日移驻重庆,此后将以更广大之规模,从事更持久之战斗。"同日,四川省政府主席刘湘电呈林森,表示"谨率七千万人,翘首欢迎"。12月1日,国民政府宣布在重庆简陋的新址正式办公。

国民政府的西迁,迅速带动中国沿海沿江和中部地区的工业、金融、文化、教育、科技等机构及民众的大规模内迁。"中华民族6000万儿女,政府官员、大学教授、工商老板、小工苦力,他们挈妇带女,扶老携幼,从海边走向大山,从莽莽林海前往黄土高原,从富饶的江南奔赴偏远的西南。他们不分老幼,不分男女,不分信仰,不分党派;为了生存,为了延续民族的血脉,为了抗击日本侵略者,走上艰苦卓绝的迁移之路。"②

为了保存中国经济命脉,支援抗日战争,上海及其他战区的民族企业家纷纷冒险犯难,将机器、设备和员工迁到武汉,继而又转移到西南内地。他

---

① 《国府迁渝与抗战前途》(1937年10月29日),见秦孝仪主编:《总统蒋公思想言论总集》第14卷,中国国民党中央委员会党史委员会1984年版,第655—657页。
② 苏智良、毛剑锋、蔡亮等编著:《去大后方:中国抗战内迁实录》,上海人民出版社2005年版,前言第1—2页。

们长途跋涉，历尽艰辛，迁往内地恢复生产，仅1938年至1940年，内迁工厂448家，有技工12,182人，内迁后复工的308家。[①]高校内迁也是抗战大迁徙的重要组成部分，从1937年到1944年，经历三次大规模的内迁：第一次是全面抗战开始到武汉、广州会战前，内迁高校达56所，占当时全国高校总数97所的57.73%；第二次是太平洋战争爆发后，内迁高校21所，占21.65%；第三次是1944年2月至12月豫湘桂大溃败时期，原迁在此的21所高校仓促再迁，损失极大。据统计：迁校4次以上的有19所，其中4次的有东吴大学、国立戏剧学校等8所；5次以上的有浙江大学、私立贤铭学院，其中浙江大学两年5次迁徙，途经浙、赣、湘、桂、黔五省，行程5000余里；6次的有河南大学等3所；7次以上的有中山大学、山西大学等5所；8次以上的有广东省文理学院。而迁校2—3次的占绝大多数。[②]抗战期间迁移高校总计106所，搬迁次数多达300余次。内迁重庆的科学研究学术单位、文化机构也很多，如国民政府国史馆，中央广播电台，兵工署导弹研究所，中央工业实验研究所，中央农业实验研究所，国立中央研究院动物研究所、植物研究所、物理研究所，中国地质调查所，永利化工研究所，中山文化教育馆，国立编译馆，国立礼乐馆，商务印书馆，正中书局，国立中央图书馆，中央电影制片厂等100多家单位。大量报社、出版社也纷纷迁渝，当时国民党的主要大报《中央日报》《扫荡报》《大公报》等，以及共产党的《新华日报》都在重庆印行。在战时四川的"文化四坝"中，重庆就占据了"文化三坝"（北碚夏坝、市区沙坪坝、江津白沙坝）。重庆出现文化机构云集、文人荟萃的局面，大大推动了重庆文化的繁荣。随着战争的持续，大量东部、中部地区的人口也纷纷内迁，据国民政府铁道部部长、交通部部长张公权先生估计"到1940年，沿海各省逃往大后方的人民，从一亿八千万增加到二亿三千万，以致全国人口总数之一半定居于中国后方"[③]。而据陈达统计，七七事变后短短数年中，全国城乡共有一千四百二十五万人迁往后方。[④]陈彩

[①] 国民政府经济部：《经济统计月报》，1940年第4期。
[②] 季啸风主编：《中国高等学校变迁》，华东师范大学出版社1992年版。
[③] 张公权：《中国通货膨胀的历史背景和综合分析》，见中国人民政治协商会议全国委员会文史资料研究委员会编：《工商经济史料丛刊》第1辑，文史资料出版社1983年版，第147页。
[④] 陈达：《现代中国人口》，天津人民出版社1981年版，第93页。

章认为大后方除有组织的迁移人口外，仅难民就收容了一千余万人。①而陆仰渊认为迁移人口多达五千万。②

太平洋战争爆发后，美国好莱坞著名导演弗兰克·卡普拉根据美国国防部参谋长马歇尔元帅的要求，制作完成了反映第二次世界大战真相的系列纪录片Why We Fight（《我们为何而战》），其中的第六集是1944年制作上演的The Battle of China（《中国战事》）。该纪录片以相当长的篇幅记述了抗战期间中国大迁徙的景况：

> 三千万人被本能驱赶着向西移动，路上崎岖难行，他们没有铁路快车可搭，在二千英里没有道路的荒地中往西移动，全世界目睹人类史上最不可思议的景象之一，史上最大的迁徙。任何可以使用和搬动的东西都被中国人带上路，他们的图书馆，他们的学校，他们的医院，全都被拆下来带走。一千多家工厂的机器，重达三亿多磅，被用卡车运走，用牛车运走，以及扛在背上带走。二千多英里的路程，向西二千多英里，只要可以，他们就聚集在仅存的少数几条铁路旁，等待着，希望在前往西方的目的地时，火车能多少载他们一程，当最后的一部火车载满人和机器后，铁轨也被拔起，一个横轨接着一个横轨，一块枕木接着一块枕木，都将运往西方，不留下任何东西给敌人。每一条往西的河都载满船只，每个舢板、每个驳船，都行在水面上，运送新中国所需的工具到河岸。什么也阻挡不了他们，即使是山谷里的狭窄河流也一样，运送比生命重要的机器往西行。旅程是以英里计，以英尺计，以英寸计，流着汗水一步步披荆斩棘，没有火车、没有船、没有牛车的地方，还是有自动帮忙的勤劳人手，三千万人往西迁移，往西离开侵略者，往西离开奴役与死亡，往西寻找自由。

中国铅笔工业奠基人，有"铅笔大王"之称的企业家吴羹梅曾回忆抗战内

---

① 陈彩章：《中国历代人口变迁之研究》，上海书店出版社1946年版，第112页。
② 陆仰渊、方庆秋主编：《民国社会经济史》，中国经济出版社1991年版，第636页。

迁经历："那是1937年8月,我在上海经营的中国标准铅笔厂为了救亡图存,加入了内迁的行列。由于上海江运已被日寇封锁,大轮船不能通过,同时火车又多被军队征用,陆路运输也不可能,因而只好出重价雇用木船,由小火轮拖到镇江,再以江轮转驶武汉。我与全体职工在敌机轰炸、炮火连天的危险时刻,争分夺秒,随拆随运。我们将拆下的机件,装上木船,在船外以树枝茅草伪饰,掩蔽船内物资。各船沿苏州河前行,途中遇到敌机空袭,就停避在芦苇丛中,空袭过去,再继续前进,终于经镇江运达武汉。次年三四月间,武汉吃紧,再迁宜昌。后因宜昌势难久留,又不得不溯江西上。宜昌以上川江,滩多水浅,只有木船可用。其时搁在武昌待运的物资堆积如山,运输大成问题。我们与工矿调整委员会武汉办事处负责人林继庸、李景潞多次商谈,承协助租到白木船几百只,始得成行。由宜昌至重庆水路全线1300哩,沿线有险滩75处,水流甚急,须由纤夫在岸上拉纤前行,速度很慢。过滩时,因水位不平,船头被纤拉住,往上倾斜,极为危险。如逢小轮急驶而过,激起高浪,最易倾覆沉没。我厂所租的白木船被浪涌入,有两只倾覆,物资落江,损失不小。我们就这样辗转设法把工厂的设备和物资,迁到了抗战后方的重庆。"①

抗战大迁徙是一曲撼人心弦的悲歌。由于国民政府对日本侵略的严重性、紧迫性认识严重不足,直到抗战全面爆发,日寇占领平津,上海即将沦陷,决定迁都重庆前不久,国民政府才匆忙部署政府机关和工矿企业的西迁事宜,造成了很大的被动。而对大中院校、文化单位、科研机构等的迁徙,更是缺乏统筹计划和组织,大多只能各自为政。且由于时间仓促,有的直接毁于战火,有的未来得及搬迁便沦于敌手,有的搬迁计划多次变更,搬了又迁,费尽周折。当时交通极不发达,公路铁路很少,西迁主要靠长江水道,运输能力严重不足。迁徙之路还不时面临日军的狂轰滥炸。更多的人只能靠双脚行走,肩挑背驮,颠沛流离,风餐露宿,艰难西行。

抗战大迁徙是一曲气壮山河的壮歌。对于大规模的工厂、机构的搬迁,即使在和平时期也是一项复杂的工程。但广大内迁员工同仇敌忾,满腔热情

---

① 孙果达:《民族工业大迁徙——抗日战争时期民营工厂的内迁》,中国文史出版社1991年版,序言第1页。

地投入搬迁，废寝忘食，夜以继日地拆卸、包装、装车、装船、造册，无论是机器设备，还是实验器材，无论是桌椅板凳，还是文物图书，都尽一切可能搬运到大后方。无论在迁徙途中，还是在大后方重建，完全陌生的环境，持续不断的无差别轰炸，无休无止的通货膨胀，"衣"的简朴、"食"的匮乏、"行"的艰难、"住"的简陋、"活"的困苦，都没有动摇他们一路向西的意志和抗战救国的信念。

抗战大迁徙是一曲可歌可泣的赞歌。抗战的西迁，粉碎了日军威迫中国首都、要挟国民政府妥协投降的企图，特别是国民政府移驻重庆，"一则防为城下之盟，一则更坚定抗战之决心，俾便从容为广大规模之筹计，使前方将士、后方民众感知政府无苟安求和之意念，愈加奋励"。抗战大迁徙，建立了一个长期抗战的战略后方基地，对支撑长期抗战，争取抗战最后胜利奠定了坚实的基础。"播迁想见艰难甚，辛苦谁争贡献多，宝气精心应不灭，从头收拾旧山河。"①抗战大迁徙，也给中国西部经济、文化、科技的发展创造了一个特殊的、前所未有的机遇。不仅为国民政府正面战场的抗战提供了物质基础，也在一定程度上调整了全国经济、文化、科技布局不均的状况，带动了西部地区经济、文化和社会事业的发展，极大地促进了西部地区的现代化发展。

抗战大迁徙，实现了抗击日军侵略的重大战略转移，奠定了中华民族持久抗战的坚强基石，是一部民族解放战争史上气壮山河的壮丽史诗。

为了再现抗战大迁徙波澜壮阔的历史画卷，弘扬伟大的抗战精神，陕西师范大学出版总社与西南大学中国抗战大后方研究中心共同策划推出"抗战大迁徙实录丛书"。该丛书包括《国府西迁》《文化存续》《金融对垒》《守望科学》《烽火兵工》《工业重塑》等六卷，由长期从事中国抗战大后方历史研究的学者编著。经过多年的不懈努力，力图以学术的视野，故事化的文字，并辅之以生动的图片，全景式呈现抗战大迁徙中那些颠沛流离的生活、悲欢离合的故事、可歌可泣的事迹和不屈不挠的抗争，给广大读者提供一套兼具思想性和可读性的学术读物。

---

① 黄炎培为迁川工厂出口展览会的题词，1942年2月。

引　言

抗战胜利后，冯友兰在《国立西南联合大学纪念碑碑文》中感慨地说："稽之往史，我民族若不能立足于中原、偏安江表，称曰南渡。南渡之人，未有能北返者。晋人南渡，其例一也；宋人南渡，其例二也；明人南渡，其例三也。'风景不殊'，晋人之深悲；'还我河山'，宋人之虚愿。吾人为第四次之南渡，乃能于不十年间，收恢复之全功。"

正如冯友兰所言，中国历史上晋、宋、明三朝，面对入侵，虽然都进行了文化迁移，最后还是难逃亡国的厄运，"南渡"而未能"北归"。需要说明的是，以历史的眼光来看，入侵的"外族"本身就是中华民族的组成部分，同时，在入主中原之前或之后，都很好地完成了汉化，因此，中原民族虽然被改朝换代，但中华文明并没有由此中断，反而实现了数次民族大融合。而日本的侵略，则使中国面临空前的民族灾难，亡国灭种的危险更使中华文明处于被中断、割裂的边缘。抗战爆发后，中国文化界进行了第四次"衣冠西渡"，新闻业、出版业、古籍文物、科研机构和社团、高等院校等文化单位都进行了大规模的内迁。其规模之大，历时之长，在中国乃至人类文明史上都是史无前例的。其中，国民党中央广播电台、商务印书馆、故宫博物院、中央研究院的迁徙都堪称传奇，而高等院校的弦歌不绝则更是见惯不惊，可以说战时中国几乎所有的高校都加入了内迁的序列。抗战时期的文化内迁可说是有史以来最大的"文化诺亚方舟"，承载着中华文明延续和复兴的梦想，在战争的惊涛骇浪之中风雨飘摇。其不但极大地推动了大后方抗战文化运动的蓬勃发展，为抗战的最后胜利提供了保障，更重要的是维系了文化血脉的延绵不绝，也为中华民族的伟大复兴打下了坚实的基础。

　　美国记者白修德考察了抗战时期中国的移民潮以后，不无敬佩地说："中国就在移动，这是人类历史上最大的集体移民之一。令人诧异的是，中国任何作家或小说家都没有把这个场面充分地记录下来。大批大批衣衫褴褛的人民，通过公路和山脉向西移动，这景象是游牧时代以后绝无仅有的。"值得注意的是，在抗战时期的各类移民当中，知识分子所占的比例相当高，1938年5月22日，《新华日报》报道："据某处非正式的统计，自东战场逃来的难民，文化教育者占百分之五十五，党政及国营事业者占百分之二十一，商人占百分之十六，工人占百分之六，而农民只占百分之二。"从这一统计不难看出，单是文化教育者即占到一半以上，更不要说在党政及国营事业者中，还有相当部分应归属于知识分子群体。即使在知识分子群体内部，内迁的比例亦相当高，据社会学家孙本文统计，"高级知识分子十分之九以上西迁，中级知识分子十分之五以上西迁，低级知识分子十分之三以上西迁"。这一数据多少让人匪夷所思，民国知识分子是社会的精英阶层，处于传统向现代的过渡时期，新旧交错、中西杂糅，其思想观念、政治诉求、学术渊源本来就具有极大差异，而"文人相轻"的积习、五四运动民主自由的洗礼更使其个性色彩千差万别，但抗战时期的知识分子，却能放弃党派之争、门户之见，义无反顾地加入内迁的行列，这仅仅用忠于领袖、忠于政府根本解释不通。刨根问底，根本原因还在于这个特殊群体有着共同的文化认同，自觉地以传承中华民族文化为己任。

　　在抗战移民大迁徙中，知识分子个体即便是作为内迁人潮中的一粒尘沙，也在历史的长河中熠熠生辉。郭沫若"别妇抛雏断藕丝"，漂洋过海从日本冒死归国；老舍也抛妻弃子，"提个小箱撑中华"，奔赴抗战大后方，投身于抗战文化运动；西南联合大学（简称西南联大）的湘黔滇旅行团历时69天，行程3500里，由长沙步行来到昆明，完成了"中国教育史上的一次创举"；浦江清则千里走单骑，共经9省，耗时177天，行程8000里，从上海回到昆明，续写了文天祥"不指南方不肯休"的文人气节；丰子恺带领全家老幼11人进行"艺术的逃难"，"宁做流浪者，不做亡国奴"；竺可桢在带领浙大"文军西征"的过程中，以半月之内"才丧仲儿又失妻"的惨痛尽忠"浙大保姆"的职守；陈训慈蚂蚁搬家似的将文澜阁《四库全书》辗转迁移，以一介书生的绵薄之力守护着"中国文化的万里长城"；王酉亭则带领中央大学畜牧场的动物大军，进行另类长征，成就了中大"鸡犬不留"的内迁神话，向侵略者骄傲地宣告："动物也不当亡国奴！"以上内迁故事虽不及众多内迁故事之万一，也难以逐一叙述，但可以肯定的是，知识分子的内迁经历无一不可歌可泣，名垂青史！

在抗日战争中，中国作为一个传统的农业国，被迫进行了一场现代化战争，并在相当长一个时期，在世界上处于孤立无援的绝境。在现代战争中，决定战争成败的因素很多，但对现代化进程刚刚起步的中国而言，精神的因素无疑至关重要。1937年底，日军惨烈轰炸的硝烟未尽，顾毓琇就豪迈地断言："如知识分子认为抗战有望，也未必得胜；但如知识分子认为抗战无胜利希望，则抗战必败。""得民心者得天下"是为中国古训，历朝历代的兴替都可为之佐证，但传统的"民心"究竟为何物则莫衷一是。许纪霖则一语破的："中国传统上是民本政治，从儒家一直到国民党，都讲民本、民生，但是民是沉默的大多数，他本身不可能发出声音。哪怕到了近代，有了公共领域，有了现代的传媒、报纸、杂志，其中能够主持言论的还是知识分子，不是一般的小民。民是要被代表的，而代表民意民众的，恰恰是掌握了话语领导权的知识分子。在中国历史上，统治者是否得民心，实际上是是否得士心，倾听士大夫的清议和民间舆论。"因此，"民心"在中国很大程度上其实就是"士心"，历史事实证明，正是中国"百无一用"的文弱书生，在抗战中以"天下兴亡，匹夫有责"的道义感，以对国家、民族不离不弃的忠诚，以传统士人不屈不挠的傲骨，铸就了中国血战到底、宁死不降的民族脊梁。

目　录

第一章　史上最大的"文化诺亚方舟" / 1

　　新闻业的内迁 / 3
　　出版业的内迁 / 7
　　古籍文物的内迁 / 13
　　高校的内迁 / 17

第二章　救火的鹦鹉 / 29

　　"丧家之狗" / 31
　　露　宿 / 35
　　书生的脚步 / 38
　　淑女的肩膀 / 42
　　"应该留在祖国吃苦" / 51

第三章　别妇抛雏断藕丝 / 57

　　漂洋过海的"候鸟" / 59
　　郭沫若的遗嘱 / 63
　　去住两难 / 66
　　从日本回来了 / 76

第四章 提个小箱撑中华 / 83

不再宁静的青岛 / 85

风雨飘摇的济南 / 89

不能让敌人夺走气节 / 92

快活得要飞了 / 100

舍予就是"无我" / 103

第五章 湘黔滇旅行团 / 109

用脚丈量的三千五百里 / 111

旅行不是旅游 / 118

湘西遇匪 / 122

风雨沅陵 / 126

地无三尺平的贵州 / 129

It's a long way to 联合大学 / 141

中国教育史上的一次创举 / 146

第六章 不指南方不肯休 / 153

偷渡敌占区 / 155

屯溪受困 / 160

再上征途 / 167

染上了疟疾 / 169

行李被窃 / 173

千里走单骑 / 176

第七章 宁做流浪者,不做亡国奴 / 179

辞缘缘堂 / 181

还我缘缘堂 / 186

艺术的逃难 / 190

第八章　才丧仲儿又失妻 / 201

"侠"女飞天 / 203
校长也是家长 / 207
气象学家的日记 / 211
"魂"兮归来 / 215
浙大保姆 / 222

第九章　前丁后陈　并垂不朽 / 225

无车无钱的运书之苦 / 227
无处安妥的藏书之地 / 233
求神拜佛 / 240
节外生枝 / 246

第十章　动物也不当亡国奴 / 253

炸弹下长大的大学 / 255
让罗家伦折服的另类"长征" / 261
动物的"敦刻尔克" / 269
苏武归来 / 274

第十一章　斩不断的文化血脉 / 277

抗战文化运动 / 279
大后方文学、艺术的发展 / 284
大后方新闻、出版业的发展 / 291
大后方教育的发展 / 295

后记 / 303

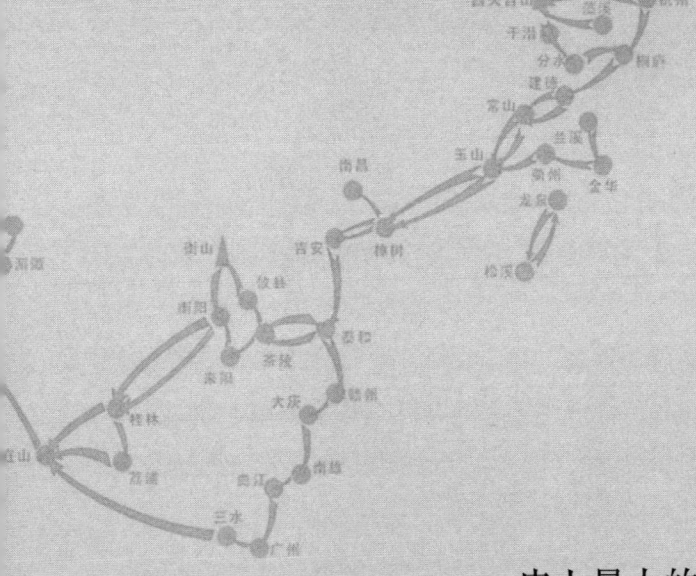

第一章
史上最大的"文化诺亚方舟"

1932年10月11日,中央大学校长罗家伦在就职演说中说:"一个民族要能自立图存,必须具备自己的民族文化。这种文化,乃是民族精神的结晶,民族团结图存的基础。如果缺乏这种文化,其国家必定缺少生命的质素,其民族必然要被淘汰。一个国家形式上的灭亡,不过是最后的结局,必定是由于民族文化和民族精神先告衰亡。"九一八事变后,中国有远见卓识的知识分子,已经非常清楚地认识到民族文化对于国家存亡的重要性。在民族危机面前,中国知识界以文化传承为己任,在抗战烽火之中,以血肉之躯成就了人类文明史上最大的"文化诺亚方舟",使中华文化得以薪火相传。

新闻业的内迁

报刊是文化的重要载体，报刊及报社内迁是抗战时期文化内迁的重要组成部分。七七事变后，国民党新闻机构随国民政府辗转内迁，最终建立起了以重庆为中心的新闻宣传网络，各种民办报纸也纷纷内迁，为抗战宣传发挥了极大作用。诚如石西民所言："伟大的抗日战争年代是中国新闻界大团结的时代，是中国新闻事业向祖国的纵深地区大发展的时代。"①

抗战初期，武汉一度成为全国的新闻中心。战前，武汉的新闻事业已有相当规模，主要报纸有《武汉日报》《扫荡报》《华中日报》《正气日报》《武汉时报》等，此外还有一些社会新闻、文化娱乐类的小型报纸，如《今日报》《罗宾汉报》等，中央通讯社也在汉口设有分社。1937年底至1938年初，一批著名的报纸和新闻机构纷纷内迁武汉。如天津《大公报》、上海《申报》分别出版汉口版，从上海迁来的还有《抗战》《世界知识》《中国农村》等刊物，中央通讯社总社也于1937年11月迁武汉，国民党中央广播电台也一度在汉口进行播音。据统计，从全面抗战爆发至1938年10月武汉陷落，在武汉出版的报纸有20余种，时事政治和社会综合性杂志有70余种。②

重庆作为战时陪都，继武汉失守后，成为理所当然的全国新闻中心。战前，在重庆出版的报纸仅有《商务日报》《新蜀报》《国民公

---

① 中国社科院新闻研究所编：《抗日战争时期的中国新闻界》，重庆出版社1987年版，第2页。
② 钱锋：《抗战初期武汉的报刊》，见中国社会科学院新闻研究所编：《抗日战争时期的中国新闻界》，重庆出版社1987年版，第266页。

报》《大江日报》《济川公报》《西南日报》等几家。战时各省市迁来的报纸，单是影响较大的就有南京的《中央日报》《扫荡报》《新民报》《南京晚报》，上海的《时事新报》、《大美晚报》（英文），北平的《世界日报》，天津的《大公报》《益世报》，武汉的《扫荡报》《新华日报》《自由西报》《壮报》《武汉快报》《武汉晚报》《群众周刊》，等等。抗战期间，迁入重庆的通讯社主要有：中央通讯社、中国新闻摄影通讯社、新生命通讯社、新编新闻社、华侨通讯社、民声新闻社、促进新闻社、励商通讯社、大陆新闻社、中大新闻社等。此外，一些著名的外国通讯社、报刊社也纷纷向重庆派驻新闻机构与记者，如：英国的路透社，美国的合众社、美联社，法国的哈瓦斯社，苏联的塔斯社，德国的海通社，等等；英国的《泰晤士报》，美国的《纽约时报》《时代周刊》，法国的《巴黎日报》，苏联的《消息报》，等等。

桂林的报纸在战前仅有1家，战时增至13家。各种文化团体在桂林复刊、创刊和发行的报纸有《新华日报》（航空版）、《救亡日报》、《力报》、《扫荡报》、《桂林晚报》、《自由晚报》等。设在桂林的新闻机构有国际新闻社、中国青年记者学会桂林分会、战时新闻社、中央通讯社桂林分社、西南新闻社、民从通讯社、南方通讯社和广西摄影通讯社等10余家。据统计，1938—1945年，先后有100多家报纸在桂林出版发行，是桂林历史上出版报纸最多的一个时期。在云南，战前只有国民党省党部主办的《云南民国日报》和云南省政府主办的《云南日报》。全面抗战爆发后，内地许多大报也纷纷迁来昆明出版，如：南京的《朝报》、天津的《益世报》、国民党中央政府机关报《中央日报》等，王作舟指出："在抗日高潮的推动下，云南的新闻事业出现了空前的繁荣，各种报刊如雨后春笋般纷纷设立。从1937年7月到1945年8月抗战胜利，云南先后出现各种报刊达68种之多，存在时间较长、影响较大的有10家。这是云南新闻事业史上从未有过的现象。"[①]

---

① 王作舟：《抗战时期的云南新闻事业》，载《思想战线》1996年第2期。

在新闻业内迁的过程中，当数国民党中央广播电台（以下简称中广）的内迁最为离奇，中广台长吴道一在《中广四十年》一书中对这一经过叙述得最为详细。

1937年8月13日，淞沪战役爆发。8月14日，日机即开始轰炸南京，由于中广的设备全部有赖进口，为了避免损失，便开始将部分器材运往长沙。11月，上海战局恶化，中广开始疏散部分员工，将不急用之器材带往长沙广播电台，只留少数人员坚守南京。11月8日起，国民政府各机关陆续迁往汉口、重庆，11月20日，中广播出了最后一条重大新闻《国民政府移驻重庆宣言》，11月23日，中广停止播音，同时将笨重器材（如600马力柴油引擎发电机、数十千瓦直流电动发电机、巨型变压器等）全部破坏，以免资敌，其他重要器材装箱运往武汉。由于轮船载重有限，旅客众多，仍有不少器材遗留在南京江东门。11月27日，吴道一等人刚到武汉，就接到军事委员会秘书厅发来的急电，蒋介石认为首都中枢虽已撤离，但仍应设立南京电台以资对外宣传。吴道一临危委派工程师叶桂馨为南京广播电台台长，重返南京筹备一切。其理由甚为悲壮："因叶原籍南京，人地熟悉，万一遇到紧急，可往乡间亲友处暂避。"显然，此时重返南京筹设电台，无异于重入虎口，但传音科长范本中及陈驭六、钱瑶章、张伯勤四人临危不惧，自愿冒险先行。11月29日晚，范本中等四人坐商轮东下，临行约定，四人可相机行事，如无法建立电台，则将江东门剩余的器材，再行拆卸装船，吴道一当由汉口派轮迎接。12月1日晚，范本中一行抵达下关，同日，日本下达了进攻南京的作战命令，南京保卫战正式开始。此时南京城内已是兵荒马乱，要建立广播电台当属天方夜谭，范本中等四人在江东门再度从事拆机工作，将部分器材装箱，而吴道一也在武汉紧急电话通知四人觅雇木船装运西上，武汉方面派轮接应。由于情势危急，武汉的轮船多不敢启碇东下，12月3日，吴道一、叶桂馨费尽周折，在武汉重金雇小轮东驶，据吴道一回忆："仅见迎面来的大小船只，络绎不绝，而同方向行驶者，竟似凤羽麟毛。"12月4日，日军和国民党军在南京市郊接火。刚过安

南京国民政府中央广播电台发射台旧址

庆的吴道一等人,"沿途仔细寻找装机木船,连附近港湾亦须过目"。12月7日傍晚,吴道一船抵芜湖,"该地遭日机轰炸,引起大火,余烬尚存"。[①]就在当日,蒋介石也离开南京飞赴南昌。12月8日清晨,吴道一等在芜湖下游江面找到了装运广播机件的两艘帆船,于是用缆绳系住,一齐逆流而上。12月13日,吴道一等人抵达汉口,当日,日军攻陷南京,开始了惨绝人寰的大屠杀。

① 吴道一:《中广四十年》,中国广播公司1968年版,第79—80页。

出版业的内迁

书局、书店、出版社作为重要的文化机构，也纷纷加入战时中国文化内迁的序列。战前，我国出版机构集中于上海、南京、北平、天津、广州等大都市，尤其是上海，堪称全国出版中心，当时中国的三大出版机构——商务印书馆、中华书局和世界书局都汇集于此。据潘公展《抗战七年来之出版事业》一文统计，仅以战前的1936年为例，这三大出版机构的出版量就占该年全国出版总量的71%。[①] 全面抗战爆发后，各出版单位纷纷内迁，潘公展以1941年、1942年、1943年为例，对抗战大后方的出版事业情况做了如下统计：

■ 抗战大后方出版事业情况（1941—1943）

	书店	印刷店	杂志	图书
1941年	754	430	573	1891
1942年	1286	1311	776	3879
1943年	628	709	718	4408

由于民国时期书店兼有出版发行的功能，同时，印刷店、杂志也是衡量出版事业的重要指标，因此，潘公展将书店、印刷店归入出版事业

---

① 潘公展：《抗战七年来之出版事业》，载《文化先锋》1944年第3卷第23期。

一并考察。从上表中不难看出，全面抗战期间大后方的出版机构如雨后春笋一般突然冒出来，这不可能全部都是在战时人、财、物都极端紧张的情况下新增设的，其大多数只能解释为沦陷区出版机构的内迁，以下事实也能充分说明这一点。

1937—1938年，中国出版业主要以武汉为中心，以广州、长沙等地为据点。战前武汉仅有湖北官书局、武汉印书馆、汉口现代书局、武昌进化书社、亚新舆地社等20余家出版单位，抗战军兴，随着国民政府党军政机关的迁入，武汉成为当时全国出版机构最为集中的地方。从1937年八一三战事发生到1938年10月武汉失守的一年多时间里，武汉先后有57家出版社和100余家书店，[①]其中较著名的就有生活书店、读书出版社、新知书店、中国出版社、扬子江出版社、海燕出版社、通俗读物出版社、三户书社、上海杂志公司、黎明书局、正中书局、独立出版社等。武汉的出版机构还联合组成了"武汉出版业抗敌工作团"，国民党中宣部甚至认为："目前出版界已全数集中武汉。"[②]这一时期，出版业相当繁荣，各出版机构共计出版图书550余种，期刊超过100种，鼎盛时更达180种。[③]抗战胜利之际，田汉、闻一多等在对抗战文化运动进行回眸时也指出："由抗战开始到汉口时代，这一个时期是出版事业最繁荣的时期。"[④]

武汉陷落后，出版业大多由汉迁渝，形成了以重庆为中心、桂林为重点的大后方出版业，鄂、湘、川、黔、滇、粤、赣、浙、闽的若干中小城市也相继成为各省或数省出版发行的新据点。

作为战时陪都的重庆，战前出版单位稀少，仅有书店40余家、大印刷厂17家，出版种类也非常单一，仅有翻印古代典籍、刻印民间唱本两大类。1937年12月，由《春云》月刊编辑部编辑，重庆春云社发行，今日

---

① 参见《湖北省志·新闻出版卷》（下）（湖北人民出版社1995年版）中《抗战初期武汉地区出版社名录》《1937年7月至1938年10月武汉地区刊物出版名录》和《1925—1937年武汉地区书店一览表》三个附表。
② 湖北省地方志编纂委员会编：《湖北省志·新闻出版卷》（下），湖北人民出版社1995年版，第97页。
③ 熊复主编：《中国抗日战争时期大后方出版史》，重庆出版社1999年版，第42页。
④ 张静庐辑注：《中国现代出版史料》丙编，中华书局1956年版，第136页。

出版合作社总经售的《春云短篇小说选集》出版，才实现了重庆出版事业零的突破。①1938年武汉失守后，大批出版机构内迁，重庆出版业开始呈现繁荣局面。1941年太平洋战争爆发后，商务印书馆、中华书局、世界书局等三大出版机构的总管理处迁渝，生活、读书、新知三家也开始复苏。据不完全统计，全面抗战期间，经国民政府图书审查处注册行文审批的重庆出版、发行机构共404家，加上未登记注册的单位，共644家，仅1942年重庆就有书店145家，印刷厂131家。从以下例子亦不难看出战时重庆出版业的繁荣，1943年4月，国民政府教育部指定商务印书馆、中华书局、正中书局、世界书局、大东书局、开明书店、文通书局7家在重庆组成"七联"（全称为"国定中小学教科书七家联合供应处"），垄断了中小学教科书的出版发行业务。1943年12月19日，生活书店、读书出版社、新知书店、上海杂志公司、作家书屋、五十年代出版社、华中图书公司、文化生活出版社、文化供应社、群益出版社、国讯书店、峨嵋出版社、教育书店等13家出版单位发起组织"新出版业联合总处"与"七联"抗衡，1944年9月9日改组为新出版业联营书店股份有限公司，至全面抗战胜利时，股东单位已发展到33家，值得注意的是，以上所提及的出版机构均系内迁。

在重庆继武汉成为新的出版中心的同时，桂林出版业也十分兴旺。自1938年汉穗失守至1944年豫湘桂大撤退的六年间，特别是1941年太平洋战争爆发后，桂林成为香港至重庆的中转站，各出版机构纷纷迁入，桂林成为仅次于重庆的第二个出版中心。在一个时期内，中国80%的书籍是由桂林出产供给的，有报道称：当时的桂林"贩卖精神食粮的书报店的增加率，和贩卖粮食的饭菜馆，等量齐观"。②据统计，整个抗日战争时期，桂林共有各类书店、出版社180多家，其中仅1942年，在桂林书业公会登记过的大小书店及出版社就有79家，《新华日报》曾发表文章感慨地说："抗战以来，一个城市的出版单位多至于此，大约还是第一次。"③

---

① 郝明工：《试论抗战时期的重庆出版事业》，载《湖北民族学院学报》1995年第4期。
② 丽尼：《战期中桂林文化的动态》，载《克敌周刊》1938年第23、24期。
③ 秋飔：《桂林的出版事业》，载1942年9月25日重庆《新华日报》。

桂林的印刷业也相当发达，据1943年7月的统计，桂林有大小印刷厂109家，其中从事书版印刷的有8家，书版兼彩印杂件的6家，书版兼杂件的12家，彩印5家，铸字2家，装订3家，设备比较齐全。每月可生产用纸10000～15000令，月排字能力3000万～4000万字。①据不完全统计，全面抗战期间，桂林出版了2000多种图书，极盛时期每月达40余种，每种新书初版一般印3000册；期刊累计近300种，有的发行量达10,000份。桂林是战时全国两大文化城之一，显然与出版业的大量迁入密切相关，诚如赵家璧所言："说桂林是文化城，不如说它是出版城更来得适当。……假如以中国出版业的发展史而言，桂林的这一阶段是值得大书特书的。"②魏华龄对此所见略同："抗日战争时期，桂林曾有'文化城'之称，而这个文化城的主要特点是以出版事业的发达为主要标志的。"③

抗战期间，中国出版业的内迁情况纷纭复杂，无法逐一述及，仅以当时全国最大的出版机构——商务印书馆的内迁为例亦可"见一叶而知秋"。商务印书馆总经理王云五回顾了抗战期间的搬迁经历："我的办法第一步即在炮火声中，于一个月内在上海租界中区成立一所临时工场，暂行维持工作，并安插一部分失业职工；第二步在国军还未撤退以前，将原设香港的工厂扩充，尽量安插上海因战事失业的职工，并继续为相当规模之新出版；第三步即于沪战发生后三个月内在长沙创设一所工厂，并移调沪港过剩之职工，在长沙工厂工作，以期渐将移至香港之出版重心转入内地。"④虽然王云五说得简略，但其实这三步，每一步都是举步维艰。

第一步——上海。1937年10月1日，商务印书馆劫后余生，在上海恢复出版新书，从当年发布的启事中不难看出其中辛酸："敝馆五年以来，两遭国难。二十一年一·二八之役，总馆及总厂全毁，损失奇重。总馆因是停业半年。复业后，鉴于学术救国之重要，于同年十一

---

① 洗文：《桂林市的印刷工业》，载《中国工业》1943年9月第19期。
② 赵家璧：《忆桂林——战时的"出版城"》，载1947年5月上海《大公报》。
③ 魏华龄：《抗战时期桂林的出版事业》，载《新文化史料》1990年第1期。
④ 王云五：《旅渝心声》，商务印书馆1945年版，第248页。

月一日宣布，每日出版新书至少一种，五年以来从未间断。且逐渐增加至每日三四种，教科书及大部书尚不与焉。本年八一三之役，敝馆上海各厂因在战区以内，迄今无法工作，书栈房亦无法提货。直接损失虽未查明，间接损失实甚严重。自沪战发生之日起，所有日出新书及各种定期刊物预约书籍等遂因事实之不可能，一律暂停出版。月余以来，就较安全之地点，设置临时工场，并就分厂力量设法调剂，决自十月一日起，恢复新出版物。惟是能力有限，纸张短缺，运输亦重感困难，只能量力分别进止。其继续进行者，亦只能分别缓急，次第出版。邦人君子鉴于敝馆今日处境之困难与始终为文化奋斗之诚意，当能垂谅一切也……"①

民国时期的商务印书馆

第二步——香港。由于当时商务印书馆在香港出版的书籍，以及在香港为内地印刷厂采购的机器、纸张等，都要绕道越南（海防）才能到达内地，而越南当时处于法国的控制之下，王云五在回忆中谈到运输疏通是"困难日甚"："关于以巨额黑市价购买车皮之事，尽人皆知，我不愿多说。至于公仓的管理紊乱，尤为骇人听闻。就是货物入仓随便乱放，往往先到的压在下面，后到的放在上面。好容易获得车皮可以内运；于是匆匆忙忙，不能按照货物入仓的先后，或按照货主的需要，随便把放在上面的货物提运；因此，不仅后到的往往先运，而且一部机器分装几箱的，在随便起运的情形下，便使运到内地的机器残缺不全，纵

---

① 王云五：《王云五全集16·八十自述》（上），九州出版社2013年版，第206页。

然大部分已经运达目的地，只因偶缺某一部分，便无法利用。"①

日军控制越南以后，王云五颇为抱怨的"香港—海防—内地"的运输渠道也失去了。王云五回忆说："商务书馆以香港为中心的出版物，只能由广州湾像走私式的经广东南部而入内地，或由沙鱼涌以冒险的方式经广东东部而入内地；至以上海租界为中心的出版物则偶然冒险以帆船经闽浙沿海而入内地，其困难达于极点，而比较上最有效的路线还是广州湾走私式的路线。"②但这种走私路线的"包运费极形庞大"，以至于商务印书馆不得不采取"节约版式""轻磅纸张""航空纸型"等方式出版图书。

第三步——内地。由于不愿长期依赖香港，王云五曾计划在长沙设立印刷厂，并将上海的机器设备运抵长沙，但由于纸张来不及从上海运出，只能就地收购白纸，更为困难的是，长沙缺乏熟练工人和技术人员，即便如此，王云五还是勉强在长沙开工支应。1938年11月13日，长沙"文夕大火"，国民党为实行焦土抗战，将长沙付之一炬，商务印书馆未及迁往重庆的设备被焚毁殆尽。

除长沙之外，王云武还在重庆、昆明、桂林、赣县、西安筹备设立工厂。所需的机器设备，重庆工厂由长沙工厂迁设，昆明则由上海经海防转运，赣县、桂林由上海经宁波转运，同时就地收购小型机器，以资补充。后来，桂林和昆明两厂由于技术人员奇缺，设厂计划未能实施，西安办厂也未见实效。重庆、赣县两家印刷厂，费尽九牛二虎之力才坚持下来。起先其规模不大，作用也有限，直到1941年12月香港沦陷后，商务印书馆在香港的基地成为泡影，重庆、赣县这两家印刷厂才最终发展为商务印书馆在抗战大后方的两个生产基地。

1944年11月18日至21日，重庆《工商日报》连续刊载郑君实撰写的《经济界的文化人王云五》，对王云五的坚韧不屈表达了由衷的敬佩："统而言之，王云五氏可说是一个不出世的非凡的人……在日本人看，却是眼中钉，但是个不倒翁，在他自己看，他是一头野牛！"

---

① 王云五：《岫庐八十自述》（上），江西教育出版社2011年版，第266页。
② 王云五：《岫庐八十自述》（上），江西教育出版社2011年版，第267页。

古籍文物的内迁

古籍文物是中华民族的宝贵文化遗产。抗战期间，两院（北平故宫博物院、南京中央博物院）、两馆（中央图书馆、北平图书馆）收藏的古籍文物的内迁都历尽了千辛万苦。

中央博物院在卢沟桥事变后，即着手馆藏的迁移工作。1937年7月，迁离南京，先至汉口，随后迁到重庆沙坪坝。1939年6月，又分三批运往昆明，小部分暂存四川乐山。1940年8月，迁往昆明的文物再转迁四川南溪。1937年11月18日，中央图书馆奉命西迁，11月20日，130箱1万余册重要图书即离开南京运抵武汉，12月15日，雇民船运至岳阳，后转宜昌，1938年2月1日，运抵重庆，存放于川东师范大礼堂。1939年3月，因重庆频繁遭到日机轰炸，该批图书疏散至白沙。

最艰难的文物内迁莫过于故宫博物院。九一八事变后，有备于日寇的觊觎之心，1932年11月，南京国民政府即通过提案，着手将北平故宫的重要文物南迁。1933年2月6日—5月5日，在院长马衡的组织下，在几十万件故宫馆藏中精选了242,592件珍贵文物，共装19,557箱，其中计有故宫博物院13,491箱、古物陈列所5414箱、颐和园640箱、国子监11箱，共装有秦朝以来的书法、绘画作品6411幅，商代青铜器4402件、玉器3894件、南宋瓷器23,780件等珍贵国宝。[①]其中古物、图书暂存上海租界，档案暂存南京行政院大礼堂。1936年8月，上海的文物运抵南京，存放于南天宫。1937年7

---

① 孟国祥：《大劫难：日本侵华对中国文化的破坏》，中国社会科学出版社2005年版，第87页。

月全面抗战爆发后,故宫博物院存放在南京的文物分三批西迁。

第一批文物于1937年8月14日先溯江西上武汉,再用火车由陆路运至长沙,存入湖南大学图书馆。1938年1月9日,文物由长沙经桂林运到贵阳,由于贵阳时有日机骚扰,1939年1月9日,文物又被转运至贵州安顺,存放在华严洞。1944年11月28日,日军进犯贵州境内,这批文物又沿川黔公路运到四川巴县乡间。

第一批文物在贵州的运送情形

第二批文物于1937年11月19日由火车先经津浦线到徐州,转陇海线到郑州、西安,再转宝鸡。当时中国军队已退守黄河一线,敌机经常轰炸陇海线,运送工作异常危险,12月底,文物终于到达宝鸡。不久,潼关吃紧,西安告急,文物又向陕南汉中转移。当时宝鸡至汉中只有一条在秦岭之中盘旋的简易公路。据参与押运的吴玉璋回忆说:"我们在车轮上挂着铁链,摇摇摆摆地上山。山中积雪已多,无法辨出路来。我坐在司机身边,只觉车身颠颠簸簸,下坡路时,好几次滑到山崖边才悬崖勒马,司机惊得满头大汗。待平安归来,才发现自己在大雪天里,居然紧张得里外棉衣都给汗浸透了。"[①]由于道路十分险峻,而汽车的

---

① 孟国祥:《烽火薪传:抗战时期文化机构大迁移》,商务印书馆2015年版,第85页。

运力有限，文物共分28批，从1938年2月22日起，到4月11日才运完，历时48天。不久，汉中也开始遭到日机轰炸，1939年2月22日，文物开始向成都转运，而成都是更大的空袭目标，1939年7月，文物运至峨眉山，存放在县城西门外的武庙和东门外的大佛寺内。此时的文物仍然命运多舛，据参与运送文物的那志良回忆："1943年底，峨眉县城发生过一次火灾，火势延烧到西门外，幸亏守护文物的工作人员迅速拆掉武庙附近的一排草房，切断火路，才使庙内两千多箱文物幸免于难。"

第二批文物在川陕公路的运输情形

第三批文物于1937年12月12日乘船离开南京，次日，南京即告陷落。离开南京的轮船是中英文化协会总干事杭立武费尽周折向英国人租借的"黄埔轮"。《台北故宫》记载了当时的紧张情形："这时日军已到南京城边，成千上万的人想要离开。难民们纷纷涌向'黄埔轮'，英商看到这种情形，害怕被日军轰炸，一度拒绝开船，称除非杭立武与船一起走，否则没人敢负这个责任。杭立武毅然决定随同文物一起前往汉口，甚至来不及与家人告别。因难民太多，杭立武上不了船，只好用吊绳把他吊上去。"[①]参与运送文物的那志良在回忆中谈到事情的真相：

---

① 周兵：《台北故宫》，金城出版社2009年版，第11页。

"接洽船只的事,就落到杭立武先生的身上了,杭先生给了他们不少的保证,他们才肯装,杭先生告诉我说:'第二条船装好之后,他们不叫我下船,一直到船开出一段距离之后,才用小船把我送到岸上来。'我说:'我明白他们的用意。万一日机来炸,他们会被炸死,请您来做殉葬的。'"[1]就这样,文物终于由水路运往汉口。1938年1月9日,迁往宜昌,5月,又运往重庆的飞仙岩,由于重庆开始遭到日机惨炸,1939年8月,文物又经宜宾运至乐山,马衡得知消息后,在给那志良的信中说:"自泸州被炸,忧心如捣,数夜不眠。得来电,知兄大功告成,急嘱厨房备酒,痛饮数杯。"[2]欣喜若狂之情已是溢于言表。

文物搬运情形

1947年9月3日,马衡院长在《抗战期间故宫文物之保管》的演讲中,谈及文物搬迁过程中的种种劫后余生,仍难以置信,最后只能归之于:"像这一类的奇迹,简直没有法子解释,只有归功于国家的福命了。"[3]

---

[1] 那志良:《我与故宫五十年》,黄山书社2008年版,第125页。
[2] 苏智良、毛剑锋、蔡亮等编著:《去大后方:中国抗战内迁实录》,上海人民出版社2005年版,第374页。
[3] 马衡:《马衡日记:一九四九年前后的故宫》,紫禁城出版社2006年版,第275页。

高校的内迁

在文化内迁中，最引人注目的无疑是高校的内迁。据徐国利统计，高校内迁运动主要形成了三次高潮：

第一次大迁移，从1937年全面抗战爆发到1938年武汉、广州陷落。此期内迁又可细分为四个阶段：一是平津沦陷后，京津冀高校南迁；二是沪宁苏杭失陷后，该区高校西迁或南迁；三是武汉陷落后，武汉、长沙的高校及早先迁入该区的高校继续西进或南下；四是广州陷落后，广东、福建高校北迁或西迁。由于以上地区集中了全国绝大部分高校，因此，第一次内迁规模最大，总计56所高校。

第二次大迁移，从1941年底至1942年上半年。1941年12月，太平洋战争爆发，原避居于香港和上海租界的高校不得不内迁。1942年4月，日军为配合太平洋战争在浙赣发动进攻，滞留在华东、华南山区的部分高校被迫再次迁移，这一时期总计迁校21所，并多属再迁性质。

第三次大迁移，1944年2月至12月的豫湘桂大溃败时期。日军打通了豫湘桂交通线，原迁至广西、贵州和粤北、湘西等地的高校再次内迁，总计21所，由于事发仓促，此期迁校损失最巨。[①]

据余子侠统计，除上述三次内迁高潮外，还有因迁移时间无明确记载而难以推考的高校近50所，因此在整个抗战期间，内迁高校总计达100余所。[②]笔者依据史料绘制了部分高校西迁示意图。而战前我国高

[①] 徐国利：《抗战时期高校内迁概述》，载《天津师大学报》（社会科学版）1996年第1期。
[②] 余子侠：《抗战时期高校内迁及其历史意义》，载《近代史研究》1995年第6期。

校共计120余所，也就是说，战时中国几乎所有的高校都加入了内迁序列。其中，绝大部分高校是由沦陷区迁入大后方，也有部分原属大后方区域的高校进行迁徙，但真正在原地正常教学、未受战事任何影响的高等学校只有新疆学院一所。

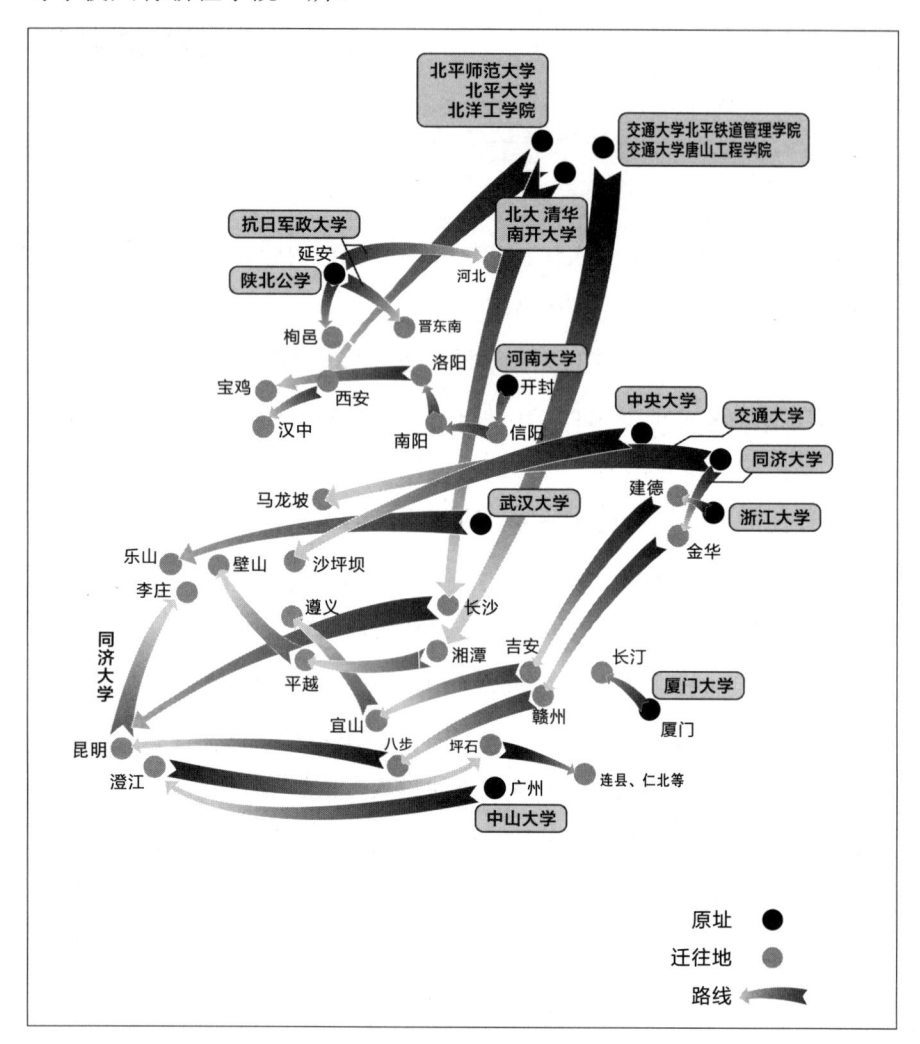

战时中国部分高校西迁示意图

郑刚、张燕的《抗战时期高校内迁概述》一文①对内迁高校做了详细统计，兹录如下②：

---

① 见涂文学、邓正兵主编：《抗战时期的中国文化》，人民出版社2006年版，第213—221页。
② 编者因需要对原表按省份做了调整并修改了个别文字。

第一章　史上最大的"文化诺亚方舟"

■ 抗战时期高校内迁一览表

京（北平）津唐地区

原校址	校 名	新校址	内迁情况
北平、天津	北京大学 清华大学 南开大学	昆明	三校首迁长沙，1937年8月联合组成长沙临时大学，1938年4月迁昆明，更名为国立西南联合大学
北平、天津	北平大学 北平师范大学 北洋工学院	南郑	三校首迁西安，1937年8月联合组成西安临时大学。二迁陕南汉中，三迁联南南郑，1938年改名国立西北联合大学
唐山、北平	交通大学唐山工程学院 交通大学北平铁道管理学院	四川璧山	两校先后迁往湖南湘潭，1938年合并。1939年迁贵州平越，1942年1月改称国立交通大学分校，1943年1月迁川东璧山
天津	河北女子师范学院	西安	部分师生赴西安，转入西安临时大学
北平、杭州	国立北平艺术专科学校 国立杭州艺术专科学校	重庆	杭州艺专首迁浙中诸暨，二迁赣东贵溪，三迁湘西沅陵，与北艺专合并，1938年迁昆明，1939年迁滇中呈贡，1941年迁璧山，1943年迁重庆
北平	私立燕京大学	成都	1941年冬部分师生赴成都，设分校
北平	私立中法大学	昆明	文、理学院先后迁昆明
北平	私立北平民国学院	湖南溆浦	首迁开封，二迁长沙，三迁益阳，四迁溆浦
北平	私立朝阳学院	重庆	首迁鄂南沙市，后迁川中简阳，三迁成都，四迁重庆
北平	北京协和医学院护士学校	成都	1943年9月迁成都重建

浙江省

原校址	校 名	新校址	内迁情况
杭州	浙江大学	贵州	1937年11月迁浙西建德，年底迁赣中吉安，三迁赣南泰和，1938年7月迁桂北宜山，1939年7月迁黔北遵义
杭州	浙江省医药专科学校	浙江天台	1937年11月迁浙西淳安，二迁缙云，1938年1月迁临海，1939年迁天台
杭州	浙江省杭州蚕丝职业学校	缙云	首迁临安，二迁泰昌，三迁新昌，四迁嵊县，五迁返新昌，六迁缙云
杭州	私立之江大学		1941年冬迁金华，后迁闽西邵武，1945年与东吴大学法学院、沪江大学合组法商工学院
—	浙江战时大学	—	1938年创建，1939年5月改称浙江省立英士大学，1942年先迁浙南云和，再迁浙南泰顺，1943年4月改为国立英士大学

续表

上　海

原校址	校　名	新校址	内　迁　情　况
上海	交通大学	重庆	1940年在重庆设分校，1942年在重庆设总校
上海	同济大学	南溪	首迁上海市区，1937年9月迁浙西金华，11月迁赣南赣州，1940年秋迁川南宜宾和南溪
上海	暨南大学	福建建阳	首迁上海租界，1941年12月迁闽北建阳
上海	上海医学院	重庆	1939年夏迁昆明，与中正医学院合并，后迁重庆
上海	中正大学	南昌	1940年10月建于泰和，1945年1月迁赣南宁都，战后迁南昌
上海	私立大夏大学	贵州赤水	首迁庐山，与复旦大学联办，后独设贵阳，改为国立，1944年迁赤水
上海	私立光华大学	成都	抗战爆发后在成都设分校
上海	私立正风文学院	上饶	迁上海租界，1943年4月，迁江西上饶
上海	私立上海法学院 私立上海法政学院	安徽屯溪	迁浙西兰溪，后迁皖南屯溪
上海	私立民治新闻专科学校	成都	迁成都
上海	私立立信会计专科学校 私立两江女子体育专科学校	重庆	迁重庆
上海	私立东亚体育专科学校	四川	1941年停办，1944年夏迁四川复校

山　东　省

原校址	校　名	新校址	内　迁　情　况
青岛	山东大学	万县	1937年10月迁川东万县
青岛	山东省药学专科学校	万县	迁万县
济南	山东省医学专科学校	万县	迁万县
—	山东省师范专科学校	安徽阜阳	1941年秋创办，1943年迁皖北阜阳
济南	私立齐鲁大学	成都	一度停办，1938年秋迁成都复校

续表

江 苏 省

原校址	校 名	新校址	内迁情况
南京	中央大学	重庆	迁重庆，医学院、农学院畜牧医药系则迁成都
镇江	江苏省医政学院	重庆	1937年适湘西沅陵，后改为国立江苏医学院，冬迁贵阳，次年迁重庆
无锡	江苏省立教育学院	四川璧山	首迁长沙，1938年1月迁桂林，后迁川东璧山
南京	中央政治学校	重庆	1937年9月迁庐山，1938年6月迁湘西芷江，7月迁重庆
南京	蒙藏学院	四川万县	首迁皖南青阳，1937年底迁芷江，1938年6月迁万县
南京	军医学校	贵州安顺	1938年10月迁黔西安顺
南京	国立中央工业专科学校	重庆	迁宜昌，1938年夏迁重庆，并在川东巴县设分校
南京	国立药学专科	重庆	1937年8月迁武昌，1938年1月迁重庆
南京	国术体育专科学校	四川北碚	首迁长沙，二迁桂林，三迁桂南龙州，1940年冬迁川东北碚
南京	南京戏剧学校	重庆	1938年迁重庆，继迁川南江安，后又迁返重庆，改为国立戏剧学校
苏州	江苏省蚕桑专科学校	乐山	迁至乐山
镇江	江苏省银行专科学校	湘西乾城	首迁湘西桃源，二迁湘西乾城，1941年改为国立商学院
南京	私立金陵大学	成都	迁成都
南京	私立金陵女子文理学院	成都	在沪、汉、渝设分校，1938年均集中到成都
南京	支那内学院	江津	迁四川江津
南通	私立南通学院	—	1938年8月，农、纺科迁上海，医科迁湘西沅陵与江苏医政学院合并
无锡	私立无锡国学馆专修	北流	迁桂林，后迁桂南北流
丹阳	私立正则艺术专科学校	江津	迁四川江津
苏州	私立东吴大学	—	1942年法学院迁重庆，后与沪江、之江大学合组法商工学院，文、理学院迁闽西长汀，后迁粤北曲江，不久停办

续表

福建省

原校址	校名	新校址	内迁情况
厦门	厦门大学	福建长汀	1937年12月迁闽西长汀
闽东仙游	国立海疆学校	闽西南安	1944年5月创办于闽东仙游，1945年春迁闽西南安
福州	福建省医学专科学校	闽西永安	首迁闽西永安，1938年5月迁闽西沙县，1940年4月迁返永安
福建永安	福建省师范专科学校	福建南平	1941年6月创建于闽西永安，1942年夏迁闽中南平
福州	私立福建协和学院	福建邵武	迁闽西邵武
福州	私立华南女子文理学院	福建南平	迁闽中南平
福州	私立福建学院	福建浦城	首迁闽清，后迁闽北浦城
厦门	集美高级水产航海职业学校	闽中大田	首迁闽南安溪，后迁闽中大田

江西省

原校址	校名	新校址	内迁情况
南昌	中正医学院	福建长汀	1937年10月创办于南昌，12月迁吉安，二迁赣西永新，三迁昆明，四迁黔西镇宁，五返永新，六迁泰和，1945年1月迁闽西长汀
赣南泰和	国立幼稚师范专科学校	赣南广昌	1943年2月创办于赣南泰和，1944年迁赣县，1945年春迁广昌
南昌	江西省工业专科学校	江西宁都	1938年迁赣县，1939年迁南于都，1945年1月迁赣南宁都
南昌	江西省医学专科学校	江西宁都	1937年底迁赣西新余，1938年夏迁赣县，1939年春迁赣南康，1945年1月迁赣南于都，3月迁宁都
—	江西省农业专科学校	江西婺源	新设，1943年在赣南泰和恢复，1945年1月迁婺源
江西吉安	江西省体育师范专科学校	江西永丰	1943年夏创办于赣中吉安，后迁泰和，1945年1月迁赣中永丰
南昌	江西省立兽医专科学校	江西吉水	1938年11月创办于南昌，1939年迁吉安，后迁泰和，1945年1月迁赣南吉水
泰和	私立立凤艺术专科学校	兴国	1943年9月创建，1945年1月迁赣南兴国

续表

湖北省

原校址	校 名	新校址	内迁情况
武汉	武汉大学	乐山	1937年11月迁四川乐山
武汉	湖北省农业专科学校	恩施	1938年冬迁鄂西恩施,1940年改为省立农学院
武汉	私立武昌华中大学	云南大理	1938年秋迁桂林,1939年春迁滇西大理
武汉	私立武昌中华大学	重庆	1938年秋迁宜昌,后迁重庆
武汉	私立武昌艺术专科学校	江津	1938年在宜昌设分部,年底迁江津
武汉	私立医药技术专门学校	重庆	1938年迁重庆
武汉	私立文华图书馆专科	重庆	1938年7月迁重庆

湖南省

原校址	校 名	新校址	内迁情况
长沙	湖南大学	辰溪	1938年10月迁湘西辰溪
安化	国立师范学院	湖南溆浦	1938年10月在湘西安化建立,1944年夏迁湘西溆浦
长沙	湖南国医专科学校	衡阳	1938年迁湖南衡阳,1941年停办
南岳	湖南省农业专科学校	辰溪	首迁湘南东安,继迁湘西辰溪,战后迁长沙
长沙	湖南省修业高级职业学校	安化	迁湘西安化
长沙	私立湘雅医学院	重庆	1938年6月迁贵阳,1940年6月改国立,1944年12月迁重庆

安徽省

原校址	校 名	新校址	内迁情况
安庆	安徽大学	湖北沙市	1938年迁湖北沙市,1939年停办,编制保留在武汉大学
皖西立煌	苏皖联立临时政治学院	—	1940年创办于皖西立煌,1944年改为安徽省立学院,在皖南屯溪设分校

续表

广东省

原校址	校 名	新校址	内迁情况
广州	中山大学	广东梅县	1938年10月迁粤西罗定，后迁云南澄江，1940年4月迁粤北坪石镇，1944年秋迁粤北连县，五迁粤北仁北，六迁粤东兴宁，七迁粤东梅县
广州	广东省立教育学院	—	1938年首迁梧州，二迁桂东藤县，三迁桂东融县，1939年迁粤北乳源，9月改名广东省立文理学院，冬迁连县，1942年迁粤北曲江，1944年迁返连县，八迁粤西罗定
广州	广东省立勷勤商学院	—	1938年迁融县，继迁粤南遂溪，三迁粤南信宜
广州	广州协和神学院	云南大理	迁滇西大理
粤北坪石	中华文化学院	广州	1942年建于粤北坪石，1945年初迁梅县，战后迁广州
广州	广东省艺术专科学校	—	1942年5月迁曲江，后迁罗定
广州	广东省体育专科学校	广东云浮	抗战爆发后迁粤西云浮
广东高要	广东省工业专科学校	广东云浮	1944年重建于粤西高要，1945年3月迁粤西云浮
广州	私立岭南大学	粤东梅县	首迁香港，1941年冬香港沦陷后迁曲江，1945年春迁粤东梅县
广州	私立国民大学	粤北和平	首迁粤南开平，1944年迁粤西茂名，后迁粤北和平
广州	私立广州大学	广东兴宁	首迁开平，1940年秋迁粤南台山，1941年冬迁曲江，后迁粤西罗定和连县，1945年1月迁粤西连平，六迁粤东兴宁

河南省

原校址	校 名	新校址	内迁情况
开封	河南大学	宝鸡	文、理学院迁河南鸡公山，农学院迁镇平，1938年8月均集中镇平，1939年迁豫嵩县，1942年改为国立，1944年迁豫西淅川，1945年迁陕西宝鸡
开封	河南省水利工程专科学校	河南镇平	迁豫西镇平
安阳	私立焦作工学院	西安	1937年10月迁西安，1938年7月并入国立西北工学院

续表

贵州省

原校址	校名	新校址	内迁情况
贵阳	贵阳医学院	重庆	1944年秋迁重庆
贵阳	贵阳师范学院	遵义	1944年冬迁遵义
—	贵州农工学院	遵义	1941年创办于贵阳附近的贵筑县，1944年冬迁遵义

陕西省

原校址	校名	新校址	内迁情况
西安	陕西省医学专科学校	陕西南郑	迁陕西南郑
城固	西北师范学院	兰州	1939年在陕南城固创建，1944年全部迁至兰州

辽宁省

原校址	校名	新校址	内迁情况
沈阳	东北大学	四川三台	"九一八"后迁北平，1937年迁开封，6月迁西安，1938年迁四川三台

山西省

原校址	校名	新校址	内迁情况
太原	山西大学	陕西宜川	1939年12月迁陕中三原，1941年11月迁陕北宜川，1943年2月迁晋南吉县，4月改国立，1943年7月迁回宜川
太谷	山西工农专科学校	—	迁晋南运城，1937年11月迁豫西陕县，次年1月迁西安，11月迁陕南泃县，1940年8月改为私立铭贤学院

四川省

原校址	校名	新校址	内迁情况
成都	四川大学	峨嵋	1939年迁峨嵋
—	国立中央技艺专科学校	乐山	1939年创办于成都、南充，后迁至乐山

续表

		广西壮族自治区		
原校址	校 名	新校址	内迁情况	
桂林	省立广西大学	贵州榕江	1939年8月改国立，1944年秋迁桂东融县，11月迁黔南榕江	
桂林	桂林师范学院	贵州平越	1944年冬迁桂北三江，后迁贵州平越	
南宁	广西军医学校	—	1938年11月迁桂西田阳，11月改为广西省立医学院，1940年迁桂林，1944年夏分路迁桂东昭平、贺县、融县和桂北三江	

（材料来源：季啸风：《中国高等学校变迁》，华东师范大学出版社1992年版；教育部教育年鉴编纂委员会编：《第二次中国教育年鉴》，商务印书馆1948年版；中国人民政治协商会议西南地区文史资料协作会议编：《抗战时期内迁西南的高等院校》，贵州民族出版社1988年版；部分转引自余子侠的《抗战时期高校内迁及其历史意义》《民族危机下的教育应对》，徐国利的《关于"抗战时期高校内迁"的几个问题》）

从上表以及其他资料可以看出，内迁院校多为一迁再迁，一次迁定者仅有中同、武汉、金陵、光华等不到20所，不及内迁总数的1/3，绝大多数则是迁徙两到三次。其中，迁校四次以上的有19所，具体情况如下：迁校四次的有东吴大学、国立戏剧学校等8所；迁校五次的有浙江大学和私立贤铭学院等2所；迁校六次的有河南大学等3所；迁校七次的有中山大学、山西大学、同济大学等5所；迁移次数最多的广东省立文理学院达八次。1940年底，广东省立文理学院院长林砺儒，撰文历数该校迁徙之艰难："乃于（1937年）十月中旬，迁避梧州。二十七年十月，广州沦陷后，我们再迁藤县；二十八年一月，三迁柳州融县；九月四迁归粤北乳源；去年一月五迁至连县。抗战迄今，凡五次迁徙，而全部图书仪器没有损失，师生也无恙，还算是幸运。"[①]该文发表于1941年1月10日的《教育杂志》，林砺儒在称"还算是幸运"的时候万万没有料到，就在这一年年底，太平洋战争爆发，1942年，学校又六迁曲江，1944年，学校刚七迁返连县，适逢豫湘桂战役，又八迁罗定。从时间上来看，徐国利概括的全面抗战中高校的三次内迁高潮，广东省立

---

① 林砺儒：《抗战以来的广东省立文理学院》，载《教育杂志》1941年第31卷第1号。

文理学院无一次幸免，甚至可以说，在全面抗战时期，该校自始至终就处在迁徙过程中，因此，时任教育部部长的陈立夫在《战时教育行政回顾》中断言，该校是抗战中高校"迁校次数最多的"。

据不完全统计，全面抗战时期，中国高校累计搬迁达200次之多。参加高校内迁的人员估计不下50万人。在迁校运动中，建制最完整者为中央大学，损失最大者为南开大学（简称南开）；迁校最远的是北大、清华和南开，三校从平津地区辗转迁移，最后在昆明联合组建了西南联合大学。由于许多学校搬迁频繁，师生大量流失，据国民政府教育部报告，战前全国大学和专门学校学生有40,000余人，教职员约7000人，到1938年人数最低时，学生差不多减少50%，教职员减少30%，[①]减员最多的是山东大学，师生几乎散失殆尽，不得不在渝宣布停办。

在谈到高校内迁的意义时，陈平原曾做过精辟的概括："抗战中中国大学大批内迁，其意义怎么估计也不过分——保存学术实力，赓续文化命脉，培养急需人才，开拓内陆空间，更重要的是，表达了一种民族精神以及抗战必胜的坚强信念。具体说来，战时中国大学的内迁有如下特点：第一，不是个人逃难，而是集体行动，且一路上弦歌不辍；第二，教学上，不是应急，而是长远打算，所谓"战时如平时"，更多着眼于战后的建国大业，保证了战时培养的大学生的质量；第三，学术上，不是仓促行文，而是沉潜把玩，出有思想的学问，有情怀的大学者——这一点人文学尤其明显；第四，因大学西迁而见识中国的辽阔与贫困，于流徙中读书，人生忧患与书本知识合一，精神境界得以提升；第五，除了具体的学术成果，大学内迁为西南西北播下良好的学术种子，此举对于中国教育平衡发展意义重大。"[②]

陈平原还指出，中国抗战时期的高校内迁，是古今中外都没有过的壮举："如此扣人心弦的故事，古代中国未有，同时期欧美各国也谈不上——那是因为，美国远在天边，不太受战火影响；英国虽被轰炸，国

[①] 庄泽宣：《抗战十年来中国学校教育总检讨》，载《中华教育界》1947年第1期。
[②] 陈平原：《抗战烽火中的中国大学》，北京大学出版社2015年版，第67页。

土未被入侵；法国全境被占领，大学无处可迁；唯有前苏联，在卫国战争中同样存在大学内迁的现象。只是因各大学在外流徙时间不长（以莫斯科大学为例，1941年10月迁离危城，1943年春胜利回归），没能像西南联大等中国大学那样，不但未被战火摧毁，还以发展壮大的同时，催生出众多美好的'故事'与'传说'。"[1]其实，陈平原所说的美好的"故事"与"传说"不止在高校内迁中，在整个抗战时期中国文化界的"敦刻尔克大迁移"中比比皆是。

---

[1] 陈平原：《抗战烽火中的中国大学》，北京大学出版社2015年版，第5页。

第二章

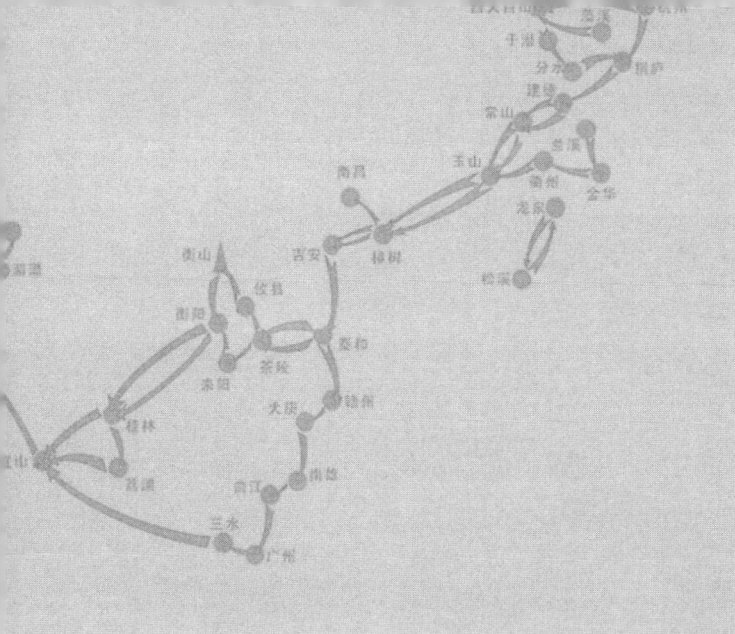

救火的鹦鹉

胡适引用过周栎园《书影》中的一则故事：昔有鹦鹉飞集陀山。山中大火，鹦鹉遥见，入水濡羽，飞而洒之。天神言："尔虽有志意，何足云也？"对曰："尝侨居是山，不忍见耳。"对此，胡适发表感慨说："今天正是大火的时候，我们骨头烧成灰终究是中国人，实在不忍袖手旁观。我们明知小小的翅膀上滴下的水点未必能救火，我们不过尽我们的一点微弱的力量，减少良心上的一点谴责而已。"正如胡适所言，抗战时期的中国知识分子，就是这样一群"救火的鹦鹉"。

"丧家之狗"

1937年7月7日,卢沟桥事变爆发,7月28日,日军攻占北平,为了不做亡国奴,北平的知识分子纷纷选择逃离。冯友兰曾很有感触地说:"熊佛西喜欢养狗,他说起许多狗的故事。北京有许多人离开了,狗没法带,只好抛弃了。那些狗,虽然被抛弃了,可是仍守在门口,不肯他去。我说,这就是所谓丧家之狗,我们都是丧家之狗。"①

在现代文学的论争史上,给后人印象最深刻的标签莫过于鲁迅将梁实秋称为"丧家的资本家的乏走狗"。虽然梁实秋对这一评判大不服气,但在全面抗战伊始,他却甘愿成了冯友兰所说的"丧家之狗"。1937年7月28日,北平沦陷,梁实秋流着眼泪对大女儿梁文茜说:"孩子,明天你吃的烧饼就是亡国奴的烧饼了。"梁文茜在回忆中,以孩子的眼光清楚地描述了父亲的出逃:"'七七'事变,卢沟桥一声炮响抗日战争开始,爸爸认为天下兴亡,匹夫有责,以一介书生意想投笔从戎。深夜和妈妈长谈计议,如何安排好我们三个孩子的生活,爸爸打算到后方去参加抗

梁实秋

---

① 范鹏:《道通天地·冯友兰》,山东画报出版社1998年版,第86页。

日工作，我记得那是一个不眠之夜，我缩在被窝里，偷偷听爸爸和妈妈说话，那时我将近十岁不太懂事，但是他们俩那副严肃的神情和低声滔滔不绝的商量事情，我心里也预感将要有什么大事发生。是的，果然不久爸爸就一个人毅然决然地走了。妈妈没有哭，但很紧张，我问妈妈：'爸爸干吗去？'妈妈小声告诉我说'打日本'。"①

从梁实秋后来的多篇回忆文章中，我们基本上可以理清事情的来龙去脉。梁实秋在回忆中说："七月七日芦沟桥事变爆发，二十八日北平陷落。我和季淑商议，时势如此，决定我先只身逃离北平。我当即写下遗嘱。戎火连天，割离父母妻子远走高飞，前途渺渺，后顾茫茫。这时候我联想到'出家'真非易事，确是将相所不能为。然而我毕竟这样做了。"②过了数日，"北大同事张忠绂先生匆匆来告：'有熟人在侦缉队里，据称你我二人均在黑名单中。走为上策。'遂约定翌日早班火车上见面，并通知了叶公超先生同行"③。因此，等到平津火车一通，梁实秋和叶公超等立即登上第一班车，临别时，面对妻子程季淑，梁实秋还引用了江淹《别赋》中的句子"与子之别，思心徘徊！"来说明当时的心境。为避免发生意外，梁实秋写道："公超提议在火车上不可交谈，佯为不识。在车上我和忠绂坐在一起，公超则远远地坐在一隅，真个的若不相识。"叶公超的担心不是多余的，随后从北平逃到天津的萧公权就在回忆中说："十月九日早晨，鲁公望，我们全家，同着张妈坐火车去天津。传说有几位清华同人（化学教授高崇熙是其中之一）在天津车站下车后被日军毫无理由加以扣留，我们临行不免存着戒心。"④杨文达当时在天津的一所医院工作，就曾目睹了这样的暴行，他在口述中说："我在南下参加抗战前，曾在天津马大夫医院亲眼目睹三个中国人被日军凌虐后送医的例子。

---

① 梁文茜：《怀念先父梁实秋》，见梁文蔷：《梁实秋与程季淑：我的父亲母亲》，百花文艺出版社2005年版，第221页。
② 梁实秋：《雅舍忆旧》，天津教育出版社2006年版，第198页。
③ 梁实秋：《雅舍忆旧》，天津教育出版社2006年版，第70页。
④ 萧公权：《问学谏往录——萧公权治学漫忆》，学林出版社1997年版，第123页。

其中一位是南开大学教授,他被日军逮捕后,日军把灯泡放入他的肛门,然后用脚踢碎,造成严重发炎。"①

由北京到天津的火车平常三小时左右即可到达,这一天竟从早晨走到了傍晚天黑,虽然已真正沦为了"丧家之狗",梁实秋却不无骄傲地宣称:"我们是第一批从北平逃出来的学界中人。"②

然而天津并不是天堂,梁实秋和罗隆基(字努生)同在意租界的益世报馆任事,报馆总经理生宝堂主张抗日,遭到日寇的逮捕,最终被害。梁实秋在回忆中叙述了事件的大致经过:"到报馆去要经过一座桥,桥上有日寇哨检查行人,但不扣查私人汽车。有一天上午生宝堂先生坐车过桥去上班,被日兵拦截,押往日军司令部,司机逃回报馆报告,报馆当即以电话通知努生勿再冒险过桥,报馆业务暂时停顿。生宝堂夫人是法籍,由法人出面营救亦无下文。从此生宝堂先生即不知下落。不知下落便是被害的意思。抗战期间多少爱国志士惨遭敌手而默默无闻未得表彰,在我的朋友中生宝堂先生是第一个被害的。"③而作为另一当事人,罗隆基在回忆中对事件的来龙去脉交代得更为详细:"那时报馆总经理生宝堂住在意租界报馆中,我住在英租界。意租界同法租界之间的万国桥是'三不管'地带,亦是生宝堂每日到英法租界办事、我到报馆办公必经之地。1937年8月的一天,生宝堂电话约我去馆商议重要事件。我乘自备汽车行到万国桥头,即被一个旧时同学拦住。他告诉我万国桥上目前正有日兵驻守,检查行人,此时过去,恐有危险。我即邀这位同学到附近的新华银行午餐聊天,等待日兵撤岗后再去。我到了新华银行后,即用电话通知生宝堂,不意他因候我许久不来,已乘报馆汽车到英租界去了。我用电话四处探询他的行踪,回话都说'生经理未来。'等到下午四时,万国桥上日兵撤岗,我冒险到报馆去,馆中人都说生经理到英租界去了,尚未回来。等到下午六时左右,报馆的司机

---

① 台北近代史研究所编:《杨文达先生访问纪录》,台北近代史研究所1991年版,第30页。
② 梁实秋:《梁实秋自传》,江苏文艺出版社1996年版,第175页。
③ 梁实秋:《雅舍忆旧》,天津教育出版社2006年版,第71页。

回来了，满面流血，衣服破烂。他说，生宝堂在万国桥上被日寇绑架去了，放在一个水牢中。"①生宝堂失踪后，梁实秋和罗隆基随即绕道青岛到济南遄赴南京向政府报到，梁实秋在文章中坚定地写道："我们愿意共赴国难。离开北平的时候我是写下遗嘱才走的，因为我不知道此后命运如何。我将尽我一份力量为国家做一点事。"②

---

① 罗隆基：《罗隆基回忆录：我在天津〈益世报〉时期的风风雨雨》，见中国人民政治协商会议全国委员会文史资料研究委员会编：《文化史料丛刊》第8辑，文史资料出版社1984年版，第83页。

② 梁实秋：《雅舍忆旧》，天津教育出版社2006年版，第71页。

露 宿

比梁实秋晚几日逃离北平的朱光潜,其经历则要惊心动魄得多,而让生宝堂一去不复返的万国桥,也差点成为朱光潜等人的"奈何桥"。朱光潜曾经专门写有《露宿》一文是为纪念。

(1937年)8月12日,北平失陷半月,朱光潜、杨希声(杨振声,笔名希声)、沈从文(原名沈岳焕,笔名上官碧)、黄子默(银行经理)四人,早晨八点起程,坐了十八个小时火车,到天津老站时已是半夜。车站上已有日本兵在严格盘查,朱光潜等人逃离"恐怖窟"之后,本来打算坐上外国饭店的汽车直接进入法租界,由于时间太晚,不但找不到外国饭店的汽车,也找不到私车、人力车乃至搬夫。而车站距法租界还有一里路左右,就是这一里路,在朱光潜等人事后看来却是如此漫长。朱光潜如此描述当时的情形:"我们路不熟,遥遥望着前面几个人影子走,马路两旁站着预备冲锋似的日本兵,刺刀枪平举在手里,大有一触即发之势。我们的命就悬在他们的枪口刀锋之上,稍不凑巧,拨剌一声,便完事大吉。没有走上几步路,就有五六个日本兵拦路吼的一声,叫我们站住。"朱光潜等人包里除了旅费和食粮,带有知识分子标志性的东西,如书、名片等一概抛弃,连通信地址也是写在草纸上藏在衣角里的。遇到日本兵的盘查,朱光潜等四人只能放下箱子,把两手平举起来,屈辱地让日本兵从上到下地搜身。

随后,四人来到万国桥,过了桥就是法租界。朱光潜写道:"桥这边是阴森恐怖,桥那边便是辉煌安逸。冲进租界么?没有通行证,回到车站么？那森严的禁卫着实是面目狰狞，既出了虎口自然犯不着再入虎口。到被占领的地带歇店么？被敌兵拷问是没有人替你叫冤的。"于是，朱光潜等五六百同难者，只有在万国桥的长堤上和人行道上露宿，等待亲友拿通行证领进法租界。朱光潜写到当时的感受："时间是夜半过了。天上薄云流布，看不见星月。河里平时应该有货船和鱼船，这时节都逃难去了，只留着一河死水，对岸几只电灯的倒影，到了下半夜也显得无神采了。白天里在车上闷热了一天，难得这露天里一股清凉气。但是北方的早秋之夜就寒得彻骨，我们还是穿着白天里所穿的夏衣。起初下车出站时照例有喧哗嘈杂，各人心里都有几分兴奋。后来有亲友来接进租界去了，不能进租界的也只好铺下毯子或大衣在人行道上躺起了，寒夜的感觉，别离的感觉和流亡的感觉就都来临了。"

由于日军进出兵营都要从万国桥旁边经过，当日军经过时，中国警察则执着鞭子，像驱赶牲口一样，咆哮着驱逐过路的人。到了半夜两三点钟的时候，日本兵前来盘问露宿的难民，朱光潜等人不由颇为紧张，不敢说自己是教员或学生，只说是做生意的，此时乔装已来不及，朱光潜颇为担忧地写道："我们四人之中杨希声最易惹注意，他是山东大汉，又穿着一身颇讲究的西装。我呢，穿着我常穿的一件灰布大褂，上官碧也只穿一件古铜色的旧绸袍，到必要时摘下眼镜，都可以冒充一个商店伙计，我们打算好的，招认我们是徽州笔墨商。黄子默本是银行经理，没有问题。只杨希声的那套西装太尴尬，我们都很埋怨他。办法终于是有的，就说他是黄经理的帮办吧。"结果，日本兵盘问并带走了几个人，朱光潜一行幸而没有被光顾。

这一夜是如此难熬，朱光潜写道："我们头一夜就没有睡觉，在闷、热、臭的车中枯坐了十八个钟头，饭没有吃，水没有喝。露宿时本打算胡乱地睡一觉，可是并没有瞌睡，大家只是不断地抽烟，烟越抽，口里越渴燥。"四人眼巴巴地盼到天明，本以为租界只在夜间戒严，天亮时就会让难民过桥进去，没想到天亮以后，朱光潜等人与法国巡警交涉，根本无法通融，而华界与租界的电话已断，无法通知租界里的朋友，这下朱光潜四人完全傻眼了，朱光潜写道："这时候黄经理也没有把握了，上官碧也不乐观了，杨希声的绅士风度也完全消失了，我呢，老是听天由命。大家面面相觑，着急，打没有主意的主意，懊悔不该离北平。"所幸天不绝无路之人，先被接进租界的难友替朱光潜等人带口信给住在六国饭店的钱端公，才把四人接进了法租界。最后，朱光潜还心有余悸地写道："若不是钱端公拿通行证来接，说不定第二夜我们还是在万国桥头做难民，或是抓到日本宪兵司令部里去。第二夜下泼飘大雨，北平来的学生被抓去的有几十人之多。"①

正是有了这样的经历，1938年7月24日，朱光潜在四川大学总理纪念周上发表演讲时，简单引述了上面的故事以后坚定地说："文化教育是国家的命脉。从前维持这一线命脉的有许多大学及其他文化机关，现在就单靠几个还能勉强开学的大学了。……有的人以为这次便是最后的战争了，实则并不是这样。

曾经的难友成为终生挚友
（左起为朱光潜、沈从文）

我们还是要作长久的计划，极力培养中国文化之生命与元气，只要文明生命尚在，我们中国还不会遽然灭亡的。"为了承担起延续文化生命的责任，朱光潜表示："我很爱清静，对于行政事务没有浓厚的兴趣，所以我在北京大学的时候，当局屡次要我任西洋文学系主任，我都没有答应。本来在我们现在这样环境底下，应当牺牲个人兴趣来干公家的事的。我这次冒然答应担任文学院的事，也是因为这点责任心。"同时，朱光潜也勉励学生："诸位肄业四川大学，当着这样国家危急的时候，还能安然上课，是非常难得的事，应当各尽自己的责任，方才不负国家培养人才的宗旨。"②

---

① 朱光潜：《露宿》，载《工作》1938年第2期。
② 朱光潜：《在四川大学总理纪念周上的讲演》，见朱光潜：《朱光潜全集》第8卷，安徽教育出版社1993年版，第566—569页。

书生的脚步

历史学家顾颉刚在日记中以《一年来之漂流生活》为题,对流亡经历进行了总结:"廿六年七月廿一日(1937年7月21日)离平","廿七年十月廿二日(1938年10月22日)以后在昆明","经历之省:绥远、山西、河南、江苏、湖北、陕西、甘肃、青海、四川、云南"。[1]由此可见,为了不当亡国奴,中国的文弱书生们用不屈的脚步丈量着祖国的土地。

西南联合大学教授浦薛凤到达天津后,准备搭乘英国太古公司的轮船盛京号到香港,再绕道越南到云南昆明,浦薛凤在回忆中写到:1937年10月18日,到达大沽口后,有小轮带着拖船送旅客登上盛京号,没想到小轮停泊在盛京号大轮旁边后,让小轮上的洋人登船后,却解开拖船的缆绳,弃拖船于海面。浦薛凤如此写到拖船上的情形:"事已至此,夫有何说。旅客中有纷纷携铺盖下舱(黑暗污臭)预备争一席地作过夜计划者。俄而日落海面,寒风渐起,远望盛京号之电灯明亮,弥觉拖船上之黑暗无光。然此犹其小焉者也。男女大小便,无一厕所。开水则须每次纳费一角。妇女解手则须纳一二角。水手以竹席搭小盖,入者须先给'酒金'。至于晚饭问题,幸同行中有带面包糖果之类者,得免枵腹。船上有花生栗子可购,其他包子鸡肉虾米不敢问津。闻近来在拖船上如此过夜者不足为怪异。此种情形,妇孺何能受得。"好不容易登

---

[1] 顾颉刚:《顾颉刚日记》第3卷,联经出版公司2007年版,第754—755页。

上盛京号以后，浦薛凤发现，"大餐间几全为洋人保留"，而华人的统舱则"不啻恶梦"，据浦薛凤记载："环顾旅客所有行李，真如山堆海积。人声鼎沸，杂味扑鼻。如堕雾内，如在梦中。任其自然，转觉安静。出视统舱旅客，挤得水泄不通。厕所之旁，厨房垃圾桶之侧，无往而非客人，无往而非地铺。"对于这种明显的歧视，浦薛凤愤怒地写道："抑由漠视华人之权利，有以致此。"而到了烟台后，浦薛凤欣喜地说："烟台停海中，重见海关小艇上飘飘青天白日旗，精神异常痛快。"①

吴宓在日记中则用最为轻描淡写的口吻，述及了一段最为平常的迁徙，由此可见抗战时期中国知识阶层内迁艰苦历程之一斑。

1937年10月25日，长沙临时大学开学，由于租借的圣经学院校舍不敷使用，文学院搬至距长沙百余里的南岳，就是这区区百余里的路程，让吴宓伤透了脑筋，吴宓在日记中详细地记载了这一段经历。

吴 宓

11月30日，吴宓准备到南岳的临时大学文学院，由于长途汽车停开，私人借车未成，又担心沿途伤兵滋扰，只有搭乘火车前往，吴宓在日记中感慨："此段旅行之困难乃过于由北平至长沙也！"12月1日，晚八点，在蒙蒙细雨中，吴宓携李赋宁、陈慈、张婉英、赵世燕等师生集合，九点，用几辆板车将行李运到火车站，"则站中人已满"。吴宓等"置行李于入站处柱间，诸女士席地而坐。天雨，甚寒"。火车本定于1日晚十一点到，但吴宓等在车站候至2日清晨五时，天将破晓，火车仍未到站，中间虽有数列兵车开过，但伤兵滋闹，甚至差点殴打站长，吴宓等文弱书生根本无上车的

---

① 浦薛凤：《浦薛凤回忆录》中《太虚空里一游尘》，黄山书社2009年版，第29—31页。

希望，一行人只得返回圣经学院，"叩校门而入。全校昏黑"。吴宓在日记中写到这一夜的感受："此一夜，宓等疲惫已极，且寒威凛冽，实不能耐。"12月3日，晚八点半，吴宓等人再次去赶火车，这一次，队伍中加入了才从香港绕道而来的汤用彤、贺麟、钱穆等人。"冒雨到站，拥挤如旧"，等到将近十一点，火车仍无消息，一行人只得又将行李运回宿舍。由于觉得坐火车已经无望，吴宓又和校工刘德生一起到汽车站探听消息，但汽车多为伤兵占用，所余者又为军政部扣留，即使有时开行，也须清晨四点前来"挂号"，吴宓多方请托关系，"终未能遇，乃草草归而就寝"。为了"挂号"购汽车票，吴宓等12月4日凌晨两点半即起床，三点即带领众人用板车将行李运到汽车站，等了许久，才被告知到南岳的汽车停开，吴宓等只得"冒雨，踏泥"回校，回校时已是清晨六点。12月5日，阴，小雨。吴宓等又是两点半起床，三点即到汽车站，等到五点，汽车站告示牌通知，本日汽车仍为军政部调用。吴宓等终于下定决心放弃汽车，仍然乘坐火车，"于是遂仍冒雨运行李归宿舍"。晚饭后，吴宓一行"仍以板车载行李。冒雨踏泥而行"。毛子水送到车站，"寒冷甚"。自十一点起，校工刘德生"即争先踞坐售票窗台上以待"。"站中人多而潮湿，大雨不止。"而吴宓等人"往来蹀躞，或坐行李上假寐。偶又食担卖之米粉冲蛋等，以御寒"。如是守候至夜半两点。12月6日，九点过后，"晴日煦烁"，也许是一个好兆头，吴宓一行终于盼来了南行的列车，而校工刘德生也找到管行李房的弟弟，在行李房尚未开门以前，即先将吴宓等人的行李票办妥，"略较从容"。即使如此，"然车中至为拥挤。勉力挣扎，子水亦力助，始得上车"。12月7日，吴宓一行经过火车与汽车之间"朝秦暮楚"的反复折腾，在经历了数个不眠之夜的煎熬以后，终于到达南岳，吴宓在日记中兴奋地写道："晴日当空，南岳初现天际，渐乃岩壑分明，赭石绿林，深远葱郁，景色至美。"[①]

[①] 吴宓：《吴宓日记》第6册，吴学昭整理注释，生活·读书·新知三联书店1998年版，第265—270页。

陆路难行，水路同样艰险。1937年12月，作物育种学家李先闻由武汉乘船至宜昌，他在自述中回忆了这一段经历："千方百计找到一只船，是由武汉开宜昌的，差不多只带随身用的行李。这船预备多载人，所以把甲板已改装起来，装上帆布，下面一个一个的帆布床排列起来。我们上船后，觉得很风凉。自己一时疏忽，只穿了一件背心钻进被窝。半夜，北风夹江风大起，吹得帆布篷呼呼有声。天气忽然转冷，我着凉，当夜就开始咳。两天以后，咳转烈。到宜昌后，又没有好好调治，以致转成支气管炎，可能已有轻微的肺炎。"[1]而武汉—宜昌与宜昌—重庆的经历相比只能算小巫见大巫。同年的12月，电影导演孙瑜带领一家老小乘船从宜昌到重庆，孙瑜在回忆中谈及这次惊心动魄的经历："最惊险艰苦的场面，莫过于在一个夜晚，我们全家老小雇了一只小木船，摇到江心去攀登入川轮船的情况。因为船票买不到，于是大家就'铤而走险'（当时川轮由重庆抵宜昌，都不敢靠码头，怕难民抢登，只远远抛锚停在江心），不约而同地雇了小木船，摇向江流汹急的川轮旁，冒险奋勇抢登。当我们雇的小划子木船在黑夜里摇近江心川轮时，我一眼望去，二三十只小木船正在轮船的四周用竹篙钩紧轮船，难民们抓着绳链，不顾船员的喝骂阻挡，拼命地往轮船上爬。有的人失足落水，随波流去；除了他的家人哭喊外，也无法援救，自怨命短！当时我见船舷和甲板上已被难民的箱笼堆满，根本没有插足之地。船上船下，一片哭吵声，凑巧我头疼的老毛病又犯了，我与绮先两人，已不可能把一个老母亲和五个孩子弄上船去，不得不放弃抢登轮船的企图，仍然叫小划子送我们上岸，垂头丧气地回到旅馆。回想那次我们没有在黑夜的汹涌江心中翻船送命，已算是不幸中的大幸！"[2]

---

[1] 李先闻：《李先闻自述》，湖南教育出版社2009年版，第115页。
[2] 孙瑜：《银海泛舟——回忆我的一生》，上海文艺出版社1987年版，第134页。

淑女的肩膀

有位苏联作家说过一句名言:"战争让女人走开。"战争是血与火的碰撞,与女性的似水柔情似乎风马牛不相及。但抗战时期的大迁徙中,作为中国的知识女性,即使是作为书生背后的家庭妇女,她们也默默地用柔弱的肩膀担负起家庭的重任——为家,也为国。

孙瑜将宜昌—重庆的经历称为"铤而走险",而对胡风的夫人梅志而言,却是真正的"铤而走险"。1938年11月18日,胡风带领夫人梅志和女儿晓谷从宜昌赴重庆,由于买不到船票,只好先到万县,再由万县至重庆。当时梅志已怀有八个月的身孕,梅志在回忆中说:"当时,我下了决心要做人工流产手术,可是医生要钱太多,我们实在拿不出这笔钱,加之我的反应又特别厉害,常常忽然昏倒在地,因此只好不流产了。"[1]无奈之下,胡风只得带着怀孕的妻子冒死登船,胡风在回忆中如此描述这段惊险之旅:"船停在江心,想上船的人多得很,划子在江心乱得一团糟,天又下着小雨。划子好容易才靠到船边,由划子上去翻过船栏杆才挤上了大船。M和孩子也是这样上去的,真是危险得很。……船上挤得要命,两边走廊上都坐满了人,简直无法走路。好不容易领着妻儿挤上了三层上的官舱,才算安下了心,真正成了这船的乘'客'。"[2]胡风认为这次经历"真是危险得很",让胡风始料未及的是,真正的危险是由万县到重庆,胡风在自

---

[1] 梅志:《我与胡风》,广西教育出版社1999年版,第72—73页。
[2] 胡风:《胡风回忆录》,人民文学出版社1993年版,第128—129页。

述中回忆："船仍停在江心,坐划子靠到船边,我先从船舷栏杆上翻爬上去,然后将晓谷拉了上去。但是要拉M我就不行了,因为她大着肚子.我实在怕船舷碰伤她。这时,史枚的朋友李君翻上船舷,一人一只手将她拉了上来。但是要上到三层可没法穿过那满是人的通道,我只好再爬上三层轮船栏杆。无线电报务员来接我们,由他拉了我一把。孩子是下面人托着,拉了上来的。M怎么办?要她自己用力攀是不行的,也只好由下面的人托着,我们俯身下去拉住她的手,她还得用肚子靠着船舷才翻了上来。当时我真担心伤着肚里的孩子,后来她自己回忆起来,也不由得胆战心惊。她说:'当时我也不知哪来的气力,顺着你们拉我的劲,自己用身子按在船舷上,一用劲就扑到了三层楼栏杆上了。这样,你再拉我一把,我自己再用一下劲就翻上来了。当时我就怕你们没劲了,一松手我就会落到江心的。别的我什么也没想。'"①

胡风、梅志一家在重庆

1937年11月,老舍离家投身于抗日救亡运动以后,胡絜青带着三个孩子回到北平老舍母亲家,独自承担起家庭的全部重任。胡絜青在师大附中教书的微薄薪水,除了要抚养三个孩子,还要供养婆婆和大伯子一家人。1943年9月,胡絜青在安葬了婆婆之后,带领三个孩子和保姆陈妈,开始南下寻夫。胡絜青此行花了半年多时间进行了周密的准备。

---

① 胡风:《胡风回忆录》,人民文学出版社1993年版,第136—137页。

首先，把房子抵押出去，凑足路费。其次，由于重庆物价奇高，一家人即使到了重庆也无力再置一份家当，于是，胡絜青把能带的东西，包括铺盖衣物、锅碗瓢盆、蚊帐雨伞，通通带上。舒乙在回忆中写道："数一数，这支队伍共有两位大人，都是女性，带上3个活行李，一个10岁（舒济），一个8岁（舒乙），一个6岁（舒雨），随身还要携带10件大行李。"

此次逃亡堪称惊险，为了避免引起日本人的注意，胡絜青化装成到华东一带做生意的布贩子，买了去东南方向的火车票，与去西南大后方完全是南辕北辙。到了安徽亳州，胡絜青一家下车突然向西，进入"三不管"地带。说是"三不管"，实际上危机四伏，据舒乙说："此地是交战的中间地带。一边日军管着，另一边国军管着，再后边是八路军管着，中间真空。要在此处将伪币换成法币。中间地带的好处是没人管，行动自由，便于穿行；坏处是可能随时被抢，特别是像母亲这样的单身妇女，带着孩子而没有男人保护，又带着那么多大行李，目标很醒目，危险极大。"

进入河南境内，胡絜青一家基本上是由东到西徒步穿越了整个河南，到了开封，才雇了五位当地的农夫，拉着五辆排子车，开始远征。说到这一路的旅程，舒乙对母亲充满了敬佩之情："母亲是这一路的英雄。一介文弱书生，高级知识分子，女性，身单力薄，没有出过这么远的门，每天满脸黄土，却能镇定自若，一副大将风度，指挥着几个民夫，联络住店，买食物，探路，应付盘查，跑前跑后，跨过一个又一个困难。"当时的河南仍然有大片的黄泛区，舒乙对于进入黄泛区的记忆是非常深刻而清晰的："1943年秋，我们进入黄泛区时，黄水依然无法排出，还是一望无际，有的地方只有一行树梢露出水面，说明原来那儿有过一条道路。农舍几乎完全看不见，早已在水中泡塌了。我们只好在陆地走一段路，如果有路的话；再坐一段木船。把车直接拉到船上，横着放，一条船能放三到四架排子车。上船时，临时搭两条木跳板，走上去，颤颤悠悠，很可怕。孩子，以及妇女，都由农夫一一背上船去。有的地方，水并不深，船底擦着黄泥滑行，很艰难。头上顶着毒花花的日头，地上是滔滔洪水，水也是热的，举目四望，全是黄汤，一派惨状。我们就在这黄汤里，很慢很慢地向西航行，不，是爬行。偶尔能遇见一两户地势稍高的农舍，有茶卖。赶紧跑过去。抱着大海碗，一人灌一碗。可怜，茶叶不过是几片枣叶。枣叶能给水添上点黄褐颜色。每天都要算计好，走多少里，到什么地方能歇脚，能住店。赶早不赶晚，宁肯早歇，因为路上完全没有灯啊。一入夜便漆黑一团，没有任何方向感，极不安全。所谓住店，就是把车倒进一个只有后墙而没有前脸的棚子，车把下面支一条长凳。两件行李在车上一头一尾各放一件，中间形成洼兜，人就睡在洼兜里。仰头望明月，数星星，一点不费劲。"

一路之上，不但辛苦而且危险重重，舒乙曾数次写到这样的经历："一次，已近黄昏，正走在一段大道上，路面上前后左右全是人为挖的大深坑，原意防止日军车队通过。母亲倒退着指挥车队择路行进。突然一声惨叫，她自己翻身栽进了大坑，而且摔伤了腰。她被大家救上来之后，咬着牙，说：'没事，上路！'依旧挣扎着前进。这样的险情屡屡发生，都被她一一扛了过去。"即使有时搭上火车，仍然杀机四伏，舒乙写道："夜闯潼关的时候，火车顶上的难民全被低矮的隧洞活活刮下来，连人带物伴着大声的惨叫跌到车轮之下。这一切就发生在隔着车窗的眼前，几寸距离之外，真是惊心动魄，恐怖至极。母亲紧紧地搂着我们，浑身发抖，一遍一遍小声说：'不怕不怕，过去了过去了。'"而在川北盘山公路上，胡絜青一行搭乘的汽车还差点跌落悬崖，舒乙写道："在川北的盘山公路上，下雨路滑，大人必须下车步行，把我们三个孩子留在车上。车子却一下滑出了路面，一个前轮已经悬空。司机的助手脸都吓白了，高叫：'向里打轮！'司机猛转方向盘，车子凌空一跳，又才四轮着地，而路旁下面是万丈深渊。眼看要到重庆了，卡车又一头栽进水田，动弹不得，第二天借了水牛方又拉出来。"终于，走了五十多天以后，胡絜青一行来到重庆北碚，舒乙在回忆中轻松地写道："我们都全须全尾，毛发未

老舍、胡絜青一家在重庆北碚

损。"①而实际情况可能如老舍在致陈白尘的信中所说："行五十日，至渝全家如饥猴。"②此时距老舍离家出走已整整六年。

1944年，梁实秋的夫人程季淑几乎把胡絜青的路线重复了一遍，1974年4月30日，程季淑在美国病逝，葬在西雅图的墓地"槐园"，梁实秋专门出版《槐园梦忆》一书以示纪念，并在祭文《悼念故妻程季淑女士》中一往情深地写道："'圣人忘情，最下不及情，情之所钟，正在我辈'，这是很平实的话。虽不必如荀粲之惑溺，或蒙庄之鼓歌，但夫妻胖合，一旦永诀，则不能不中心惨怛。"③

1937年7月29日，梁实秋离开北平后，程季淑独自挑起了全家生活的重担。不久，三个孩子染上天花，非常危险，特别是长女梁文茜面部结痂作痒，为防止患处被抓破感染，程季淑握着女儿的双手数夜未眠，几近体力不支。日伪时期，北平粮食供应紧张，居民能够买到的都是所谓的"共和面"，梁实秋在文章中写道："儿辈羸瘦，呼母索食。季淑无以为应，肝肠为之寸断。"谈及程季淑在北平的经历，梁实秋说：

---

① 舒乙：《冰火八年间》，见舒乙：《开窍的日子：舒乙散文和绘画作品自选集》，人民出版社2014年版，第23—25页。
② 老舍：《致陈白尘》，见舒济编：《老舍书信集》，百花文艺出版社1992年版，第148页。
③ 梁实秋：《槐园梦忆》，天津人民出版社2013年版，第2页。

"在这六年之中，我固颠沛流离贫病交加，季淑在家侍奉公婆老母，养育孩提，主持家事，其艰苦之状乃更甚于我者。"特别是1943年，程季淑母亲突然病逝，使程季淑濒于崩溃，她在给梁实秋的信中痛苦地说："我现在已成为无母之人矣。"由于长期的生活压力，"此际季淑年在四十以上，可能是由于忧郁，更年期提早到来，百病丛生，以至于精神崩溃"。

程季淑当初没有和梁实秋一起去大后方，主要是为侍奉老母，母亲去世以后，1943年，程季淑决定到重庆寻找梁实秋，而当时的程季淑风湿关节病时常发作，根本不适合远行。尽管如此，程季淑还是带着16岁的长女梁文茜、13岁的儿子梁文骐和11岁的幼女梁文蔷，带着十几件行李，病病歪歪的，也是义无反顾的，由北平乘车南下，经徐州转陇海路到商丘，再到亳州，亳州是前后方的交界处，其后的路程虽然脱离了日军的威胁，但仍然充满了艰难。梁实秋在文章中写道："从亳州到漯河，由漯河到叶县，这一段的交通工具只能利用人力推车，北方话称之为'小车子'，车仅一轮，由车夫一人双手把持，肩上横披一带系于车把之上，轮的两边则一边坐人，一边放行李，车夫一面前进一面摆动其躯体以维持均衡。土路崎岖，坑洼不平，轮轴吱吱作响，不但进展迟缓，且随时有翻倒之虞。车夫一面捽汗一面高唱俚歌，什么'常山赵子龙，燕人张翼德'，'有山就有水，有水就有鱼……'，一路上前呼后应，在黄土飞扬之中打滚。到站打尖，日暮投宿。季淑就这样地带着三个孩子十一件行李一天又一天的在永无止境的土路上缓缓前进。怕的是青纱帐起，呼吁无门，但邀天之幸一路安宁，终于到达叶县。"从叶县到洛阳可以搭乘公共汽车，却丝毫不比手推车舒适，梁实秋写道："汽车是使用柴油的，走起来突突冒烟，随时随地抛锚。乘客拥挤抢座，幸赖有些流亡学生见义勇为，帮助季淑及二女争取座位，文骐不在妇孺之列只能爬上车顶在行李堆中觅一席地。季淑怕他滚落，苦苦哀求其他车顶上的同伴赐以援手，幸而一路无事。黄土平原久旱无雨，汽车过处黄尘蔽天，到站休息时人人毛发尽黄，纷纷索水洗面。"①

程季淑一行到洛阳稍事休息后，即搭上没有窗户的铁闷火车，夜闯潼关。1942年，同样带着儿子（小玉）到重庆寻丈夫（芮麟）的黄哲渊，在回忆中对何谓"闯关车"做出了解释，她写道："火车就是火车，又为什么叫做闯关车呢？关是潼关，车是火车，闯是冒险冲过去的意思。当时黄河北岸，已为敌人所盘踞，每次车过潼关，对岸的敌人必瞄准车头，用大炮轰击。所以火车过潼关，几如过鬼门关，遇到河面最狭窄的地方，必加足马力，迅速的闯过危险的关头。闯关车便得名于此。"黄哲渊如此描述了夜闯潼关的惊险："车外没有月光，车内也熄灭了灯火。……这时轧轧的机器声，低低的微弱地哼着，车身缓缓地向前移动。偷偷地，偷偷地前行，好像虫在地面上蠕动。一寸一寸地向前滚，一寸一寸地向前开。……我们望见黄河对岸的敌人灯火，一闪一烁，一明一暗，咫尺的空间，若在白天里通车，敌人的大炮，必定是百发百中。……人急呼天，我在紧要的关头，惟有将我的灵魂交付给上帝！正默祷间，忽然听得火车开足了马力，乓乓乓乓，拼命地拼命地飞跑！大炮轰！轰！轰！好像天崩地裂的怒吼着。我双手紧抱着玉儿，没有办法掩耳，只好大张着嘴巴，以防炮声震破了我的鼓膜。"②

程季淑一行虽然幸而无恙，但也饱受虚惊。到达西安后，程季淑等随后搭车赴宝鸡，这是陇海路最后一站。从此便又改乘公共汽车，翻越秦岭，开始长征入川。所谓"蜀道之难，难于上青天"，同样在1943年从宝鸡入川的作家李霁野在回忆中写道："川陕公路却只有长途汽车可坐了。对于汽车，大家都是谈虎色变。"李霁野就曾亲身经历了这样的危险："不意一天车靠万丈悬崖前行，突然车头一歪，失了控制，前面一个车轮已经出了公路，悬在崖边。司机猛力刹车，总算停住了，车没有滚下去。司机满头满脸大汗，连声说：'多亏车里有贵客命大，我也保住了性命，

---

① 梁实秋：《槐园梦忆》，天津人民出版社2013年版，第52—55页。
② 黄哲渊：《离乱十年》，上海远东出版社2008年版，第117—118页。

谢天谢地！'"①有感于入蜀的艰难，李霁野还专门写了《入蜀》一诗为证："既伤国破群奸误，复叹家亡音信无。入蜀道难惊绝巘，妖氛窒息放狂呼。"②

梁实秋、程季淑在重庆北碚雅舍

李白在《蜀道难》中说："剑阁峥嵘而崔嵬，一夫当关，万夫莫开。"元人曹伯启更是在《南乡子》一词中写道："蜀道古来难，数日驱驰兴已阑。石栈天梯三百尺，危栏。应被旁人画里看。两握不曾干，俯瞰飞流过石滩。到晚才知身是我，平安。孤馆青灯夜更寒。"所谓"应被旁人画里看""到晚才知身是我"二语已写尽"蜀道之难，难于上青天"，恰恰就在剑阁附近，程季淑搭乘的汽车严重抛锚，只能等待运送零件方能就地修复。在此期间，程季淑等人住宿均成问题，"赖有同行难友代为远道觅食，夜晚即露宿道旁"。梁实秋在文章中写道："一夕，睡眠中忽闻呼声起于身畔，隐约见一庞形巨物，季淑大惊而呼，群起察视，原来是一只水牛。"③虽然在梁实秋的回忆中，这数日的记载只是寥寥数语，甚至于语气显得轻松幽默，但这数日荒郊野外的生活，程季淑感受到的担惊受怕是可以想见的。数日之后汽车修复，终于缓缓地爬到了重庆，这一年，程季淑43岁。

对于这次历尽艰辛的"鹊桥会"，梁实秋不无感慨地说："六年暌别，相见之下惊喜不可名状。长途跋涉之后，季淑稍现清癯。然而我们

---

① 李霁野：《入川行记略》，见李霁野：《李霁野文集》第2卷，百花文艺出版社2004年版，第560—561页。
② 李霁野：《李霁野文集》第3卷，百花文艺出版社2004年版，第4页。
③ 梁实秋：《槐园梦忆》，天津人民出版社2013年版，第55页。

究竟团聚了。'今夕何夕,见此粲者!'凭了这六年的苦难,我们得到了一个结论:在丧乱之时,如果情况许可,夫妻儿女要守在一起,千万不可分离。我们受了千辛万苦,不愿别人再尝这个苦果。日后遇有机会我们常以此意劝告我们的朋友。"[①]

[①] 梁实秋:《槐园梦忆》,天津人民出版社2013年版,第55页。

"应该留在祖国吃苦"

提及作为民国才女林徽因，人们所津津乐道的往往是她显赫的家世、出众的才貌，甚至是她可作为花边新闻和饭后谈资的情感生活，而作为中国知识女性的林徽因在抗战中的经历却更应该被世人所铭记。

1937年9月5日，梁思成一家准备逃离北京去天津，此时的林徽因患有严重的肺结核，只宜静养，根本不适合出行。林徽因后来在给沈从文的信中说："最后我是病的，却没有声张，临走去医院检查了一遍，结果是得着医生严重的警告——但警告白警告，我的寿命是由天的了。临行的前夜一直弄到半夜三点半，次早六时由家里出发，我只觉得是硬由北总布胡同扯出来上车拉倒。"而抛开北平优雅的生活，对于未来，林徽因也是毫无把握："我恨不得是把所有北平留下的太太孩子挤在一块走出到天津再说。可是我也知道天津地方更莫名其妙，生活又贵，平津那一节火车情形那时也是一天一个花样，谁都不保险会出什么样把戏的。"林徽因在信中接着对沈从文谈到此后的路程："自从那时以后，我们真走了不少地方。由卢沟桥事变到现在，我们把中国所有的铁路都走了一段！最紧张的是由北平到天津，由济南到郑州。带着行李小孩奉着老母，由天津到长沙共计上下舟车十六次，进出旅店十二次，这样走法也就很够经验的，所为的是回到自己的后方。"[①]林徽因说得很清楚，所有的艰苦都不能用值不值得

---

① 梁从诫编：《薪火四代》（下），百花文艺出版社2003年版，第100页。

来衡量，目标只有一个——"回到自己的后方"。

11月9日至10日，林徽因一家客居长沙，她在致沈从文的信中写到流亡中的生活："这十天里长沙的雨更象征着一切霉湿、凄怆、惶惑的生活。那种永不开缝的阴霾封锁着上面的天，留下一串串继续又继续着檐漏般不痛快的雨，屋里人冻成更渺小无能的小动物，缩着脖子只在呆想中让时间赶到头里，拖着自己半蛰伏的灵魂。接到你第一封信后我又重新发热伤风过一次，这次很规矩地躺在床上发冷，或发热，日子清苦得无法设想，偏还老那么悬着，叫人着一种无可奈何的急。如果有天，天又有意旨，我真想他明白点告诉我一点事，好比说我这种人需要不需要活着，不需要的话，这种悬着日子也不都是侈奢？好比说一个非常有精神喜欢挣扎着生存的人，为什么需要肺病，如果是需要，许多希望着健康的想念在她也就很侈奢，是不是最好没有？死在长沙雨里，死得虽未免太冷点，往昆明跑，跑后的结果如果是一样，那又怎样？昨天我们夫妇算算到昆明去，现在要不就走，再去怕更要落雪落雨发生问题，就走的话，除却旅费，到了那边时身上一共剩下三百来元，万一学社经费不成功，带着那一点点钱一家子老老小小流落在那里颇不妥当，最好得等基金方面一点消息。……"①从信中可以非常清楚地看出，此时林徽因的心态是非常悲苦的，经济拮据，身体状况也极差。即便如此，体弱多病的林徽因在给沈从文的另一封信中坚定地表示："我们还许要吃苦，可是我们不能不争到一种翻身的地步。我们这种人太无用了，也许会死，会消灭，可是总有别的法子（，）我们中国国家进步了（各方面）弄得好一点，争出一种新的局面，不再是低着头地被压迫着，我们根据事实时有时很难乐观，但是往大处看，抓紧信心，我相信我们大家根本还是乐观的，你说对不对？"②

11月24日，长沙遭遇了日军的首次空袭，正在长沙的林徽因"躬逢其盛"，她在给费正清、费慰梅夫妇的信中，详细地写到了遇袭的

---

① 梁从诫编：《薪火四代》（下），百花文艺出版社2003年版，第102—103页。
② 梁从诫编：《薪火四代》（下），百花文艺出版社2003年版，第105页。

经过："在日机对长沙的第一次空袭中，我们的住房就几乎被直接击中。炸弹就落在距我们的临时住房大门十五码的地方，在这所房子里我们住了三间。当时我们——外婆、两个孩子、思成和我都在家。两个孩子都在生病。没人知道我们怎么没有被炸成碎片。听到地狱般的断裂声和头两响稍远一点的爆炸，我们便往楼下奔，我们的房子随即四分五裂。全然出于本能，我们各抓起一个孩子就往楼梯跑，可还没来得及下楼，离得最近的炸弹就炸了。它把我抛到空中，手里还抱着小弟，再把我摔到地上，却没有受伤。同时房子开始轧轧乱响，那些到处都是玻璃和门窗、隔扇、屋顶、天花板，全都坍了下来，劈头盖脑地砸向我们。我们冲出旁门，来到黑烟滚滚的街上。当我们往联合大学的防空壕跑的时候，又一架轰炸机开始俯冲。我们停了下来，心想这一回是躲不掉了，我们宁愿靠拢一点，省得留下几个活着去承受那悲剧。这颗炸弹没有炸，落在我们正在跑去的街道那头。我们所有的东西——现在已经不多了——都是从玻璃碴中捡回来的。眼下我们在朋友那里到处借住。"面对日军的残酷轰炸，一向多愁善感的林徽因又乐观地写道："每天晚上我们就去找那些旧日的'星期六朋友'，到处串门，想在那些妻儿们也来此共赴国难的人家中寻求一点家庭温暖。在空袭之前我们仍然常常聚餐，不在饭馆，而是在一个小炉子上欣赏我自己的手艺，在那三间小屋里我们实际上什么都做，而过去那是要占用整整一栋北总布胡同三号的。我们交换着许多怀旧的笑声和叹息，但总的说来我们的情绪还不错。"[①]由于国民政府不能为知识分子充分提供战时为国效力的途径，为了不做"战争累赘"，林徽因告诉费慰梅，一家人决定再长途跋涉到云南昆明去寻找报国机会。

12月8日，林徽因一家从长沙坐汽车前往昆明，她在给费慰梅的信中如此描述路途的艰难："我们在令人绝望的情况下又重新上路。

---

① 梁从诫编：《薪火四代》（下），百花文艺出版社2003年版，第119—120页。

每天凌晨一点，摸黑抢着把我们少得可怜的行李和我们自己塞进长途车，到早上十点这辆车终于出发时，已经挤上二十七名旅客。这是个没有窗子、没有点火器、样样都没有的玩意儿，喘着粗气、摇摇晃晃，连一段平路都爬不动，更不用说又陡又险的山路了。"①这样的旅程，即使对健康人的身体来说也是难以承受的，终于，本来就有严重肺结核的林徽因，在湘贵交界的晃县（今新晃县）病倒了，高烧四十度，两周后才勉强退烧。

12月24日，是西方的平安夜，作为"海归"的林徽因，在给费慰梅的信中提及她的平安夜是这样度过的：深夜，乘坐的长途汽车在"七十二盘"顶上突然抛锚，此处向以土匪出没著称，正所谓"山重水复疑无路，柳暗花明又一村"，全家人摸黑走了一段山路之后居然找到住处，林徽因兴奋地写道："又一次，奇迹般地，我们来到峭壁边上的一片房子，让我们进去过夜⋯⋯"在信的最后，林徽因的描述居然充满了诗情画意："此后，又有关于这些破车、意外的抛锚、臭烘烘的小客栈等等的一个又一个插曲。间或面对壮丽的风景，使人比任何时候都更加心疼。玉带般的山涧、秋山的红叶和发白的茅草，飘动着的白云、古老的铁索桥、渡船，以及地道的中国小城，这些我真想仔细地一桩桩地告诉你，可能的话，还要注上我自己情绪上的特殊反应。"②但费慰梅对此是心知肚明的，她后来对于林徽因的经历曾感慨地说："经过这么多的'故事'起伏，梁家终于在一九三八年元月中旬抵达昆明。他们在长沙坐上汽车准备进行的'十天艰难的旅程'，实际上花了差不多六个星期。"③

林徽因是民国时期凤毛麟角的奇女子，家世显赫，才貌双全，抗战时期又身患严重的肺结核，完全有能力，也有理由逍遥海外，至少留在沦陷区继续过衣食无忧的生活，于公于私，世人都无可厚非，也无从

---

① 梁从诫编：《薪火四代》（下），百花文艺出版社2003年版，第120—121页。
② 梁从诫编：《薪火四代》（下），百花文艺出版社2003年版，第121页。
③ [美]费慰梅：《中国建筑之魂——一个外国学者眼中的梁思成林徽因夫妇》，成寒译，上海文艺出版社2003年版，第141页。

林徽因一家在西南联大
（前排左起一至四为林徽因、梁再冰、梁从诫、梁思成）

厚非。对于世人的百思而不得其解，李健吾曾经充满敬佩地一语道破："她是林长民的女公子，梁启超的儿媳。其后，美国聘请他们夫妇去讲学，他们拒绝了，理由是应该留在祖国吃苦。"[①]

---

① 李健吾：《林徽因》，载1945年10月柯灵主编的"春秋文库"第1集《作家笔会》。

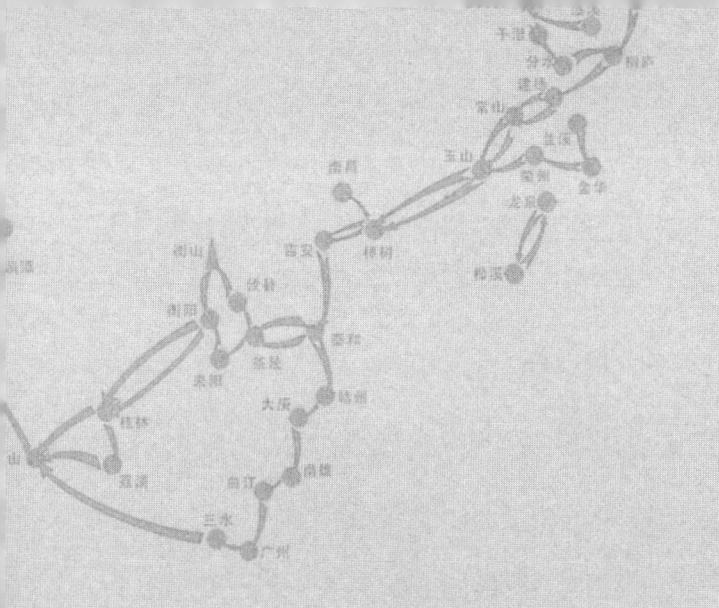

第三章
别妇抛雏断藕丝

在"救火的鹦鹉"中,有这样一群"候鸟"漂洋过海,回到战火中的祖国,是真正名副其实的"海归"。王奇生在《抗战期间留学生群像初探》一文中指出:"近代以来,每逢重大事件发生之时,海外留学生即大批归国。辛亥革命、五四运动、九一八事变、七七抗战,直至新中国成立,都成为近现代中国留学史上的回国高潮。"尤其是抗战爆发后的留学生归国潮,"其规模超过了中国近代留学史上的历次回国运动,即便在世界留学史上亦属罕见"。

漂洋过海的"候鸟"

卢沟桥事件爆发后，海外留学生大都归心似箭，即使因为各种原因暂时不能回国，也无一日不是身悬海外，心系祖国。仅以《夏鼐日记》为例，就可以非常清楚地看出这种心态。

1937年7月15日—17日，抗战全面爆发的消息传来，夏鼐在日记中写道："日本出兵华北的消息，此间报纸上已大登特登出来，中日的冲突，似乎不能避免，远居异国的人，一天天焦急地等候故国的消息，不知道这垂危的祖国，说不定什么时候断气，每天看三次报（晨报、午报、晚报），还感觉不满足，晚间还听无线电报告新闻，虽然每天咬着牙去读死

留学生回国参加抗日救亡活动

书，仍然不生效力，看得既慢，又看不进去，精神真是苦痛。"①

1937年8月14日，得知淞沪战事爆发的消息，夏鼐又在日记中提及内心的焦虑："中日战事，昨日起上海剧战，今日报载吾军飞机轰炸日舰，国事已至存亡危急之秋，自己反仍从事于此不急之务，故纸堆中弄生活，殊自惭自恨也，每天看几番报纸、听无线电，亦干着急而已。"②

1938年11月1日，得知武汉沦陷的消息后，夏鼐在日记中自誓："前星期汉口陷落后，抗日战争进入新阶段，战事虽不顺利，但在意料之中，努力继续抗战，仍有一线希望，惟自恨不能效命沙场耳。今日报载日寇又侵福州，在福州南面登陆，覆巢之下无完卵，故乡恐亦终不能免。个人家族之祸福，系于民族之存亡，此生无他奢望，但欲见故国复兴，逐出日寇。愿以此自誓！"③

1939年1月1日，夏鼐再次在日记中表达不能归国的痛苦和自惭："海外飘零，已达三年半了，欧陆的风云，仍在不可测之数。祖国的抗战，自汉粤二城失陷后，仍能以壮烈之牺牲，继续抗战。在这伟大的时代中，自己仍置身事外，在图书馆中、博物院内，埋首书本与古董堆中，想起来实深惭愧。希望再埋首苦干一年，将此间工作告一段落，希望国事有新曙光，自己返国后即闲散无事也是甘心。"④

1941年1月24日，夏鼐终于回到了阔别多年的祖国，他兴奋地在日记中写道："今天居然回到故国了，别来已经五年半，虽在国难中，但得'生入玉门关'，总算是一快事。这几个月因为怕各处出境时检查信件日记的麻烦，迫得我用英文写日记，从今天起又可以用中文写了。"⑤用自己的母语写日记居然成了夏鼐值得大书一笔的奢望。

比夏鼐早两年回国的钱歌川，事后则更详细地谈及归国的心情："我是在'九一八'以后，怀着一颗破碎的心到欧洲去的。去国三

---

① 夏鼐：《夏鼐日记》卷二，华东师范大学出版社2011年版，第116页。
② 夏鼐：《夏鼐日记》卷二，华东师范大学出版社2011年版，第119页。
③ 夏鼐：《夏鼐日记》卷二，华东师范大学出版社2011年版，第231页。
④ 夏鼐：《夏鼐日记》卷二，华东师范大学出版社2011年版，第236页。
⑤ 夏鼐：《夏鼐日记》卷二，华东师范大学出版社2011年版，第347页。

年，无时不惦念着祖国。自从全面抗战发动以后，此心尤觉海外不可一日居，虽不能赴前线与浴血战士同甘苦，至少也想回到本国来，到后方尽一点国民的义务。记得是二十八年四月十一日我由越南入境，重履国土，心中充满着无限的愉快。红河这边的河口是一个只有一条小街的市镇，幽暗的电灯发出比萤火还微的黄光，街上有稀疏的行人来往，看去就象幢幢的鬼影。比起外国的城市，简直一个象白昼，一个象暗夜。然而这是中国的土地，无论它怎样黑暗，怎样狭小，怎样肮脏，我都感着一种爱慕与依恋，在外国虽有物质上的享受，然而远不及这种精神的慰藉来得舒贴。"①

在海外留学生中，归国最为迅速，比例也最高的当数留日学生。七七事变之后，留日学生即首途回国，至当年10月下旬，留日学生几乎全部返国。在留学生的归国潮中，最为惊心动魄的当数郭沫若的归国。

1927年4月，担任国民革命军总政治部副主任的郭沫若，公开反对蒋介石对第一次国共合作的破坏，他发表的《请看今日之蒋介石》一文开宗明义地痛斥："蒋介石已经不是我们国民革命的总司令，蒋介石是流氓地痞、土豪劣绅、贪官污吏、卖国军阀，所有一切反动派——反革命势力的中心力量了。"②随即，郭沫若被国民党开除党籍，并受到通缉，1928年2月，郭沫若被迫东渡日本，隐居东京附近的市川市。在此期间，郭沫若深居简出，埋头于甲骨文研究，表面上不问世事，却一直留意着国内形势的一举一动。七七事变后，国内抗日救亡运动风起云涌，郭沫若更是心急如焚，恨不能马上回国效力。日本当局虽然非常害怕郭沫若归国，但鉴于郭沫若的巨大影响，不便贸然行动，于是加强了对郭沫若的监视，一旦找到借口即加以捕杀。因此，郭沫若的归国可谓困难重重，危险重重。

金祖同，自幼受家学影响，20岁左右即在甲骨文研究方面崭露头角。1935年供职于孔德图书馆，1936年3月—4月间，金祖同携所藏甲骨拓片东渡日本，师从郭沫若搜拓流失在日本的甲骨文，成为郭的私淑弟子。

---

① [美]钱歌川：《钱歌川文集》第1卷，辽宁大学出版社1988年版，第509页。
② 郭沫若：《郭沫若选集》第1卷下，四川人民出版社1979年版，第3页。

郭沫若的《殷契粹编》就是那时在其大力协助下完成的。郭沫若在《殷契粹编》序言中对金祖同大加赞赏："祖同金君，亦有志于契学，而拓墨之艺尤精。渡日以来，于此邦藏家所搜甲骨，拓存殆尽。其用力之勤且专，良属后起之秀。本编之成，彼亦与有力焉。"在郭沫若归国一事中，金祖同起到了至关重要的作用，他对此也颇引以为自豪："抗战爆发，能陪郭沫若先生自日本归来，参加抗日救亡，这是一生最值得回忆的。"[①]1945年，金祖同署名殷尘写成《鼎堂归国实录》一书，后改名《郭沫若归国秘记》，书的扉页上写道："八年哑迷，于今大白。"正如金祖同所说："笔者是沫若的朋友，幸蒙斯会，亲身参加了他那次回国的经过，事情虽不奇离曲折，但也可以说是变化万端了。"[②]该书以类似于日记的形式，详细记录了郭沫若归国的全过程，同时也非常真实地记录了郭沫若的内心世界，让人看到一个作为"人"而不是作为"神"的郭沫若。

金祖同

---

① 白寿彝主编：《中国回回民族史》（下），中华书局2003年版，第1202页。
② 殷尘：《郭沫若归国秘记》，上海书店影印出版1988年版，第4页。本章以下引文如无特别说明，均出自该书，不再逐一标注。

郭沫若的遗嘱

1937年7月9日，卢沟桥战事的消息传到日本，各种报纸马上大肆渲染，街上来往的尽是缝"千人针"[①]的妇人。车站上都是整装待发的士兵，整个东京都处于战争的阴云笼罩之下，这自然让在东京的中国留学生紧张万分，金祖同身边的中国学生纷纷准备回国。

7月14日，金祖同"决定明天到市川去看看鼎堂先生，和他商量一下，一方面可解决我自己周围的许多问题，一方面借此探听他对于这次卢沟桥事变的意见如何？看他有没有想回国的表示"。

7月15日，金祖同七点钟便起身去市川拜访郭沫若。市川虽然隶属千叶县，离东京却只有一条江户川之隔。

见到郭沫若后，没有几句寒暄，二人便切入到时事，郭沫若从堆在床上的一大堆中国报纸中随手拿出一张，义愤填膺地指出卢沟桥事变的真相和日本报纸所说的完全不同。金祖同清楚地记载："鼎堂先生说到这里，声调愈提愈高，显然是很气愤的样子，他的表情载着一腔正义的心肠。这是我一年来第一次看见他的愤怒样子。"

关于中国军队就如何回应日军挑衅的问题，郭沫若的态度是绝对主战的。于是，金祖同乘机提到个人的出路问题，并把东京的留学生界要联合回国的事告诉郭沫若。而郭沫若也向金祖同诉说心中的气闷，因为近来常有刑士、宪兵和警察三位一体不断来麻烦他。据郭沫若猜测，

---

① "千人针"相当于日本人的心灵防弹衣，指的是经千人之手用红线缝制的有文图的布带。据说士兵藏于身上，可保平安，即使战死，也能转世再生。

他们接二连三地来，一定是来监视他的，怕他跑掉。更让郭沫若焦虑的是，据说日本的华北驻军要求宋哲元共同防共，日本警方如果以此为借口，郭沫若就难免有性命之忧。

金祖同的第一感觉是："这是较远的危险的预兆，至于就近想，他们要防他，使他不得脱走，便可随时弄死他了。"于是，金祖同建议郭沫若不如趁此机会脱走回国。郭沫若虽然也赞成金祖同的建议，脸上却还露着一些难堪的表情。金祖同自然明白："他的踌躇是他走后他的家庭生活很成问题，而且自己能否平安地离开这里，一时哪有把握？"

郭沫若思索了一会，骤然说出来的话使金祖同目瞪口呆，他想写一张"遗言"留给金祖同，万一不能脱身而遭遇危险的时候，金祖同则把这篇东西替他在国内发表，以明心迹并激励国人。此时的郭沫若显然已经下定了破釜沉舟的决心。金祖同记得遗嘱的大意是这样的："临到国家需要子民效力的时候，不幸我已被帝国主义者所拘留起来了。不过我决不怕死辱及国家，帝国主义的侵略，我们惟有以铁血来对付他。我们的物质上的牺牲当然是很大，不过我们有的是人，我们可以从新建筑起来的。精神的胜利可说是绝对有把握的，努力吧！祖国的同胞！"

写完了遗嘱，郭沫若让金祖同回东京找几个朋友商量怎样脱身的事。金祖同当时就推荐了"叔厓先生"，据金祖同回忆："因为在几天前他曾同我谈起鼎堂先生回国的问题，他告诉我他在五月里回国的时候，在南京遇见了王某某，知道这时国内的国共合作的声浪已渐渐地高了，王某某在最高当局面前提起过鼎堂先生，后来，因为没有下文，又因他急急地要到日本，便请他在南京多住几天，等他上庐山去请示得到确实的消息后，再托他到日本去告知。当时叔厓因住在日本的他的妻子来电催他回去，以致不及等回音就到东京了。不过他说王某某不久一定会有电报来的。等电报来后他便去看鼎堂。"金祖同所说的"叔厓"，即书画篆刻大家钱厓（字叔厓，号瘦铁），当时他正应日本艺界邀请在东京访学。而"王某某"则指的是王芃生，他是南京国际问题研究所的负责人。金祖同不知道的是，在郁达夫的多方呼吁之下，同时经陈布雷、张群、何廉等国民政府高层游说，蒋介石已打算利用郭沫若这个"日本通"进行抗战宣传，因此，便将策划郭沫若回国的任务交给王芃生。王芃生与研究所京沪区主任顾高地密谋之后，由顾高地请中国驻日横滨总领事邵毓麟联络郭沫若，由于这时七七事变已经爆发，邵毓麟以官方的身份与郭沫若接触多有不便，顾高地便安排认识郭沫若的钱厓作为联络人。因此，金祖同向郭沫若推荐钱厓可谓歪打正着。

金祖同约定郭沫若过两日即带钱厓来商量回国步骤，临别时金祖同注意到郭沫若的"园子里已经开了一个小池，池水盈盈地浮着鲜绿的色彩，还养了几尾金鱼"。郭沫若则告诉金祖同，这是他的几个孩子自己动手筑成的。金祖同感觉到此时郭沫若在日本的生活应该是闲适而安定的。

离开郭沫若家后，金祖同即坐车去找钱厓，并谈到郭沫若的顾虑。钱厓看了郭沫若的"遗嘱"，决定17日等到王芃生的电报，18日即与金祖同一起去找郭沫若。金祖同专门写道："临走时，他恐怕我每天东跑西走，行踪没有一定，鼎堂的'遗言'放在身边不很妥当，便向我要了去，说是代我保存着。"次日，这份"遗嘱"即被钱厓寄给了王芃生。因此，上文金祖同说遗嘱内容只能记得大意，但郭沫若立"遗嘱"应该是确有其事的。

去住两难

　　7月18日，金祖同起得很迟，也许是对郭沫若的顾忌有所感触，他如此写到自己此时的心态："睡在床上，浑身很是倦怠，只是不想起来，许多胡思乱想充塞了我底脑海，使我有着无限的苦闷，哀愁。想到了我自己底家庭，真是烦恼得使人流泪。处在一个还在新陈交替时代的祖国，仍有许多传统观念弥漫在每一个守旧的家庭间；我的家也如此，我在急切间老是无可奈何地，几番使我陷向悒郁和挣扎的境地，六年来我不知费了多少时间在考虑这些事，虽无补于实际，不过我不能放弃我的良心上底责任呵。还是吃人的礼教横在遥远的那面，我已深深地体味到了。"

　　事实上，人非草木，孰能无情，家庭、亲情都是人之常情，远非金祖同所说的"吃人的礼教"所能概括。下午，金祖同来到郭沫若家，把钱厓要来看他以及王芃生发电报的事告诉了他。郭沫若则告诉金祖同这几天很烦恼，大有不可一日居的样子。金祖同知道现在最使他烦恼的是："临走时是否要通知他的妻儿，不通知心里很有些不忍，如果通知了，自己果然有决心可以斩断情丝，在他的夫人和儿女方面是绝不可能的。他知道安娜夫人虽是不比别的稚弱的女子，不过夫妻间的情感，可不是别些事可以相提并论的。就是儿女们看见自己父亲一旦离别了，哭哭啼啼的凄状也是免不掉的。说不定会惊动左右的邻居和常在他家门口徘徊的警士们呢。"

　　郭沫若更放心不下的是："至于走后的影响，据这几天日本的宪兵和警察不断地到来的模样，相信他们是决不肯放松一步。等他们发觉他已经走了的时候,他们便一面在全国各地实行搜捕,一面会把他的两个大儿子和安娜夫人传去,拷问他的下落的。为了那两个专门监视他的宪兵和警察底责任重大关系,他们一定要在他们几个人身上找出一些破绽来:那么他们的遭遇是怎样惨毒可以想见了。他不能叫他的妻子和儿女平白地受了这般委屈的。如果不告诉他们而悄悄地走了,叫他们莫明其妙地受苦,也是他的良心上做不到的。"就此,金祖同只能提醒郭沫若:走了是死,不走也是死,走或许倒能险中求生。这些大道理郭沫若并不是不清楚,多年以后,金祖同仍然清楚地记得当时郭沫若内心的纠结:"这些,在鼎堂先生一时的沉郁和烦躁的表情上可以看到,但他平时依旧谈笑自若,使他的夫人不曾看出他底一丝繁弦似的感觉来。"

金祖同6月份回上海的时候,曾与孔德研究所负责人沈尹默提过郭沫若回国的问题,沈尹默表示:"在经济方面,孔德研究所在友谊方面是绝对可以帮忙的。至于请中央政府取消通缉,他也可以想法托蔡元培和吴稚晖等去说,只要蒋先生头点不作声,就没有问题了。倒是上海的一般党员却很不容易通过,他举出的三个人是×××,×××,×××。因为你向这个说好了,那个不答应,你向那个人说好了,又有另一人出来捣乱破坏,所以一时很是困难。"可见,虽然金祖同认为郭沫若走后家里的生计应该不成问题,但连金祖同自己都觉得国民政府对郭沫若回国的态度模棱两可,郭沫若能够置个人生死于度外已属难能可贵,至于对家人的牵肠挂肚也就无可厚非。

7月19日,金祖同再次去找钱厓,钱厓决定先打听清楚回国的船期,次日即去见郭沫若。得知船期后,金祖同即给郭沫若寄了张明信片,上面写了这样的几句话:

> 石沱先生:青年会生已经去看过,现有十六、十八、二十、二十二、二十四等间空室,俱西式,空气甚好。叔厓君愿为君在室中布置一切。合意那间请来信告知,俾预先通

知收拾。

生殷尘上
×月×日

此信故意用明信片方式，却全部用隐语，显然是担心信件遭到日本警方检查。石沱是郭沫若的号，所有的房间数字即是船期，所谓西式则指外国船只，言外之意是让郭沫若早做准备。此信至少是19日才发出的，何以出现十六、十八这两个数字，很可能是金祖同为了混淆日本警方的视听故意为之。总之，从这一信件正可以看出郭沫若当时处境的险恶，即使是金祖同和钱匡也不得不小心翼翼，以免招来杀身之祸，更何况是作为当事人的郭沫若。

7月20日，金祖同和钱匡一起坐车去市川找郭沫若。下车后，钱匡让金祖同在前面领路，而他故意拖在后面，用意显然是怕引人怀疑。见面后，郭沫若虽然对钱匡表示担心南京政府的态度，但还是定下了24日的船期，郭沫若还拿出了准备回寄给金祖同的明信片，上面写了一首诗：

廿四传死信，有鸟志乔迁。缓急劳斟酌，安危费斡旋。
托生期岱岳，翘首望尧天。此意轻鹰鹗，群雏剧可怜。

看到此诗，即使是对郭沫若的犹豫略有不满的金祖同也不禁感慨："诗是写得十分诚挚，十分雄壮，而我们的诗人可有些迷惘了。他既想回祖国，而对他的妻女的爱情不免有些依依。'此意轻鹰鹗，群雏剧可怜。'读了使人不忍，使人感动，也自然难怪鼎堂的一片苦心了。"

当日，郭沫若还提到，最佳的回国路线是先从欧美绕一圈，曲线回国，金祖同为此颇为不解郭沫若的节外生枝，而郭沫若则对金祖同私下表示怀疑钱匡是国民政府派来的。郭沫若的担心是有道理的，因为钱匡如果是政府的情报人员，而又不表明身份，只能说明，一旦秘密回国的事情败露，国民政府为免引火上身，则随时准备撒手不管。因此，郭沫若下定回国的决心也是孤注一掷。

7月21日，金祖同写道："这几天的东京是完全陷入战时的状态下了。街上徘徊的都是些缝'千人针'的女子，电车站上多是在乡军人少年团拦住行人的输金捐募，也比平时来得起劲，比平时来得满目凄凉，在刺着每个留学生的心。"在日本举国的狂热中，金祖同竟做了一夜的噩梦，而郭沫若回国一事也就越发显得迫在眉睫。

7月22日下午，金祖同又来到钱瘦铁的家中，钱瘦铁建议：24日早晨由东京乘火车到神户去上船，因为横滨的华侨很多，在那里上船的话，很容易引起日本警察和宪兵的注意。金祖同如此写到当时的心烦意乱："坐在他家，百无聊赖间我举头望望窗外，奇怪，这几天的天色老是晴明着，没有一片浮云。阳光强烈地照耀着，那如在熔炉里盛炽的金盘似的太阳，照到人们底身上，简直要昏眩过去。我的额上流汗，我的心境郁闷，我希望夏天赶快地过去，正像我想离开这里一般地心急，我对于这块畸形的地方已没有一丝留恋了。"

回国与否的疑虑让金祖同感到心神不定，同时也感到迷惘，由于一时找不到人商量，金祖同索性又来到郭沫若家。这天，郭沫若给他看了郁达夫从国内给他写的两封信，一封信上说："今晨因接南京来电，嘱我致书，谓委员长有所借重，乞速归，我以奔走见效，喜不自胜，随即发出航空信一，平信一。一面并电京，请先取消通缉，然后多汇旅费去日，俾得早日动身也。"郁达夫还在信中推测："此信到日，想南京必已直接对兄有所表示，……南京之电汇，总也可到。"在另一封信中，郁达夫写道："南京蒋氏有意招兄回国，我已先去说过，第一，要他们办好取消通缉手续，第二，汇大批旅费去。此事当能在十日内办妥。"两封信都写于5月18日，一日之中连写两信，可见郁达夫心情的急迫，同时也可能是担心信件遗失，故加了个双保险。

但问题是，时至今日，郭沫若既没有得到南京政府的联系，也没有收到寄来的旅费，这自然让郭沫若搞不清蒋介石的真实意图，因此，郭沫若请金祖同将信件转交给驻日大使许世英。金祖同猜想郭沫若此举有两个很明显的意思："一面是要请他（许大使）保证路途上的安全，另一面是他的家中生活问题和安危问题，也须得让大使馆留意才好，因为当他一走，市川的警察和宪兵的线网很密，他们会马上发觉的；当他们发觉了，便立刻通知全国实行搜捕，如果他未出国境，被他们捉住了，这一番苦刑的残忍和恶毒是不堪想像到的……"特别是考虑到后一问题，郭沫若的意思是："大使最好能给他一些安家费，并且，再替他的二个大儿子弄到官费读书。于是，他走后，当日本的警察和宪兵要用一种恐怖的手段来威胁他底家属的时候，大使馆也许会挺身地来设法的。"

在谈话中，金祖同明显地感到郭沫若的心烦意乱，他如此描述道："在谈话间，问题愈扯愈远，愈说愈多，它像天空里的朵朵变幻的云片，更如狂风里的池子里浮萍似的飘摇，更像蝈蝈儿的诉苦声和街道上的辘辘货车声似的繁复，看来，他底苦闷和彷徨将如春蚕般的无可奈何了。"

让金祖同始料未及的是，郭沫若居然还考虑到邻里关系问题。在日本居住的十年之间，他和四周邻居平时都很和睦，有几家还过往甚密。即便如此，出于交战国双方日本国民对中国国民的敌视考虑，平时彬彬有礼、和睦相处的左邻右舍，在得知郭沫若回国的消息后，一定会很快改变对郭沫若家属的态度。因此，郭沫若便想备一种"信文"式的卡片，上面写着："平时受到你们多多的照应，心里实在非常感激呵，现在我去了后，仍希望你们能照应我的女人和孩子，使他们不致寂寞，我回来的时候面谢吧。"郭沫若用中文起草了信文，让金祖同带回东京后，设法请大使馆里的人翻译一下，再托钱厓到印刷所去排印五六十张。试想，郭沫若旅居日本多年，用日文起草只言片语的信文可说是易如反掌，为何要如此大费周章？原因只有一个，就是想让大使馆在万一事发以后能对他的家属照拂一二，可谓用心良苦！

郭沫若还有意无意地提到一个纠结的问题，那就是是否要把回国的事告诉夫人安娜。这个问题连金祖同都觉得非常为难："那真是一个进退维谷的问题呵。而告诉她的方法也得分为两种，一种是把事实完全向她诉说了，他那天要走了，那么将来的和现在的一切，便可以和她好好商量一下，使他们各自放心，但要是真的告诉她了，不知她是否同意，而能看破一切地放他走的。可是人非木石，谁能无情呢？一种是很微妙很含糊地对她说了一些，探一探安娜夫人的口气怎样。据他说，后一种他已经实行过了，就是现在是否要更坦白地，或是更公开地告诉她。不过万一发生了阻力，那时候什么都打消了，那是很对不起朋友们的，不过那恐怕不会吧。"金祖同认为，这些事不但郭沫若作为当局者解决不了，自己作为旁观者也无法替他出主意，因此只能快刀斩乱麻，什么路上的安危、家中的生活、归国后的行动以及安娜夫人的意志等等，都一概不顾。其实金祖同自己也明白，作为旁人，话好说，道理也很清楚，思考也很冷静，但作为一家之主的郭沫若，要抛妻弃子自然不是一件说到就能做到的事情。

7月23日，金祖同和钱厓一同到大使馆去见许世英，把郁达夫的信给他看，郭沫若的看法是：南京方面原来有让他回国的想法，后来变了卦，既没有取消通缉，又没有汇来旅费，因此，事情只得拖下来。目前，郭沫若已决定义无反顾地回国，但希望许世英帮忙解决以下问题：

"一、因为时间太匆促，来不及向国内要旅费，拟请大使馆设法代垫。

"二、这次是否能脱溜日本国境？就是万一被他们扣住，那时大使馆应该尽力援助，现在为'未雨绸缪'计，事前大使馆可不可以给他一些保障。

"三、他若去后，不到两三天，一定会给他们发觉的，那时他家里的人难免不给他们侮辱，或是受刑，那虽是没有办法可以阻止他们的，不过在事前事后，还得请大使馆派人照料其间发生的一切。

"四、关于他家的生活问题，在以前本是没有经常的收入，完全靠几个稿费过日子，那么当他回国后是否马上有钱寄来，是绝无把握的，这一点也想请大使设法。"

许世英则用典型的外交辞令玩起了太极："他的回国我是很赞成

的。""只要在我的能力的范围所及，当然绝对可以帮忙。"同时又表示："至于第一项，却有些为难，现在馆内很穷，已经三个多月没钱发公费。"至于第二项，他说可以关照驻神户的领事送郭沫若上船。"至于第三第四二项，我将本着保护其他侨民的方法一样地办……"很显然，郭沫若希望大使馆能帮助解决的最为急迫的四件事情根本就悬而不决。

出了大使馆，金祖同直奔郭沫若家中，金祖同回忆见面的情形时说："当鼎堂听了我的话反而觉得踌躇了。他仍很彷徨，好像还是和从前一样的满腹狐疑，还表示没有人可以真的帮助他，或是了解他似的。"以下金祖同对郭沫若心态的分析至为精彩。

金祖同如此揣测郭沫若当时的心态："也许他这时候正在想，他把一切都看作分外了，他显得更凄怆和孤独的样子，他也有些厌弃我，说我是怎样地多事。他的妻子，他的儿女，连他最小的儿子鸿，都将被隔绝了一万八千里似的，这是一条多么远多么渺杳的路程呵。他有时觉得他们是仇人，不，他自己才是一个罪人，他已经有些不愿看见他们了。'然而，你们也是太残酷了，你们竟一些不原谅我，不让我亲近你们，可以使我把这些要走的事情很坦白地告诉你们，同你们商量和斟酌，你们真太不近人情了，我是你的丈夫呢，我是你的父亲呢，你们竟这样地冷酷么？……让我给他（指我）包围着，由他什么什么地摆布。'他有些憎恨我，不过我也原谅他，他的心境这几天很不好，原因是去与不去的问题在内心交织着，而两者之间，家庭和国家，事业和私情，都各自矛盾地牵羁了他，使他无法摆脱似的……

"因为，现在的生活固然是使他觉到厌倦了，回去虽是新生，而一时那里可以决绝不顾家庭间的一切而抛去呢？虽然在国外，他已受到了够多的气闷和苦楚，却私幸他没有把这十年的光阴虚度过去，他已经建立了中国社会史研究方面的基础，并在古文化研究史上创立了一个划时代的功绩，这，都足以使他自傲的，和向我们夸耀的。但，在政治的窝流经过十多年激荡后，他好像已经被人们遗忘了。

"这次,卢沟桥的炮声燃起了全民族斗争的火炬,正是他恢复十年前的革命精神,再献身到大时代洪流去的时候。而他反而有些自怯了,许多神经质的,矛盾的心理织成了莫名其妙的悲哀与恐惧使他自怯,打不起过去的勇往直前的血气来;他唯恐有人说他是假借名目,或是⋯⋯"

金祖同进一步地分析到郭沫若此时有进无退的处境:"不过,他虽是踌躇,他却渐渐变得消极,而事实经我的怂恿已到了十之七八,他可不能把这些事实有否认的余地了。因为一个人到了悬崖,绝不可能轻易再回头,要是对面照样有一个离开十多丈的悬崖,那么你得细加以考虑,要是自己的能力果真及得到,不如跳到那面去,那面有光明的,徇(绚)烂的康庄大道呢。这时候你绝不能想出更多的危险来阻止自己的决心了。我想:鼎堂也许遇到这个我所想像的事实了。

"他自然懊悔过几天的大兴奋,而偏有我去附会着代他奔走,以致促成了眼前的尴尬现象,他憎恨我而没法骂我,他疑心我,或竟是肯定地说我有什么作用,有什么歹意,却苦着没法揭穿似的。其实,我的坦白和诚挚的态度是真的,可是我把他看作一种阶梯的思想是有的,我相信即是圣人也绝不会轻易去干一件白痴所干的事。"

金祖同还如此写到郭沫若内心的挣扎:"他一句话也不说,可是他的心理表演都活活地在他的脸部显出了。他很苦恼,他很怨愤,他的理想在情感的网里挣扎着,如一只蜻蜓脱不出软韧的蛛网似的,不知他是否想不出一句要说的话,或是不愿向我讲话,不肯把一切困难的,不能解决的疑虑再向我商量了。

"然而,事实毕竟很明显地横在我的眼前,他简直成了一块木头,一切都需要人家来搬动,来给他浮沉;如果他真是一块木头的话,倒也不用我说什么了,可惜不是,他免不了要有一些琐屑的事情告诉我,他的苦楚是,他想把事实挽回过来呵。我最近发现他有些惰性,希望事实不要这样快地到来,而是维持现状地安稳的过下去;真是滑稽可笑:'他不但不敢有兴奋,有时竟连一些锐气都消失了,那里再谈得上什么主动？我真是懊悔我的多事。'"

最终，郭沫若下定决心让金祖同去买船票。临行，郭沫若向金祖同要了五十元钱作为从利川到东京去的车费，其实，这并不是一个大数目，显而易见，郭沫若的"小家子气"是想把每一分钱都留给家人。

7月24日，金祖同去找钱匡为回国的事做准备，郭沫若化名为"杨伯勉"，金祖同被改称为"殷组桐"。此后，二人又到东京驿买了三张从横滨到神户的急行车票。金祖同如此憧憬着次日回国的情景："我自身正像一只飞鸟，我在明天便将展着巨翅飞过这奔流的，喷着白沫的汹涌的海面回到祖国。没有一丝惆怅，更没有一些恐惧，是许多好奇的意象和憧憬充满了我的脑海。"

当天晚上，金祖同来到郭沫若家，他后来如此写到当晚的场景："他们，好像知道今夜我一定要来似的，玄关的门还没有锁上，我把它推开了，蹑着足像一个小偷似的悄悄进去。里面，在一支很微弱的电灯光下，鼎堂在一手执着剪刀修指甲，安娜坐着在缝衣，他们的两个儿子和夫、和博在看书，其他的三个孩子大概都已睡了吧。

"室内很沉静，他们围坐着一只小桌子上，正在叙一个家庭间的平凡的欢乐呢。"

眼见此情此景，金祖同不由悲从中来："我见了不免替他们难过，因为那仅是一个短短的晚间的'天伦之乐'了。"

二人见面后，详细商谈了次日碰头的地点及步骤，金祖同特别提醒郭沫若要遵守时间，为免露出马脚，东西要尽量少带一些。郭沫若的忧虑、伤心是显而易见的，金祖同如此揣度郭沫若当时的心态："'明天，明天一早就得抛离了我的妻，我的孩子，我的许多邻居和十年的故居，悄悄地离开此地。呵，好快的明天，可憎恨的明天，我将如何难堪和哀愁呢，我决定得太快了，我要……'也许他这时正在这般心如乱弦般的在想，因为他又失去了昨天似的得意呢。"郭沫若甚至开始喋喋不休地抱怨，以至于金祖同对郭沫若回国的决心产生了怀疑："话愈说愈不像样了，我几乎有些不信站在我的面前的每天在那个小小的书室里徘徊的就是十年前的革命前辈鼎堂。我的两眼有些模糊了，我担心着今晚他要把回国的决心打消了，如一缕浓聚在一块儿的青烟，缕缕地飘散得无影无踪。"

从日本回来了

　　事实证明，金祖同的担心完全多余。7月25日，凌晨五点三刻，金祖同和钱厓来到车站，发现郭沫若已经等候多时了。但在金祖同的眼中，郭沫若完全没有"壮士一去不复还"的悲壮，反而显得相当仓促甚至狼狈："他今天穿着一件居家的和服，里面只有一件衬衣，一条短裤，赤着足穿了双木屐，他的服装今天是够滑稽了，我想，他的袋里除了还存着昨天我给他的五十钱，用去车资还剩二十几个钱以外，只是两袖清风，身边不再有别的什么了。"一路上，郭沫若告诉二人："我从家里出来时，天空里还挂着璧圆的月呢。""家里的人一个也没有醒，踏着朝露湿莹的田畈，我到了车站，这时站上一个人也没有，知道头班车还没有开出，不能呆在那里，就怀着一颗虚心，冒着晓雾，这样地走过了两站，才找到一个有人在候车的车站……那知到了道灌山，我没有看见你们，后来在车站的周围徘徊了不知多少时候，我知道这样是不行的，因为这时候左右的人渐渐多了起来，他们渐在注意我穿了这般服装等火车的样子，我想他们会因而疑心的，而你们又没来，这时我的心真动荡厉害极了，……"在此，郭沫若说得非常简单，后来，郭沫若在《由日本回来了》一文中，对此次离家的情形写得异常缠绵：

　　今天是礼拜，最后出走的期日到了。自华北事变发生以来，苦虑了十几天，最后出走的时期终竟到了。
　　昨夜睡甚不安，今晨四时半起床，将寝衣换上了一件和服，踱进了自己的书斋。为妻及四儿一女写好留白，决心趁他们尚在熟睡中离去。

昨晚由我的暗示，安娜及大的两个儿子，虽然知道我已有走意，但并不知道我今天便要走。我怕通知了他们，使风声伸张了出去，同时也不忍心看见他们知道了后的悲哀。我是把心肠硬下了。

留白写好了，连最小的六岁的鸿儿，我都用"片假名"（日本的楷书字母）替他写了一张纸，我希望他无病息灾地成长起去。

留白写好了，我又踱过寝室，见安娜已醒，开了电灯在枕上看书，自然是因为我的起床把她惊动了的。儿女们纵横地睡着，均甚安熟。

自己禁不住淌了眼泪。

揭开蚊帐，在安娜额上亲了一吻，作为诀别之礼。她自然不曾知道我的用意，眼，没有离开书卷。

吻后蹑木屐下庭园，花木都静静地立在清晨的有凉意的空气中，尚在安睡。

栀子开着洁白的花，漾着浓重的有甜味的香。

儿们所掘的一个小池中，有两匹金鱼已在碧绿的子午莲叶间浮出了。

我向金鱼诀了别，向栀子花诀了别，向盛开着各色的大莲花诀了别，向园中一切景物诀了别，心里默祷着妻儿们的和一切的平安，从篱栅缺口处向田陇上走出。正门开在屋后，我避开了正门。家前的篱栅外乃是一片的田畴。稻禾长已三四寸，色作深青。

璧圆的月，离地平线已不甚高，迎头望着我。今天怕是旧历六月十六吧。

田塍上的草头宿露，湿透了我的木屐。

走上了大道，一步一回首地，望着妻儿们所睡的家。

灯光仍从开着的窗户露出，安娜定然是仍在看书。眼泪总是忍耐不住地涌。

走到看不见家的最后的一步了。①

三人先到钱厓家给郭沫若换了衣服，然后坐汽车由东京到横滨，再准备从横滨坐火车到神户上船。没想到在横滨火车站却差点忙中出错。金祖同如此写到当时横滨火车站剑拔弩张的气氛："车站上随处都布满着许多密探和警察，情况是非常的紧张，昨天叔厓和鼎堂都预先警告我，要我随处好好地留心，因为他们对于这些都很有经验，这时候，我们三个人既到了那里，虽好像若无其事地走着，徘徊着，但每个人都很有戒心，在每个人的心目中，正像四周都投来锐利的威吓的眼光，几番使人胆怯心寒。"

金祖同的叙述绝不是耸人听闻，就在前一晚，金祖同在离开郭沫若家后，就曾遭到警察的盘问和盯梢，金祖同一夜噩梦不断："在我的眼前幻出了一个惨酷的画面，在血泊里仿佛看见几个我熟识的人和我自己，我的心口隐隐地作痛了，我在如梦非梦的情绪下捉摸那个恶劣的遭遇，一时真像堕入深渊相似了，因为如果给他们找到的话，一切便不堪设想了。好好地死倒也罢，也许他们会把你活活地敲死，敲得脑浆迸裂，浑身骨节碎散，满地血肉模糊狼籍，像对付小林教授一样。或是他们惯用种种使你不忍

郭沫若、安娜一家

---

① 王锦厚编：《郭沫若散文选集》，百花文艺出版社2004年版，第158—160页。

想下去的酷刑，文明国的得意杰作。"金祖同所说的"小林教授"是指日本共产党作家小林多喜二。1933年3月20日，小林多喜二被警察逮捕，次日被宣布因"心脏病突然发作"死亡。而家属领回尸体后却发现，遗体遍体皮下出血，门牙脱落，右手食指完全折断，手腕、脚脖和颈项上都留着绳索勒过的血痕，左鬓有一块杏核大的殴伤，两只大腿有十几处伤痕。经医生检查后断定，他是被活活打死的。此事曾在日本引起极大轰动，金祖同联想至此，简直不寒而栗。

由于三个中国人在一起很容易引人注目，于是三人在月台上分开候车。也许是过于紧张，郭沫若误上了另一趟开往神户的列车，当郭沫若发觉，刚抢着下来，火车就开动了。金祖同不由捏了一把冷汗，因为他们坐的"燕号"急行列车到神户的时间和轮船开的时间只有二十分钟的距离，一旦错过就搭不上船。上车后，三人分开坐着，相隔略有十个座位的光景。偏偏一个日本军官走上来了，坐在郭沫若的旁边，那非但使金祖同看了碍眼，郭沫若也很有些局促不安。一路上他们虽然草木皆兵，但总算是有惊无险到达神户并上了船。郭沫若后来在文章中如此写到最后的离别时刻：

> 船是九点钟开的，自己因为含悲茹痛便蛰居在舱中，从开着的圆窗孔望出，看着在码头上送行的人们。也有些人在投纸卷，五色的纸带在码头与船间的空中形成着玲珑的缨络。
>
> 锵琅噹，锵琅噹，锵琅噹……
>
> 船终竟离岸了。
>
> 五彩的纸缨络，陆续地，断了，断了。
>
> 船上的人有的把纸带集成一团投上岸去，岸上的又想把它投上船来，然而在中途坠落了——落在了下面的浮桴上。
>
> 向住了十年的岛国作了最后的诀别，但有六条眼不能见的纸带，永远和我连系着。[①]

[①] 王锦厚编：《郭沫若散文选集》，百花文艺出版社2004年版，第163页。

7月26日，在回国的途中，作为诗人的郭沫若写了一首《黄海舟中》以纪念那六条"眼不能见"的纸带："又当投笔请缨时，别妇抛雏断藕丝。去国十年余泪血，登舟三宿见旌旗。欣将残骨埋诸夏，哭吐精诚赋此诗。四万万人齐蹈厉，同心同德一戎衣。"多年以后，郭沫若在文章中谈到此诗时说："我在当时的确是把我全部的赤诚倾泻了出来，我是流着泪把诗吐出的；虽然并不是什么了不起的东西，但它在我的生命史上的确是一个里程碑。"①

7月27日，清晨五时，在轮船上的郭沫若，思绪万端，又作诗一首："此来拼得全家哭，今往还当遍地哀。四十六年余一死，鸿毛泰岱早安排。"②诗中所谓"四十六年余一死"，郭沫若后来在《由日本回来了》一文中说："自己是壬辰年生的，今年四十六岁。想起了十几年前，在上海城隍庙曾被一位看相的人开过玩笑，说我四十六岁交大运。……忽然忆及，顿觉奇验。所谓'大运'者，盖生死大运也。"③可见，即使事隔多年，郭沫若回想起当年回国的惊险，仍然是心有余悸。下午两点半，船到上海，郭沫若终于回到了阔别十年的祖国。

7月31日，上海报纸报道了国民政府取消通缉郭沫若的消息，郭沫若随即全心全意投入了抗日救亡活动。8月8日，《救亡日报》创刊，郭沫若任报社社长；9月，蒋介石在南京召见了郭沫若；次年春，郭沫若担任了国民政府军事委员会第三厅厅长。郭沫若回国后的救亡活动在其《洪波曲》中有详细叙述。

归国四个月后，郭沫若接到日本友人的一封信，信中提到郭沫若潜离日本后，家属果然受到连累，安娜与长子和夫被宪兵拘捕月余，郭沫若后来痛苦地在诗中写道：

相隔仅差三日路，居然浑如万重天。

---

① 郭沫若：《鲁迅和我们同在》，见郭沫若：《沫若文集》第13卷，人民文学出版社1961年版，第378页。
② 王锦厚编：《郭沫若散文选集》，百花文艺出版社2004年版，第170页。
③ 王锦厚编：《郭沫若散文选集》，百花文艺出版社2004年版，第173页。

> 怜卿无故遭笞挞，愧我违情绝救援。
> 虽得一身离虎穴，奈何六口委骊渊。
> 两全家国殊难事，此恨将教万世绵！①

1938年4月1日，《新女苑》发表了署名"郭沫若夫人佐藤富子"的《我的丈夫郭沫若》一文，文中写道：

> 丈夫的国家和妻子的国家成为战争的敌手，这是多么残酷的命运啊。姑且不说我们，可我们两人的孩子们，他们那幼小的心灵将受到怎样的伤害，想到这一点我不禁心潮起伏，觉得自己像要发疯一样。尽管如此，我愿奉献一切，祈祷、渴求并为之努力，只要孩子们健康快乐地成长。
>
> 那是七月二十四日夜里的事。孩子们入睡后，我和郭沫若终究还是因为这痛苦的立场发生了争执。黎明时分，他亲吻了我的额头，趿拉上木屐便离家出去了。
>
> 从此他再也没有回来。
>
> 大点儿的孩子似乎懵懂地感到父亲是去了什么地方，小些的孩子醒来发现父亲不在，便一个劲儿地追问。一天，两天，他还是没有回来，孩子便哭闹着要爸爸。但是我自己也在找他，我又能做什么呢，只能背着他们每日以泪洗面。
>
> 不知不觉的，他们习惯了父亲不在的日子，可当他们压根儿不再提起爸爸时，我又格外觉得孩子们可怜。②

如果说上文的真伪在学界尚存争议，1939年秋，郭沫若父亲病逝，郭沫若则在《家祭文》中如泣如诉地表达了类似的意思："贞乃于阳历七月二十五日，抛妻别子，孑身返国……然离去时之情景，即今犹

---

① 黄曼君、王泽龙、李郭倩：《郭沫若传》，人民出版社2013年版，第109页。
② 佐藤富子：《我的丈夫郭沫若》，载《新女苑》1938年4月1日第2卷第4号。

历历然在贞之心目也。时方暑假，子女均归。晨之四时，贞悄然披衣起床，曾将阖室巡视，四子一女，均尚酣睡。富氏媳虽被惊觉，初未料贞之将高举而远逸也，乃怡然枕畔，就灯阅书，贞则于此时首途矣。于时，残月在天，浡露在田，热泪在贞之颜面，贞非木石，能不伤心？贞幸得脱出，而妻子则委诸虎穴，为贞而受牺牲，其苦心，其处境，一为置身而思之，即不觉泪之盈睫。且也，贞之去后，敌寇之警宪曾将富氏及长子宗易孙拘禁月余，惨加棰楚，至于不能引步。贞时在沪，得闻此息，只觉寸心欲裂。当此之时，曾求驻日大使设法营救，并求允贞眷属归国。乃敌寇万恶之军部复加尼阻，谓富氏媳未脱日本国籍，尚是日本臣民，且有间谍之疑，不能自由而离去。事至于此，则妻子何能入国门，实不可保。近且鱼鸿断绝，将及一年，其安与否，亦未能悬决……"[①]

直到1948年，郭沫若与安娜及子女终于重逢，但由于种种因缘，已然物是人非，难以破镜重圆。

[①] 郭沫若：《家祭文》，载《郭沫若研究学会会刊》1983年第2期。

第四章

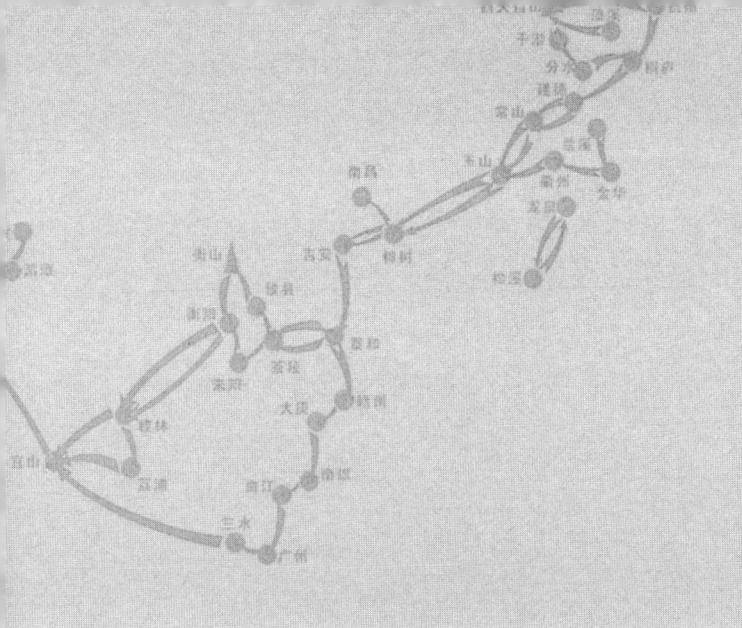

提个小箱撵中华

和郭沫若同样有着抛妻弃子经历的是老舍。郭沫若由日本回国历时三天，可谓九死一生；老舍由济南奔赴武汉同样经历了三天，亦可谓生离死别。

1934年，老舍来到青岛，在山东大学文学院教书。1936年夏，为了专心写作，老舍干脆辞去教职，专做"职业写家"，这是老舍渴望已久的生活。

不再宁静的青岛

老舍在《这几个月的生活》一文中说到对青岛的喜爱："自去年七月中辞去教职，到如今已快八个月了。……辞职后，一直住在青岛，压根儿就没动窝。青岛自秋至春都非常的安静，绝不像只在夏天来过的人所说的那么热闹。安静，所以适于写作，这就是我舍不得离开此地的原因。"在安宁的环境中，老舍的个人生活也变得非常有规律，据老舍自己描述，他每天的时光基本上是这样度过的："我每天差不多总是七点起床，梳洗过后便到院中去打拳，自一刻钟到半点钟，要看高兴不高兴。不过，即使不高兴，也必打上一刻钟，求其不间断。遇上雨或雪，就在屋中练练小拳。……打完拳，我便去浇花，……这么磨蹭十多分钟，才去吃早饭，看报。这差不多就快九点钟了。吃过早饭，看看有应回答的信没有；若有，就先写信，溜一溜脑子；若没有，就试着写点文章。……十一时左右，外埠的报纸与信件来到，看报看信；也许有个朋友来谈一会儿，一早晨就这么无为而治的过去了。遇到天气特别晴美的时候，少不得就带小孩到公园去看猴，或到海边拾蛤壳。这得九点多就出发，十二时才能回来，我们是能将一里路当作十里走的；看见地上一颗特别亮的砂子，我们也能研究老大半天。十二点吃午饭。吃完饭，我抢先去睡午觉，……我只需一刻钟左右的休息，不必睡那伟大的觉。孩子睡了，我便可以安心拿起笔来写一阵。等到他们醒来，我就把墨水瓶盖好，一直到晚八点再打开。大概的说吧，写文的主要时间是午后两点到三点半，和晚上八点到九点半。这两个时间，我可以不受小孩们的欺侮。九点半必定停止工作。按说，青岛的夜里最适于写文，因为各处静得连狗仿佛都懒得吠一声，可是，我不敢多写，身体钉不住；……我可也不去睡的太早了，因为末一次的信是九点后才能送到，我得等着；还有呢，花猫每晚必出去活动，到九点后才回来，把猫收入。我才好锁上门。有时候躺下而睡不着，便读些书，直到困了为止。"到了周末，老舍的生活更是非常悠闲："星期六下午和星期日整天，该热闹了。看朋友，约吃饭，理发，偶尔也看看电影，都在这两天。"①由此可见，老舍对于青岛的生活是相当满意的，这段时间也成为老舍文学创作的一个丰收期。几年以后，老舍在《三年写作自述》一文中，对青岛时期的创作做了一个总结："在战前，当我一面教书一面写作的时候，每年必利用暑假年假写出十几万字；当我辞去教职而专心创作的时候，我一年（只有这一年是这样的作职业的写家）可以写三十万字。"②

战前老舍在青岛

1937年，卢沟桥的炮声打破了老舍安静的生活。老舍在致××兄的信中谈到生活的变化："卢沟桥事变初起，我仍在青岛，正赶写《病夫》——《宇宙风》特约长篇，议定于九月中刊露。街巷中喊卖号外，自午及夜半，而所载电讯，仅三言两语，至为恼人！一闻呼唤，小儿女争来扯手：'爸！号外！'平均每日写两千字，每因买号外打断思路。"

1937年，7月15日，青岛消息已日渐封锁："号外不可再见，往往步行七八里，遍索卖报童子而无所得；日侨尚在青，疑市府已禁号外，

---

① 老舍：《这几个月的生活》，见老舍：《老舍全集》第14卷《散文·杂文》，人民文学出版社1999年版，第75—77页。
② 老舍：《三年写作自述》，见老舍：《老舍全集》第17卷《文论》，人民文学出版社1999年版，第272页。

免生是非。日人报纸则号外频发，且于铺户外揭贴，加以朱圈；消息均不利于我方。我弱彼强，处处惭忍，有如是者！"

这时，老舍的处境立刻变得非常尴尬，老母身在北平，妻子胡絜青又怀有身孕，而青岛又随时有被封锁成为孤岛的危险，老舍如此谈到当时进退两难的处境："老母尚在北平，久无信示；内人又病，心绪极劣。时在青朋友纷纷送眷属至远方，每来辞行，必嘱早作离青之计；盖一旦有事，则敌舰定封锁海口，我方必拆毁胶济路，青岛成死地矣。家在故乡，已无可归，内人身重，又难行旅，乃力自镇定，以写作摈扰，文字之劣，在意料中。"

7月15日—25日，在这十日之内，老舍可说是度日如年："天热，消息沉闷，每深夜至友家听广报，全无收获。归来，海寂天空，但闻远处犬吠，辄不成寐。"

7月26日—29日，形势进一步恶化："廿六日又有号外，廊坊有战事，友朋来辞行者倍于前。写文过苦，乃强读杂书。廿八号外，收复廊坊与丰台，不敢深信，但当随众欢笑。廿九日消息恶转，号外又停。"

7月31日，正在兵荒马乱之际，老舍夫人胡絜青临产，老舍写道："送内人入医院。在家看管儿女；客来数起，均谓大难将临。"

8月1日，胡絜青生下一女，在谈到为女儿取名一事时，老舍写道："八月一日得小女，大小俱平安。久旱，饮水每断，忽得大雨，即以'雨'名女——原拟名'乱'，妻嫌过于现实。"从这一名字不难看出老舍当时是何等的心烦意乱。

8月2日，青岛市民已纷纷开始准备逃离："携儿女往视妈妈与小妹，路过旅行社，购车票者列阵，约数百人。"

8月4日，老舍继续在文中描述了青岛的人心惶惶："李白入京，良乡有战事；此地大风，海水激卷，马路成河。乘帆船逃难者，多沉溺。""每午，待儿女睡去，即往医院探视；街上卖布小贩已绝，车马群趋码头与车站；偶遇迁逃友人，匆匆数语即别，至为难堪。"

8月9日，由于形势越来越紧张，老舍的朋友开始纷纷离开青岛：

"王剑三以七号携眷去沪，臧克家、杨枫、孟超诸友，亦均有南下之意。我无法走。"

8月11日，胡絜青出院，老舍的朋友也来电催促他去上海。老舍对家人做出了这样的安排："商之内人，她决定不动。以常识判断，青岛日人产业值数万万，必不敢立时暴动，我方军队虽少，破坏计划则早已筹妥。是家小尚可暂留，俟雨满月后再定去向。"而至于老舍自己，则准备到上海去参加救亡工作："于我自己，市中报纸既已停刊，我无用武之地，救亡工作复无详妥计划，亦无人参加，不如南下，或能有些用处。遂收拾书籍，藏于他处，即电亢德，准备南下。"①

8月12日，老舍本来已托朋友购买去上海的船票，却突然接到沪上友人陶亢德的复电："沪紧缓来"。老舍后来在致陶亢德的信中悲愤地说："顷得详信，读之叹气。谁为为之，敦令致之？不共戴天，中国与日本之谓也。"②

南行计划已成泡影，老舍只得决定先离开青岛去济南，到齐鲁大学再执教鞭，等安定之后，再接家小。"别时，小女啼泣甚悲，妻亦落泪。"③

---

① 老舍：《致××兄》，见老舍：《老舍全集》第15卷《散文·杂文·书信》，人民文学出版社2013年版，第510—511页。
② 舒济编：《老舍书信集》，百花文艺出版社1992年版，第46页。
③ 老舍：《致××兄》，见老舍：《老舍全集》第15卷《散文·杂文·书信》，人民文学出版社2013年版，第511页。

风雨飘摇的济南

1937年8月13日,老舍到济南复就齐鲁大学教职,同日,八一三沪战爆发,老舍不禁对在青岛的家人甚为担忧:"十三早到济,沪战发。心极不安:沪战突然爆发,青岛或亦难免风波,家中无男人,若遭遇事变……"[①]

8月14日,日军在青岛登陆,老舍急电胡絜青来济南。

8月15日,刚生产半月,出院不到四天的胡絜青带着儿女来到济南。后来,老舍在致陶亢德的信中,大致说到当时的情形:"弟以十三日到济,携物不多,预料内人能届满月,再回去接眷运物也。乃十四日即有事变,急电友促妻来;她产后也恰十四日,无力操作收拾,除衣被外尽放弃,损失特重。到济,她入医院静养,我住学校,小济等住友家;旋小济亦病,入院,一家数地,杯碗兼无;大雨时行,不得出屋,其急杀人也!北平复无信,老亲至友,生死不明,寝寐不安!稍晴,乃入市置买零物,略略成家;青岛虽仍僵持,亦不敢冒险回去取物,不知何时即开火也。"此时的济南,虽然暂时免于兵灾,但又连降暴雨,陷入了水灾:"济南尚平静,一时亦不至有兵灾,唯郊外水漫及城,青菜稻田比没,而一旦东线有事,难逃空袭也。"由于妻子因产后虚弱、女儿因感染风寒相继入院,连日来,老舍不胜奔波之苦:"日来,冒雨奔

[①] 老舍:《致××兄》,见老舍:《老舍全集》第15卷《散文·杂文·书信》,人民文学出版社2013年版,第511页。

走，视妻小，购物件，觅房所，碌碌终日，疲惫不堪，无从为文。"①

老舍后来在《致××兄》的书信中，再次写到当时的疲于奔命："妻小以十五日晨来，车上至为拥挤。下车后，大雨；妻疲极，急送入医院。复冒雨送儿女至敬环处暂住。小儿频呼'回家'，甚惨。大雨连日，小女受凉亦病，送入小儿科。自此，每日赴医院分看妻女，而后到友宅看小儿，焦急万状。《病夫》已有七万字，无法续写，复以题旨距目前情形过远，即决放弃。"更为严重的是，此时的济南真可谓处于"风雨飘摇"之中："十日间，雨愈下愈大。行李未到，家具全无，日行泥水中，买置应用物品。自青来济者日多，友朋相见，只有惨笑。留济者找房甚难，迁逃者匆匆上路，忙乱中无一是处，真如恶梦。"

8月28日，妻女出院，在兵荒马乱之中，一家人好歹总算能够团聚。老舍由于稿费断绝，加上妻女搬家、住院的消费，经济日渐拮据，因此，深盼齐鲁大学能早日开课，并决定暂时安顿下来。老舍写道："妻女出院，觅小房，暂成家。复电在青至友，托送器物。七月事变，济南居民迁走甚多，至此又渐热闹，物价亦涨。家小既团圆，我始得匀出工夫，看访故人；多数友人已将妻女送往乡间，家家有男无女，颇有谈笑，但欠自然。沪战激烈，我的稿费停止，搬家买物看病雇车等又费去三百元，遂决定不再迁动。深盼学校能开课，有些事作，免生闲愁，果能如此，还足以傲友辈也。"

9月，齐鲁大学开学，但战事日渐危急，齐大师生也相继逃离。老舍在回忆中写道："学校于九月十五日开课，学生到及半数。十六日大同失陷；十九日中秋节，街上生意不多，几不见提筐肩盒送礼者。《小实报》在济复刊，约写稿。平津流亡员生渐多来此，或办刊物，或筹救亡工作，我又忙起来。廿一日，敌机过市空投一弹，伤数人，群感不安。此后时有警报。廿五六日，伤兵过济者极多，无衣无食无药物，省政府似不甚热心照料。到站慰劳与看护者均是学界中人。卅日，敌军

---

① 舒济编：《老舍书信集》，百花文艺出版社1992年版，第45页。

入鲁境，学生有请假回家者。时中央派大员来指挥，军事应有好转，但本省军事长官嫌客军在鲁，设法避战，战事遂告失利。德州危，学校停课。师生相继迁逃，市民亦多东去，来自胶东者又复搬回，车上拥挤，全无秩序。"面对这种局面，老舍却再无力举家远徙，遂决定留守济南："我决不走。远行无力，近迁无益，不如死守济南，几每日有空袭警报，仍不断写作。笔为我唯一武器，不忍藏起。"

10月，战事处于胶着状态，老舍困守济南，虽欲从事救亡宣传，却是报国无门："入十月，我方不反攻，敌军不再进，至为沉闷。校内寂无人，猫狗被弃，群来啼饥。秋高气爽，树渐有红叶，正是读书时候，而校园中全无青年笑语声矣。每日小女助母折纱布揉棉球，备救护伤兵之用，小儿高呼到街上买木枪，好打飞机，我低首构思，全室有紧张之象。流亡者日增，时来贷金求衣，量力购助，不忍拒绝。写文之外，多读传记及小说，并录佳句于册。十四日，市保安队枪械被收缴，市面不安，但无暴动。青年学子，爱国心切，时约赴会讨论工作计划。但政府多虑，不准活动，相对悲叹。下半月，各线失利，而济市沈（沉）寂如常，虽仍未停写作，亦难自信果有何用处矣。"[1]

---

[1] 老舍：《致××兄》，见老舍：《老舍全集》第15卷《散文·杂文·书信》，人民文学出版社2013年版，第511—513页。

不能让敌人夺走气节

1937年11月，日军继续南侵，中国军队退守黄河，济南已是岌岌可危。老舍对于去留问题仍是拿不定主意，他后来在文章中真实地谈到了犹豫不决的原因："直到二十六年十一月中旬，我还没有离开济南。第一，我不知道上哪里去好：回老家北平吧，道路不通；而且北平已陷入敌手，我曾函劝诸友逃出来，我自己怎能去自投罗网呢，到上海去吧，沪上的友人又告诉我不要去，我只好'按兵不动'。第二，从泰安到徐州，火车时常遭受敌机的轰炸，而我的幼女才不满三个月，大的孩子也不过四岁，实在不便去冒险。第三，我独自逃亡吧，把家属留在济南，于心不忍；全家走吧，既麻烦又危险。这是最凄凉的日子。齐鲁大学的学生已都走完，教员也走了多一半。那么大的院子，只剩下我们几家人。每天，只要是晴天，必有警报：上午八点开始，到下午四五点钟才解除。院里静寂得可怕：卖青菜，卖果子的都已不再来，而一群群的失了主人的猫狗都跑来乞饭吃。"

但如果留下来，将会面临更多的问题，老舍如此写到当时内心的焦虑："我着急，而毫无办法。战事的消息越来越坏，我怕城市会忽然的被敌人包围住，而我作了俘虏。死亡事小，假若我被他捉去而被逼着作汉奸，怎么办呢？这点恐惧，日夜在我心头盘旋。是的，我在济南，没有财产，没有银钱；敌人进来，我也许受不了多大的损失。但是，一个读书人最珍贵的东西是他的一点气节。我不能等待敌人进来，把我的那点珍宝劫夺了去。我必须赶紧出走。"①气节问题在老舍看来是最珍贵的，为此甚至不惜牺牲生命、家庭，他后来在文章中说："除了我、妻、儿女，五条命以外，什么也没有了！而这五条命能否有足够维持的衣食，不至于饿死，还不敢肯定的说。她们的命短呢，她们死；我该归阴呢，我死。反正不能因为穷困死亡而失了气节！因爱国，因爱气节，而稍微狠点心，恐怕是可原谅的吧？"②老舍还在给朋友的书信中，一再谈到气节的问题："我们除了一条命与一枝笔，还有什么呢？清心的有福了，因为他看见了正义！我们的命与笔就是我们的资本，这资本的利息只是贫困，苦难，疾病；可是它是投资于正义，而那些不利的利息也就完成了我们的气节。"老舍所说的气节显然已不再局限于个人的青史留名，更关系着民族的生死存亡："谁知道这点气节有多大用处？但是，为了我们自己，为了民族的正气，我们宁贫死，病死，或被杀，也不能轻易地丢失了它。在过去的八年中，我们把死看成生，把侵略者与威胁利诱都看成仇敌，就是为了那一点气节。"③

  11月15日，老舍终于下定决心离开济南去武汉投身抗日救亡运动。多年以后，老舍每每回忆起离家时的情形，还禁不住泪下沾衣。"儿女都小，不懂别离之苦。小乙帮助妈妈给爸爸收拾东西，而适足以妨碍妈妈。我叱了他一声，他撇了撇嘴，没敢哭出来。至今，我觉得对不起小乙；……每一空闲下来，必然的想起离济南时妻的沉静，与小乙的被叱要哭；想到，泪也就来到。"④舒乙生于青岛，老舍在文章中屡屡充满怜爱地称之为"小胖子"："小儿一岁整，还不会'写字'，也不晓得去看猴，但善亲亲，闭眼，张口展览上下四个小牙。我若没事，请求他闭眼，露牙，小胖子总会东指西指的打岔。赶到我拿起笔来，他那一套

---

① 老舍：《八方风雨》，见老舍：《老舍全集》第14卷《散文·杂文》，人民文学出版社1999年版，第379—380页。
② 老舍：《四大皆空》，见老舍：《老舍全集》第14卷《散文·杂文》，人民文学出版社1999年版，第342页。
③ 舒济编：《老舍书信集》，百花文艺出版社1992年版，第159页。
④ 老舍：《自述》，见老舍：《老舍全集》第14卷《散文·杂文》，人民文学出版社1999年版，第253页。

全来了,不但亲脸,闭眼,还'指'令我也得表演这几招。有什么办法呢?!"[1]老舍的长女舒济,生于济南,老舍曾在《快活得要飞了》一文中写到初为人父的喜悦:"当我的小女刚学会走路的时候,我离家两三天;回来,我刚一进门,她便晃晃悠悠的走来了,抱住我的腿不放。她没说什么——事实上她还没学会多少话;我也无言——我的话太多了,所以反倒不知说什么好。默默的,我与她都表现了父与女所能有的亲热与快乐。"[2]对于女儿,老舍同样的疼爱有加:"小女三岁,专会等我不在屋中,在我的稿子上画圈拉杠,且美其名曰'小济会写字'!把人要气没了脉,她到底还是有理!再不然,我刚想起一句好的,在脑中盘旋,自信足以愧死莎士比亚,假若能写出来的话。当是时也,小济拉拉我的肘,低声说:'上公园看猴?'于是我至今还未成莎士比亚。"[3]而对于尚在襁褓中的小女儿舒雨,由于生于战乱之中,甚至差点名之为"乱",老舍更是欲舍不能,1941年,老舍在致胡絜青的信中,专门谈及对已经四岁的小女的教育问题:"至于小雨,更宜多玩耍,不可教她识字;她才刚四岁呀!每见摩登夫妇,教三四岁小屁孩识字号,客来则表演一番,是以任意为玩物,而忘了儿童的身心教育甚慢,不可助长也。"[4]信中老舍对幼女的舐犊情深已跃然纸上。

对于几个儿女,老舍可说是百依百顺,甚至不惜"做牛做马",他曾在文章中写道:"连我自己的身体现在都会变形,经小孩们的指挥,我得去装马装牛,还须装得像个样儿。不但装牛像牛,我也学会牛的忍性,小胖子觉得'开步走'有意思,我就得百走不厌;只作一回,绝对不行。多咱他改了主意,多咱我才能'立正'。"[5]舒乙甚至如此写到

---

[1] 老舍:《有了小孩以后》,见老舍:《老舍全集》第15卷《散文·杂文·书信》,人民文学出版社1999年版,第387—391页。

[2] 老舍:《快活得要飞了》,见老舍:《老舍全集》第14卷《散文·杂文》,人民文学出版社1999年版,第127—128页。

[3] 老舍:《有了小孩以后》,见老舍:《老舍全集》第15卷《散文·杂文·书信》,人民文学出版社1999年版,第387—391页。

[4] 老舍:《家书》,见老舍:《老舍全集》第15卷《散文·杂文·书信》,人民文学出版社1999年版,第640—641页。

[5] 老舍:《有了小孩以后》,见老舍:《老舍全集》第15卷《散文·杂文·书信》,人民文学出版社1999年版,第387—391页。

两岁时对"慈父"的记忆:"母亲带我到便所去撒尿,尿不出,父亲走了进来,做示范,母亲说:'小乙,尿泡泡,爸也尿泡泡,你看,你们俩一样!'"①看着儿女的渐渐长大,老舍觉得无限欣喜:"我觉得比写完一本伟大的作品还骄傲"②。可见,此时老舍离开三个儿女,骨肉之情的难舍难分是可想而知的,斥责儿女不过是为了掩饰自己内心的痛苦,老舍写道:"几次我把一只小皮箱打点好,几次我又把它打开。看一看痴儿弱女,我实不忍独自逃走。"到了武汉以后,老舍还专门写了一首诗,以纪此情此景:"弱女痴儿不解哀,牵衣问父去何来? 话因伤别潜应泪,血若停流定是灰。已见乡关沦水火,更堪江海逐风雷;徘徊未忍道珍重,暮雁声低切切催。"③

至于老舍对夫人胡絜青的情感,从老舍致胡絜青的情书中就可见一斑:"你父亲是佐领,我父亲只是护军;你是大学毕业,我只念了中学;你是娇小姐,而我是个粗人,我同你不般配。你要是嫁给我,就得牺牲这衣裳,起码你得能跟我过穷日子,天天吃窝头。你要想像个阔太太似的天天坐汽车,我给你做跟包,那都不可能……我不能像外国人似的,在外面把老婆捧得老高,回家就一顿打……我不会欺负你,更不会打你,可我也不会像有些外国男人那样,给你提着小伞,让你挺神气地在前头走,我在后头伺候你。"④胡絜青后来也在回忆中谈及夫妻的难分难舍:"我倒在床上,瞅着身边象个小猫似的舒雨,感到万箭钻心,枕头上的泪水湿了干,干了又湿。我把他的为难之处一一都设想到了:当然最好是一家大小一起出走,我们生为中国人,死作中国鬼,决不能落到侵略者的魔掌里等死;可是,我们的身体都这么瘦弱,三个孩子大的不过四岁,小的刚刚生下来,我们娘儿四个要是跟在他身边,不正象四根绳子一样捆得他什么事情也做不成吗?而且,他事母至孝,我们全

---

① 舒乙:《老舍的平民生活》,华文出版社2006年版,第77页。
② 老舍:《有了小孩以后》,见老舍:《老舍全集》第15卷《散文·杂文·书信》,人民文学出版社1999年版,第387—391页。
③ 老舍:《八方风雨》,见老舍:《老舍全集》第14卷《散文·杂文》,人民文学出版社1999年版,第380页。
④ 林徽因等:《百年情书》,长江文艺出版社2012年版,第120—121页。

家要是跑到江南,他那陷在北京的老母亲断了经济来源,让这位八十多了的老太太怎么办?思来想去,我也下了决心:成全他的报国壮志,把千斤的担子我一个人挑起来。尽管我是多么舍不得和他分开。"①

从11月15日老舍离开济南,到11月18日到达武汉,在这短短三天的旅行中,老舍经过了生离死别的痛苦,也饱受了逃难的危险和艰辛。这一行路和心路的历程,他后来在《八方风雨》一文中做了详细叙述,兹录如下:

> 我终于提起了小箱,走出了家门。那是十一月十五日的黄昏。在将要吃晚饭的时候,天上起了一道红闪,紧接着是一声震动天地的爆炸。三个红闪,燃炸了三声。这是——当时并没有人知道——我们的军队破坏黄河铁桥。铁桥距我的住处有十多里路,可是我的院中的树木都被震得叶如雨下。
>
> 立刻,全市的铺户都上了门,街上几乎断绝了行人。大家以为敌人已到了城外。我抚摸了两下孩子们的头,提起小箱极快的走出去。我不能再迟疑,不能不下狠心:稍一踟蹰,我就会放下箱子,不能迈步了。
>
> 同时,我也知道不一定能走,所以我的临别的末一句话是:"到车站看看有车没有,没有车就马上回来!"在我的心里,我切盼有车,宁愿在中途被炸死,也不甘心坐待敌人捉去我。同时我也愿车已不通,好折回来跟家人共患难。这两个不同的盼望在我心中交战,使我反倒忘了苦痛。我已主张不了什么,走与不走全凭火车替我决定。
>
> 在路上,我找到一位朋友,请他陪我到车站去,假若我能走,好托他照应着家中。
>
> 车站上居然还卖票。路上很静,车站上却人山人海。挤

---

① 王行之:《胡絜青谈老舍》,见首都图书馆编:《老舍研究资料编目》(内部资料),1981年,第40页。

到票房，我买了一张到徐州的车票。八点，车入了站，连车顶上已坐满了人。我有票，而上不去车。

生平不善争夺抢挤。不管是名，利，减价的货物，还是车位，船位，还有电影票，我都不会把别人推开而伸出自己的手去。看看车子看看手中的票，我对友人说："算了吧，明天再说吧！"

友人主张再等一等。等来等去，已经快十一点了，车子还不开，我也上不去。我又要回家。友人代我打定了主意："假若能走，你还是走了好！"他去敲了敲一间车的窗。窗子打开，一个茶役问了声："干什么？"友人递过去两块钱，只说了一句话："一个人，一个小箱。"茶役点了头，先接过去箱子，然后拉我的肩。友人托了我一把，我钻入了车中，我的脚还没落稳，车里的人——都是士兵——便连喊："出去！出去！没有地方。"好容易立稳了脚，我说了声：我已买了票。大家看着我，也没再说什么（此句原有"不怎么"编者删除）。我告诉窗外的友人："请回吧！明天早晨请告诉家里一声，我已上了车！"友人向我招了招手。

没有地方坐，我把小箱竖立在一辆自行车的旁边，然后用脚，用身子，用客气，用全身的感觉，扩充我的地盘。最后，我蹲在小箱旁边。又待了一会儿，我由蹲而坐，坐在了地上，下颏恰好放在自行车的坐垫上——那个三角形的，皮的东西。我只能这么坐着，不能改换姿式，因为四面八方都挤满了东西与人，恰好把我镶嵌在那里。

车中有不少军火，我心里说："一有警报，才热闹！只要一个枪弹打进来，车里就会爆炸；我，箱子，自行车，全会飞到天上去。"

同时，我猜想着，三个小孩大概都已睡去，妻独自还没睡，等着我也许回去！这个猜想可是不很正确。后来得到家信，才知道两个大孩子都不肯睡，他们知道爸走了，一会儿一问妈：爸上哪儿去了呢？①

胡絜青则在文章中回应了老舍离家后的猜想："那一夜，两个大孩子怎么也不肯去睡觉，要等爸回来再睡。我提心吊胆地整整坐了一宿。天亮了，他没有回来，不知道是平安地上车走了，还是路上出了事。生死不明，吉凶难卜，我的心堵在嗓子眼里。后来，一位朋友来送信，才知道由那位朋友陪他到了车站，恰巧赶上一列军车，他往一个当兵的手里塞了钱，挤上那趟车，经徐州到武汉去了。"②

老舍接着在《八方风雨》中写到此后的行程：

夜里一点才开车，天亮到了泰安。我仍维持着原来的姿式坐着，看不见外边。我问了声："同志，外边是阴天，还是晴天？"回答是："阴天。"感谢上帝！北方的初冬轻易不阴天下雨，我赶的真巧！由泰安再开车，下起细雨来。

晚七点到了徐州。一天一夜没有吃什么，见着石头仿佛都愿意去啃两口。头一眼，我看见了个卖干饼子的，拿过来就是一口。我差点儿噎死。一边打着嗝儿，我一边去买郑州的票。我上了绿钢车。站中，来的去的全是军车，只有这绿钢车安闲的，漂亮的，停在那里，好象"战地之花"似的。

到郑州，我给家中与汉口朋友打了电报，而后歇了一夜。

到了汉口，我的朋友白君刚刚接到我的电报。他把我接到他的家中去。……

---

① 老舍：《八方风雨》，见老舍：《老舍全集》第14卷《散文·杂文》，人民文学出版社1999年版，第380—381页。
② 王行之：《胡絜青谈老舍》，见首都图书馆编：《老舍研究资料编目》（内部资料），1981年，第41页。

老舍到武汉以后,冯玉祥听说了老舍毁家纾难的事迹,曾颇为感慨地写下了冯体"丘八诗":

> 老舍先生到武汉,提只提箱赴国难;
> 妻子儿女全不顾,赴汤蹈火为抗战!
> 老舍先生不顾家,提个小箱撑中华;
> 满腔热血有如此,全民团结笔生花。

时任冯玉祥秘书的吴组缃认为:"这首冯体'丘八诗',很可能没有流传,它无意中写出了老舍为人或思想的一个精要之点。"[①]毫无疑问,老舍思想的精要之点即是"赴汤蹈火为抗战!"

---

① 吴组缃:《老舍的为人》,载《十月》1982年第5期。

快活得要飞了

到武汉不久，老舍就以极大的热情，投身于全国文艺界抗敌协会成立的筹备工作。他在《快活得要飞了》一文中写到，自从二十八岁从事写作以来，十二年中，有三次真的快活，用老舍自己的话来说就是："快活得连话也说不出，心里笑而泪在眼圈中。"

第一次是"看到自己的第一本书印了出来"——这是作为一个写家的快乐。

第二次是"当我的小女刚学会走路的时候"——这是作为一个父亲的快乐。

第三次是"全国文艺界抗敌协会开筹备会的那一天"——这是作为一个中国人的快乐。

特别是对于"全国文协"的筹备与成立，老舍激动地写道："在全部的中国史里，要找到与这类似的事实，恐怕很不容易吧？因为在没有认清文艺是民族的呼声以前，文人只能为自己道出苦情，或进一步而嗟悼——是嗟悼！——国破家亡；把自己放在团体里充一名战士，去复兴民族，维护正义，是万难作到的。今天，我们都作到了这个，因为新文艺是国民革命中产生出的，文艺者根本是革命的号兵与旗手。他们今日的集合，排成队伍，绝不是偶然的。这不是乌合之众，而是战士归营，各具杀敌的决心，以待一齐杀出。这么着，也只有这么着，我们才足以自证是时代的儿女，把民族复兴作为共同的意志与信仰，把个人的一切放在团体里去，在全民族抗战的肉长城前有我们的一座笔阵。这还不该欣喜么？"文章最后，老舍竟用孩子式的欢快口吻写道："我等着，等到开大会的那一天，我想我是会乐疯了的！"①1938年3月27日，中华全国文艺界抗敌协会正式成立，作为亲历者，老舍真实而简略地写到这一盛事的经过："大会是在商会里开的，连写家带来宾到了七八百人。……继续开会，讨论会章并选举理事。……可是警报器响了，空袭！谁也没有动，还照旧的开会。普海春不在租界，我们不管。一个炸弹就可以打死大一半的中国作家，我们不管。紧急警报！我们还是不动。高射炮响了。听到了敌机的声音。我们还继续开会。"②终于，在日机的轰炸声中，"全国文协"成立了，老舍也即兴写了一首七律对"文协"的成立表示祝贺：

武汉商会大礼堂
"全国文协"成立大会在这里举行

> 三月莺花黄鹤楼，骚人无复旧风流。
> 忍听杨柳大堤曲，誓雪江山半壁仇。
> 李杜光芒齐万丈，乾坤血泪共千秋。
> 凯歌明日春潮急，洗笔携来东海头。

作为"全国文协"事实上的主要负责人，老舍在《入会誓词》中写道："我是文艺界中的一名小卒，十几年来日日操练在书桌上与小凳之间，笔是枪，把热血洒在纸上。可以自傲的地方，只是我的勤苦；小卒心中没有大将的韬略，可是小卒该作的一切，我确是作到了。以前如

---

① 老舍：《快活得要飞了》，见老舍：《老舍全集》第14卷《散文·杂文》，人民文学出版社1999年版，第127—128页。
② 老舍：《八方风雨》，见老舍：《老舍全集》第14卷《散文·杂文》，人民文学出版社1999年版，第380页。

是,现在如是,希望将来也如是。在我入墓的那一天,我愿有人赠给我一块短碑,刻上:文艺界尽责的小卒,睡在这里。"最后,老舍还豪迈地宣称:"全国文艺界抗敌协会成立了,这是新的机械化部队。我这名小卒居然也被收容,也能随着出师必捷的部队去作战,腰间至少也有几个手榴弹打碎些个暴敌的头颅。你们发令吧,我已准备好出发。生死有什么关系呢,尽了一名小卒的职责就够了!"[1]此后七年,老舍连选连任,一直担任"全国文协"的常务理事和总务部主任,真正是"文艺界尽责的小卒"。1944年,老舍从事创作二十周年纪念,茅盾在《光辉工作二十年的老舍先生》一文中写道:"在文艺界同人庆祝老舍先生创作活动二十年纪念的今天,我们对于老舍先生的为文艺为民族的神圣解放事业而献身的努力,表示无上的敬意,我们期待着他的更伟大的贡献,同时我们亦祷祝他的沉着坚毅的精神和意志终将战胜一切——连病魔也在内,领导着'文协'走上更加团结更加开阔的坦道!"[2]

---

[1] 老舍:《入会誓词》,见老舍:《老舍全集》第14卷《散文·杂文》,人民文学出版社1999年版,第129—130页。

[2] 茅盾:《光辉工作二十年的老舍先生》,见茅盾:《茅盾全集》第24卷《中国文论七集》,人民文学出版社1996年版,第39页。

舍予就是"无我"

在如火如荼的救亡工作之余，老舍也不时流露出儿女情长。老舍曾作了一首七律《乡思》，以表达对家园的思念之情：

> 茫茫何处话桑麻？破碎山河破碎家。
> 一代文章千古事，余年心愿半庭花。
> 西风碧海珊瑚冷，北岳霜天羚角斜。
> 无限乡思秋日晚，夕阳白发待归鸦！

1938年3月15日，老舍在致陶亢德的信中，详细地谈到自己毁家纾难后，对于家庭的愧疚之情："由家出来已四个月了。我怎样不放心家小，是你可以想象得到的；因为你现在也把眷属放在了孤岛上，而独自出来挣扎。"出于一个中国文人"天下兴亡，匹夫有责"的道义感，出于一个中国作家的良知，老舍认为："我的唯一武器是我这枝笔，我不肯教它休息。你的心血是全费在你的刊物上，你当然不肯教它停顿。为了这笔与刊物，我们出来；能作出多少成绩？谁知道呢！也许各尽其力的往前干就好吧？"但作为一个丈夫和父亲，老舍在信中再一次回忆起离家时的情景："自恨使我睡不熟，不由的便想起了妻儿。当学校初一停课，学生来告别的时候，我的泪几乎终日在眼圈里转。'先生！我们去流亡！'出自那些年轻的朋友之口，多么痛心呢！有家，归去不得。学校，难以存身。家在北，而身向南，前途茫茫，确切可靠的事只有沿途都有敌人的轰炸与扫射！啊，不久便轮到了我，我也必得走出来呀！妻小没法出来，我得向她们告别！我是家长，现在得把她们交给命运。我自己呢，谁知道能走到哪里去呢？我只是一个影子，对家属全没了作用，而自己也不知自己的明日如何。小儿女们还帮着我收拾东西呢！"每念及此，老舍心中充满了对妻子、儿女的感激之情和愧疚之情，老舍在信中写道："我没法不狠心。我不能把自己关在亡城里。妻明白这个，她也明白，跟我出来，即使可能，也是我的累赘。我照应她们，便不能尽量作我所能与所要作的事。她也狠了心。只有狠心才能互相割舍，只有狠心才见出互相谅解。她不是非与丈夫揽臂而行不可的那种妇女，她平日就不以领着我去看电影为荣，所以今天可以放了我，使我在这四个月间还能勤苦的动我的笔。……我想念我的妻与儿女，我觉得太对不起她们，可是在无可奈何之中，我感谢她，我必须拼命的去作事，好对得起她。由悬念而自励，一个有欠摩登的夫人，是怎样的能帮助象我这样的人哪！"[①]对于胡絜青在老舍离家后的处境，老舍应该是心知肚明的，梁实秋在《关于老舍》一文中说："后来我曾问其夫人近况，他故作镇定地说：'她的情况很好，现服务于一所民众图书馆——就是中央公园里那个"五色土"的后面的那座大楼。'事实上，抗战到了末期的时候北平居民生活非常困苦，几近无以为生的地步。"[②]

尽管如此，老舍也始终明白为"大家"而舍"小家"的民族大义，从1938年年初老舍致友人的书信中，可以非常清楚地看出这一点，信中这样写道：

"她们仍在家中，不想动，也不能动。老的老，少的少，在家与出来，同样受罪，故不想动。路上难走，东西都贵。老人无力，孩子易病，大家没钱，故不能动。……在我看，今日之事，应把旧日之为人大道，从新想过。尽忠就难以尽孝。年老的，该守家园，即使有生命危险，也当自问风烛残年，有何作为？应把子女放出，各谋出路，少壮人

[①] 舒济编：《老舍书信集》，百花文艺出版社1992年版，第46—50页。
[②] 梁实秋：《关于老舍》，见梁实秋：《雅舍忆旧》，天津教育出版社2006年版，第110页。

在此时，有可能作事，老年人就别再做子弟的累赘。壮的既能作事，就别再怕伤父母的心而自弁（弃）。……对于我自己的家庭，我也就以此为准。能走的走，不能走的便留守。走的不就是逃命，而是为国家社会卖点力气；而留在家中的，不就是等死而是给壮年的一些勇气，教他们放胆去奋斗，不必顾虑家庭。人孰无情？弃家庭，别妻小，怎不伤心？可是国难至此，大家就该硬起心肠，各尽其力；不能不把眼泪咽在肚里。谁也不当怨谁，而是一齐为国家设想，为国牺牲。

"再说，全国抗战，哪里是安乐土，已极难言。我们财力都不大，设若把全家今日搬西，明日搬东，即使道途幸无险阻，可是我们的精神与金钱，便完全花费在这上面，还有什么能力去作点更有意义的事呢？自然，我们中年人理应为家属谋安全，但是国家大事也不许、绝对不许置之不问。为家庭当有相当的安置，以求对得起良心，这是理当如此；但是为国卖命，事体更大，使家庭吃点亏，也就无法。这不是不讲人情，而是成仁取义，难以面面俱到。……我觉得，我们对家小应该抱'谋事在人，成事在天'的态度。对自己则求无愧于心，大小必须尽些抗敌的任务。我们再不能因私废公，为家弃国。反之，我们必须权其轻重，成个有用的国民。父子兄弟之情是私，杀敌为国之责属公。二者不可得兼，便须取其大者。……扶老携幼，已非其时，骨肉别离，只是悲剧中的一幕。若为儿女甘作马牛，同归于尽，便真是全都毁灭了。毁家于难，与别妻从军，在今日宜是常情，并非心肠特别硬也。

"写了不少，倒非专为自家辩护，亦以坚决我兄及早出来，作些有益国家的事。顾虑太多，反易违时败事。勇往直前，或许有所成。我们不怕打仗，只怕没人再接再打。出来呀，现在到处需人，不应再迟疑不决了。到哪里都好，就请别老在家里。"[①]

老舍离家后，胡絜青辗转回到北平，独自挑起全部家庭的重担，抚养子女，侍奉婆婆。她后来在回忆中如此谈及当时的艰辛："在沦陷时期

---

① 舒济编：《老舍书信集》，百花文艺出版社1992年版，第68—70页。

的北京，我当了四年多的中学教员，尝够了国亡家破的苦滋味。陆放翁说的'遗民泪尽胡尘里，南望王师又一年'，恰恰表达了我当时度日如年的痛苦心情。孩子们也受了不少罪，在学校里挨日本孩子的欺侮，回到家里吃难以下咽的'共和面'。他们不敢说自己是老舍的孩子，都改了姓，跟着我姓胡。北京城成了活人遭殃、狐鬼横行的活地狱。"[1]舒乙在回忆中更详细地写到这种活地狱的生活：1941年9月，由于粮食均被侵华日军征用，北平粮食供应紧张，实行按良民证和户口簿发放粮证，凭粮证到指定的地方去购粮。"顶缺德的是，60岁以上的老人和6岁以下的孩子没有资格领证。孩子多的人家一下子就陷入了极度恐慌。"这对于上有老下有小的胡絜青一家无异于灭顶之灾。即使凭粮证，买到的粮食也不过是所谓的"共和面"，舒乙曾对此做了详细说明："共和面实际上是一种叫不上名字的混合物。有糠，有麸，有磨碎的豆饼，有许多叫不出名的东西，反正什么都有，包括石头、沙子，就是没有真正意义上的粮食。它总体呈灰色，和水之间没有亲和力，或沉底，或漂浮于水面，捏不成形，没有任何黏合劲，永远是散的，连窝窝头都攥不成。弄熟之后，有股臭味、霉味，牙碜，而且硌牙，粗糙不堪，无法下咽，吃多了还拉不出来。北平的老百姓对这东西倍感恐惧，看着它发愣，一点办法也没有，管它叫'混合面儿'。吃了后人人都消瘦了好几圈，永远有气无力，由嘴上，由肚子里，切身感到处于地狱的滋味。年老体弱者经不起这个折磨，纷纷死去。"由于印象过于深刻，多年以后，舒乙仍然说："共和面，因为曾经天天顿顿要吃它，遂成了我幼年的一个像恶魔一般的记忆，驱赶不掉，想起来总是隐隐作痛。共和面，对北平这段屈辱历史来说成了典型的受难的同义词。"[2]1942年，由于长期食用"共和面"，北平人开始感染恶性痢疾，日本人叫它"虎烈拉"，由于这种疾病传染性极强，而且有生命危险，日本人采取了灭绝人性的"消毒法"：一旦发现疫情，即封锁整个胡

---

[1] 王行之：《胡絜青谈老舍》，见首都图书馆编：《老舍研究资料编目》（内部资料），1981年，第43页。
[2] 舒乙：《冰火八年间》，见舒乙：《开窍的日子：舒乙散文和绘画作品自选集》，人民出版社2014年版，第19页。

同,让里面的居民自生自灭,更有甚者,将感染者送到城外,挖坑活埋,一时之间,整个北平人人自危,惶惶不可终日。正在这期间,老舍的母亲病故,这时如果谁家死了人,自然会引起多方的猜疑和极大的麻烦,据舒乙回忆:"忙乱之中,妈妈不慎还烫坏了自己的腿脚。裹着药膏纱布,一瘸一拐,穿着孝服,坐着洋车,咬着牙,依旧天天去忙碌。"下葬那天,胡絜青也许是想到自己一介女流在乱世的种种艰辛,据舒乙说:"出殡的那天,妈妈和我坐在一辆骡车里,一直把太太送到西直门外的明光村,埋在有爷爷象征性坟头的墓地里。妈妈在老太太的新坟上终于痛快地号啕大哭"。[①]1943年9月,胡絜青一人带着三个孩子,穿过封锁线,行程数千里,历时五十多天,辗转来到重庆北碚,至此,分别六年的一家人才终于团聚。久别重逢,一家人已是恍若隔世。1943年11月25日,老舍在致陈白尘的信中写道:"家属已由平来渝,安家北碚。北平敌人统制食粮甚严,街上每日有饿死者,故家中已难再忍,冒险逃出。"[②]而此时舒乙眼中对父亲的印象却是这样的:"父亲站在公路旁迎接我们。他仿佛已经成了一位老人,刚割了盲肠,直不起腰,全身支在一根手杖上。他面色苍白,相当憔悴。像以前一样,他又用手摸了摸我的头,没有说话。小乙由分别时的2岁已经长到8岁,彼此都不认识了。这年,父亲不过44岁。"[③]胡絜青也在回忆中说:"我们到重庆的时候,他正因病在北碚,刚刚出了医院。五年不见,他更老更瘦了,满面病容,穷愁潦倒。"[④]

　　胡絜青到北碚后,对老舍详细叙述了在北平沦陷区的"共和面""虎烈拉"等不堪回首的各种见闻,据胡絜青回忆,老舍曾对她说:"谢谢你,你这次九死一生地从北京来,给我带来了一部长篇小说,我从未写过的大部头。"[⑤]这个大部头就是《四世同堂》,舒乙在回忆中说:"父亲把'共和

[①][③] 舒乙:《冰火八年间》,见舒乙:《开窍的日子:舒乙散文和绘画作品自选集》,人民出版社2014年版,第21、25页。
[②] 舒济:《老舍书信集》,百花文艺出版社1992年版,第148页。
[④] 王行之:《胡絜青谈老舍》,见首都图书馆编:《老舍研究资料编目》(内部资料),1981年,第42页。
[⑤] 王行之:《胡絜青谈老舍》,见首都图书馆编:《老舍研究资料编目》(内部资料),1981年,第43—44页。

面'写进了自己的长篇小说《四世同堂》，占了第三部的许多章，而且索性把第三部取名《饥荒》，写出了许多人间悲剧来，'共和面'的故事一直延伸到《四世同堂》结尾的情节里。"[1]对于《四世同堂》，老舍认为："自己非常喜欢"，是"从事写作以来最长的，可能也是最好的一本书"。[2]老舍将之作为"从事抗战文艺的一个较大的纪念品"。[3]这无疑也是老舍毁家纾难的最好纪念品，正如舒乙所说："《四世同堂》是他的心血，里面实实在在有他的心，有他的血。"[4]老舍原名舒庆春，在谈到自己笔名的来历时，老舍在一封信中写道："我的名字就是我的姓。以姓作名，舒字拆开来，是舍予，意思是'无我'。我很为自己的姓名骄傲。从姓到名，从头到脚，我把自个儿全贡献出去。关键是一个舍字，舍什么？舍的是'予'。我写书用的笔名老舍，也是保留一个'舍'字，不是老'予'。以姓为名，以名构成姓，都是围绕这个意思，这是我一辈子的信念。"[5]老舍在抗战中的毁家纾难也是对这一信念的最好证明。

---

[1][4] 舒乙：《冰火八年间》，见舒乙：《开窍的日子：舒乙散文和绘画作品自选集》，人民出版社2014年版，第19、28页。

[2] 老舍：《致大卫·劳埃得》，见老舍：《老舍全集》第15卷《散文·杂文·书信》，人民文学出版社1999年版，第690页。

[3] 老舍：《八方风雨》，见老舍：《老舍全集》第14卷《散文·杂文》，人民文学出版社1999年版，第373页。

[5] 葛翠琳：《无我——忆老舍先生》，见北京市老舍研究会编：《走近老舍：老舍研究文集》，京华出版社2002年版，第456页。

第五章

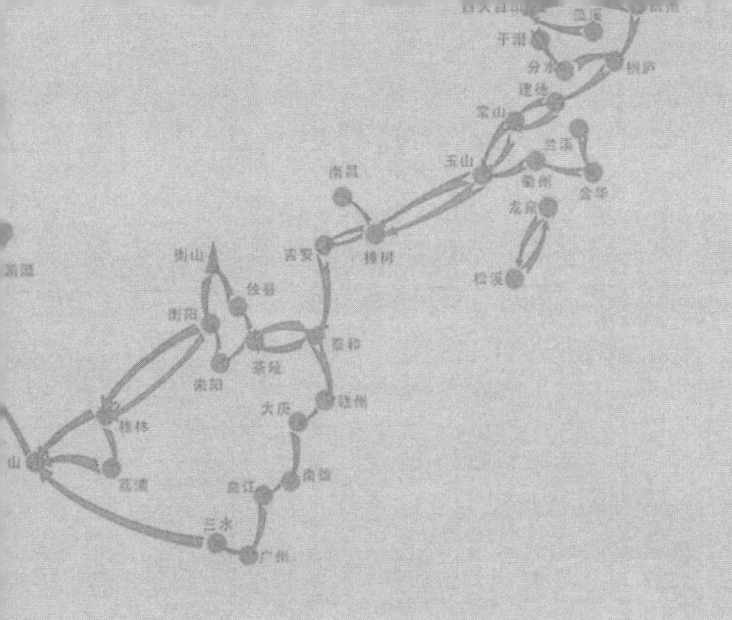

湘黔滇旅行团

1938年2月19日—4月28日,长沙临时大学的300余名师生徒步由长沙走到昆明,途经湘、黔、滇三省,行程约3500里,历时69天,堪称"中国教育史上的一次创举"(张寄谦语)。全面记录这次旅行团活动的20万字的日记,因太平洋战争爆发而失落。

用脚丈量的三千五百里

湘黔滇旅行团本来指定丁则良等三人为日记参谋，全面记录旅行团活动，写成了约20万字的日记，寄到香港交商务印书馆刊行，但因太平洋战争爆发而不幸失落。不过，仍然有一些旅行团成员将这一段经历记录并保存下来，如外文系三年级学生林振述（林蒲）的《湘黔滇三千里徒步旅行日记》、化学系二年级学生董奋的《董奋日记》、土木系二年级学生杨式德的《湘黔滇旅行日记》、经济系三年级学生余道南的《三校西迁日记》、政治系二年级学生钱能欣的《西南三千五百里》、中文系二年级学生向长清的《横过湘黔滇的

参加湘黔滇旅行团的部分学生合影

旅行》，①以及生物系助教吴徵镒的《长征日记——由长沙到昆明》②，等。

关于旅行团的具体行程，吴徵镒做了简略记载："全行程计长沙至晃县六三五点五公里，晃县至贵阳三七二公里，贵阳至盘县四一二点三公里，盘县至昆明二四三点八公里，共一六六三点六公里，号称三千五百华里。然除去乘船乘车外，实在步行距离，无确切记录。大约二六〇〇华里而已。自二月二十日晨至四月二十八日下午，共行六十八天。中间乘船乘车或休息或阻滞外，实走了四十天，每天平均约六十五里，正合一个马站。"

■ **长沙临时大学湘黔滇旅行团旅行概况（1938年）**

2月20日—22日	长沙→益阳 乘船，历时3天，行程190里
2月23日—27日	益阳→常德 步行，历时5天（休息1天），行程180里
2月28日	常德→桃源 乘船，历时1天，行程60里
3月1日—13日	桃源→沅陵 步行，历时13天（休息7天），行程340里
3月14日—16日	沅陵→晃县 乘车，历时3天（休息2天），行程450里
3月17日	晃县→玉屏 步行，历时1天，行程68里
3月18日	玉屏→青溪 步行，历时1天，行程50里
3月19日	青溪→两路山 步行，历时1天，行程70里
3月20日—21日	两路山→镇远 步行，历时2天（休息1天），行程20里
3月22日	镇远→施秉 步行，历时1天，行程80里
3月23日	施秉→黄平 步行，历时1天，行程70里
3月24日	黄平→重安江 步行，历时1天，行程40里
3月25日—26日	重安江→铲山 步行，历时2天（休息1天），行程42里
3月27日	铲山→马场坪 步行，历时1天，行程68里

① 以上所提及的文献资料及本章后文所引余道南、董奋、向长清、钱能欣、杨式德之言均见张寄谦编：《联大长征》，新星出版社2010年版。如无特别说明，不再逐一标注。

② 本文及本章后文所引吴徵镒之言见西南联大《除夕副刊》主编：《联大八年》，新星出版社2010年版。如无特别说明，不再逐一标注。

续表

日期	行程
3月28日	马场坪→贵定 步行，历时1天，行程70里
3月29日	贵定→龙里 步行，历时1天，行程75里
3月30日—4月3日	龙里→贵阳 步行，历时5天（休息4天），行程74里
4月4日	贵阳→清镇 步行，历时1天，行程56里
4月5日	清镇→平坝 步行，历时1天，行程56里
4月6日—7日	平坝→安顺 步行，历时2天（休息1天），行程80里
4月8日	安顺→镇宁 步行，历时1天，行程64里
4月9日	镇宁→关岭场 步行，历时1天，行程90里
4月10日	关岭场→永宁 步行，历时1天，行程44里
4月11日—13日	永宁→安南 步行，历时3天（休息2天），行程90里
4月14日—15日	安南→晋安 步行，历时2天（休息1天），行程106里
4月16日—17日	晋安→盘县 步行，历时2天（休息1天），行程98里
4月18日	盘县→亦资孔 步行，历时1天，行程96里
4月19日—20日	亦资孔→平彝 步行，历时2天（休息1天），行程70里
4月21日	平彝→白水 步行，历时1天，行程70里
4月22日—23日	白水→曲靖 步行，历时2天（休息1天），行程56里
4月24日	曲靖→马龙 步行，历时1天，行程60里
4月25日	马龙→易隆 步行，历时1天，行程92里
4月26日	易隆→杨林 步行，历时1天，行程62里
4月27日	杨林→板桥 步行，历时1天，行程66里
4月28日	板桥→昆明 步行，历时1天，行程40里

■ 长沙临时大学湘黔滇旅行团，由长沙到昆明，历时68天，全程共计3248里。
期间：步行40天，行程2548里；乘船4天，行程250里；乘车1天，行程450里；途中休息23天。

谈及组织旅行团的初衷，作为老师的吴徵镒的说法较为官方："二十六年十二月十三日南京沦陷，长沙成为后防重镇，开始闻到更多的火药气。当时还叫长沙临时大学的联大从此上课不能安稳，尤其在小东门车站被炸之后。于是学校当局便请准了教育部作迁滇之计。酝酿复酝酿，大约一月底便决定了。随着就有一些教授先行赴滇。有一大批同学从了军，或去战地服务，也有到西北去学习的。剩下要继续念书的分做两群，一群是女生和体格不合格或不愿步行的，概经粤汉路至广州，转香港、海防，由滇越路入滇。其余约有二百余人则组织成为湘黔滇旅行团。"

吴徵镒在旅行途中

余道南则说得更为全面和客观："到湘师生员工一千余人，由湘迁滇迢迢数千里，困难不少，其中主要问题是费用、交通和安全三个方面。首先是需要一笔庞大的旅费。因为流亡学生们生活困难，部分教职员工也需要给予一定帮助，但学校也无法负担全部旅费。其次在交通方面，由湘赴滇有两条路线，一是假道香港、越南，一是经由湘滇公路。前者费用较高，又须办理过境手续。后者则因缺乏交通工具，道途险阻，行路艰难。第三个问题是安全无法保证，传闻湘西以上途间不靖，土匪抢劫之事时有所闻。经过学校当局的努力，设法争得了一笔经费，又经商请湘黔滇三省当局允予保障安全，最后才决定双管齐下。教师及女同学和部分男同学走海道的，学校补贴一半旅

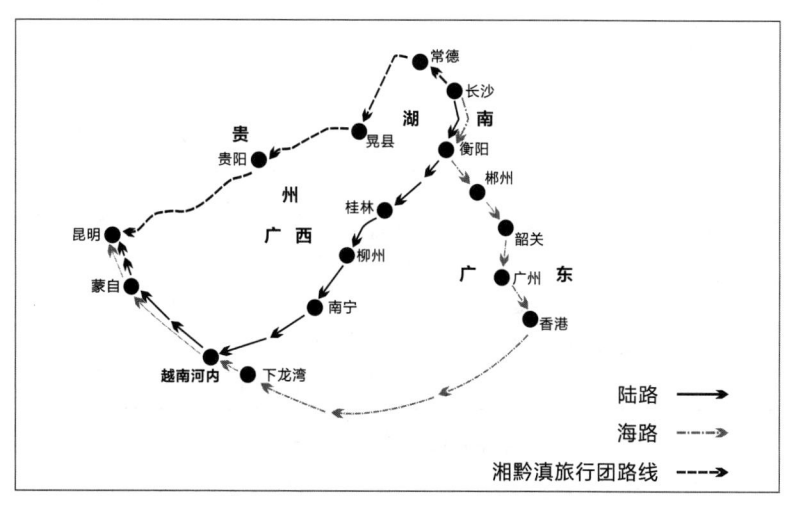

西南联合大学入滇线路示意图

费，经由内陆的所有全部费用均由学校负担，但只能有车搭车，一般以步行为主。走哪条路，除女同学外由个人自行选择。1938年2月初，走海道的师生乘火车去广州，转香港、海防，再换乘滇越路火车往昆明。其余师生二百余人则组成'湘黔滇旅行团'沿公路入滇，西迁工作于以开始。"

董奋在日记中的记载虽然略为简单，但更有现场感：

1月31日，"关于学校搬家。学校是改变了方针，凡女生及'号兵'（指身体欠佳者）海道走，其他走着去，为的是使'搬家也成为教育'，并布告上说要沿途考查民情，调查风俗，采摘标本，锻炼体格……而且既达昆明后，按成绩之优劣予以奖励云云"。

2月4日，"校中迁滇据新布告，分步行与走海道者，七日至八日为检查身体日，体壮者200—300人编为步行队，雅名曰'湘黔滇旅行团'"。其路线如下：1.长沙—常德：步行 2.常德—沅陵：乘船 3.沅陵—芷江：步行 4.芷江—晃县：汽车 5.晃县—贵阳：步行 6.贵阳—平彝：汽车 7.平彝—昆明（238km）步行。

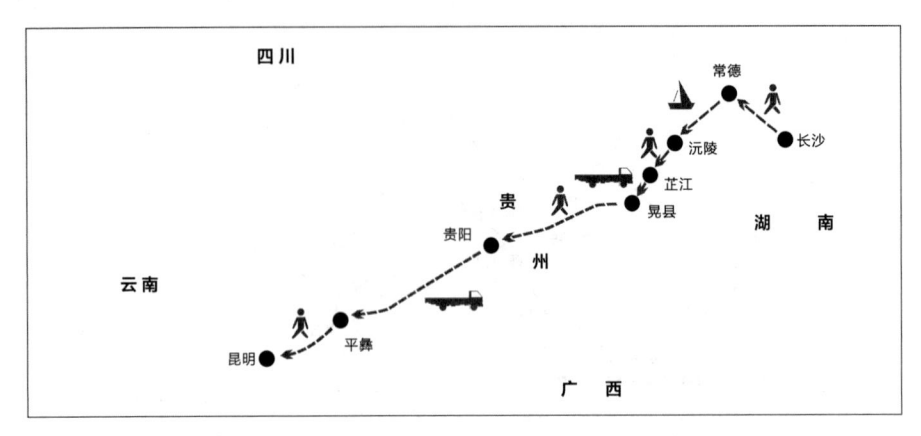

"湘黔滇旅行团"路线示意图

关于旅行团的编制，余道南记载："旅行团的组织按团、大队、中队及小队编制，团长黄师岳系湖南省政府高参，原陆军中将。""团以下辖两个大队，大队长分别由毛、邹两位军训教官充任。其余中、小队长则由同学们自己选任。"

据杨式德回忆，参加旅行团的一共335人。向长清事后则回忆了参加旅行团的教师共10人："联大老师参加步行团的有十位之多。我已记忆不清，只是从李珍焕同志赠给兆吉同志的一张保存了四十余年之久的照片里才充分肯定他们是：闻一多、曾昭抡、袁复礼、黄子坚、许维遹、李嘉言、李继侗、毛应斗、郭海峰、吴徵镒。"其实，向长清可能记忆有误，据吴徵镒记载，参加旅行团的教师应为11人，作为参与组织工作的教师，其说法应该更为可靠："团用军事管理，分二大队三中队，由黄子坚先生负责领导。湘省省主席张治中先生特派黄师岳中将担任团长，三位教官以毛鸿先生为首辅之，担任三个中队长，小队长概由同学担任，团部尚有同学一小队，事务员一人，医官徐行敏等三人。同行教师共十一人，为闻一多，许骏斋，李嘉言，李继侗，袁希渊，王锺山，曾昭抡，毛应斗，郭海峰，黄子坚先生和我，组织辅导团。"

关于旅行团的保障，余道南记载："在长沙雇请了二十名炊事工，自带行军锅灶。又买了三辆大卡车、一辆载运炊事工及炊具，二辆载运行李被包。学校还派了几名职员随行办理行政事务，以校医两人为随团医生。……行前同学每人发黄色制服一套，黑色棉大衣一件。另外湖南省政府张治中主席特赠每人旅行袋、水壶及搪瓷饭碗各一件。"

董奋也在日记中对行前的准备工作进行了简略的记录：

2月7日，"学校今天开始检验身体，以定搬家之走海陆道之问题。……我今天一早就检验身体去。……检查结果分A、B、C三种。有A而他一种或A或B者，一定步行。有C者，一定海路。而二B者可选择之，我选择陆路，……步行的一定要打针，预防伤寒针，1cc的注射剂。本来大家都相当的高兴，一针打后，蔫了！个个臂都抬不起来，个个早睡觉而睡不着"。

2月11日，"下午到旅行团报到，领团员证"。

2月12日，"早上到团本部报到，领到行李签"。

2月14日，"旅行团早上编队，因病勉强走去。先由黄师长训话，黄师长是我们的保镖，他上来就是一套：'此次搬家，步行意义甚为重大，为保存国粹，为保留文化……欧战时各国……现在日本……在中国你们算第四次，张骞通西域为第一次，唐三藏取经第二次，三宝太监下西洋为第三次，第四次的文化大迁移！……'……下午缴不随身带行李"。

2月17日，"早上到操场检查服装，领背袋、臂章、地图"。

旅行不是旅游

为了还原这一中国教育史上的壮举，使旅行团的行程更加清楚，笔者大致以王乃梁、陆智常的《湘黔滇步行团行程1938年2月20日—1938年4月28日》为线索，但并不逐日叙述，择其要而记之。其中，为了使事件更加真实和丰满，参照了不同当事人的记录。

2月19日，旅行团由长沙出发。

该日是"新生活运动"四周纪念，下午五时，全体同学在圣经学校大草坪集合，"张治中主席的代表陶履谦先生训话，告诉我们到乡间去的重要，及为何应吃苦耐劳"。黄团长也发表了讲话："勉励大家为维护神圣的教育事业，把抗战进行到底，努力完成这一历史壮举。"

随后，旅行团出发，钱能欣这样写道："带了纸笔洋蜡，穿了布袜草鞋，从韭菜园经中山路而至江边。街道两旁高悬着美丽的国旗，千千万万地在空中飘扬。我们离开了有了四个月感情的长沙，心中自然有些依依。"

余道南记载："我团虽以步行为主，但仍尽可能利用车船，以节省时间。长常公路因我团人多，无车供应，团部决定改走水路。在长包了两条小火轮载人，另拖带木船数艘载运行李，船泊大西门码头。……由于船上航行诸事准备不周，直到下午六时才启碇。"吴徵镒也证实：旅行团"由五条民船装载，夜间启程下湘江入洞庭"。可见，旅行团应该是下午上船，天黑才出发的。船上的条件应该是不能令人满意的，杨式德说："晚宿船上，仅有几只小船，所以拥挤的不堪。"余道南也记载:"是日天阴,启碇不久,天已入黑,船上灯光暗淡,又无活动余地,只得提早就寝。但一时不能入梦,有人在谈论国事,有的又在诉说流亡逃难之苦。加上机声水声,更令人难以成眠。"钱能欣对此也有同感:"我和同伴李君(李庆庚)把行装搬上船顶,用木板和包铺盖的油布搭成了人字形的帐幕。寒风飕飕从江上吹来,风里带着从小汽轮的烟囱里冒出来的煤灰,我们呼吸一口气,把全身藏进被窝里,头也不敢伸出来向外探望。"

旅行团夜渡湘江,正式启程

2月22日,长沙坐船经甘溪岗到清水塘(益阳)。

钱能欣写道:"船过广阔的沙滩而至门板州,距洞庭湖只有六十里。中午抵甘溪港。本来计划是出甘溪港由沅水而去常德,因自甘溪港上行中间有一段水太浅不能行船,于是临时改变路线,转东南驶向益阳。打算从益阳起,开始步行。"

2月23日,益阳—军山铺(步行的第一天)。

杨式德在日记中写到当日的情况:"早晨起来,便见天已阴了。七点钟,大家整队出发到益阳,天下着细雨,我们抖擞着精神,因为这是第一天开始步行,到益阳城南汽车站时雨下得更大了。十二时,行李由原船运到了，我们搬下来，预备让汽车送，就开始沿公路步行了。队伍很乱，我落在最后面。……今天走了差不多五十里，脚底很痛。"杨式德在2月26日的日记中补充到：到达常德后，团长讲话说"第一天有二十多人走坏了脚"。

从益阳出发，步行的第一天

2月24日，军山铺—观音庙—太子庙。

该段路程50里，次日准备进入常德境。吴徵镒写道："本日为全程中最感疲乏与脚痛的一天，很多同学脚上都磨了泡。"于是，黄团长召集学生讲话，"说昨天队伍太不整齐了，大家散走是非常危险的，并规定以后每日走一点钟休息十分钟，到适当地点休息四十分钟，以便喝茶吃午饭，行进用二路纵队在公路两旁走"。[1]

2月27日，旅行团在常德注射伤寒疫苗，杨式德在日记中说："十点到卫生局注射防御针，这是防御伤寒和霍乱的。出发前在长沙注射一次，这是我第二次了。常德正流行着霍乱，街上贴着标语要人谨防，勿喝冷水。"

---

[1] 杨式德：《湘黔滇旅行日记》，见张寄谦编：《联大长征》，新星出版社2010年版，第207页。

2月28日，常德坐船至桃源。

钱能欣在日记中记载："昨日注射了第二次伤寒预防针，许多团员起了反应，不便步行，因此临时改变计划，雇民船去桃源。晨九时船在空袭警报中驶离常德。下午一时抵童黄州，因水浅不能上驶，于是弃舟登陆。"当晚，睡在一个破小学教室的地上，铺些稻草。

3月1日，桃源—桃源洞—郑家驿。

六点四十分起床，早饭后，把行李背到南站，八时出发，行40里至桃花源，也许是有世外桃源的感觉，旅行团师生的兴致颇高。杨式德在日记中说："桃源洞一带，树多水多，阴凉得很，景色比岳麓山还要好。"但好景不长，再经30里，下午五时到郑家驿，杨式德写道："我们二大队住在一个古庙样的祠堂里，里面还有棺材呢。"

湘西遇匪

3月2日，郑家驿—杨溪桥—毛家溪。

六点四十起床，八点多出发，该日在雨中行军。由于即将进入湘西匪区，杨式德在日记中记载："早饭后，团长集合训话，说以后行军，大家要整齐队伍，不许争先，或落后。他说我们已经给土匪的头目写过信了，他们是讲面子的，然而仍然有危险。"

3月3日，毛家溪—宁乡铺—张山冲。

吴徵镒在日记中简略记载："雨不止，过太平铺入沅陵境，……宿小村张山冲，阴雨地湿，人挤，宿营甚苦。"

余道南在日记中记叙了雨中行军的辛苦：那日早仍有小雨，"起床甚早，时天色晦暗，仰望山顶云气飞驰，势如奔马，知将有大雨。早餐后，在晓色苍茫、细雨濛濛中出发。中途果下大雨，衣履尽湿，路又泥泞难行，只好加快步伐，下午一时许抵张三（山）冲。此处已入沅陵县界，山势更为险峻，公路蜿蜒曲折，在峡谷中迂回前进。本日行程仅五十里，然因路险又遇大雨，略感疲乏"。

杨式德的日记侧重于山路的险峻："出发以后，天下雨了，雨下得很大，虽然打着伞，衣服湿了不少，鞋袜更湿得利害。从毛家溪西南行，完全是深密的山地，公路旁有不少的牌子，写着'危险弯路'。不但曲折而且忽高忽低，经过不少的山坡。超过一千尺高的山头，便被云雾吞没了。"

钱能欣则在日记中明确指出，此为强人出没之地："湘西的股匪我们是早已闻名的。……公路愈来愈曲折，两旁峭壁矗立，眼界顿时缩小了，概见上面是天，下面是道，左右前后都是山，丛丛密密的树林，绿荫深处，曲径岖崎，这里自然便是强人出没之地了。"

3月4日，张山冲—狮子铺—五里山。

吴徵镒在日记中说："渐入深山，山回路转，……晚宿黄公坪一小村，本日行八十里，疲甚。"吴徵镒的日记写得简单，其实这一天的情况相当紧张。他在后来的日记中也补充道："昨夜云有匪万余渡河来犯，同学多半未睡。"

杨式德在日记中记载了山路的危险："每过一二里公路旁有三角牌示写着'傍山险路'并且画一个简单的图画，有时只是一个大惊叹号！下面写'危险'二字。看着山越来越高，路越来越险，一位同学叹着气说：'越来越不像话了。'"更主要的是匪情越来越严重，旅行团路上碰到的军校学生就告诉他们遇到了土匪，"学兵队被打死了三个"。杨式德又描述了当日半夜时分的惊险："晚十二点醒来，工友来招分队长，说团长召去。我们心里本就不安，更知有事了，不免有点心惊。后来知道团长方从军校宿营地回来，闻说有二三百土匪，过沅江前来，深恐绑票征求大家意见。还是半夜就前住军校处受他们保护呢？还是留在这里呢？最后大家都穿好衣服，等待命令，但经团长考虑结果，还是留在这里。我们穿衣睡，幸而没有遇到上匪。"

余道南也在日记中说："改宿于驿前数里之五里山……是日行程约八十里，卧后忽传有匪警，起身穿衣，静坐待变。至夜半无事，复解衣就寝。"

3月5日，五里山—松溪铺—凉水井。

该日匪情仍然严重，更麻烦的是行李车晚到，旅行团师生摸黑在田埂中搬运行李，苦不堪言。

吴徵镒在日记中说："过文昌坪时人家多闭户，从小路上坡后并闻枪声一响。夜宿凉水井，……余等宿山经小村，行李车来得很迟，恐匪惊动，禁用手电，黑路走细田埂三里多，来回找行李，甚苦。"

杨式德也在日记中写道："走到凉水井，宿营了，这里距沅陵10公里。军校学生也宿在这里。我们住的地方离公路有二里，是一个家庙。因为公路难行，我们的行李到10点钟以后才由汽车运到。我们从公路上把行李背到住地，虽然有灯笼，可是路太窄，我失足堕到沟里，没有摔着。晚上落雨，早晨雨仍旧落着，闻说晚上土匪袭到这里，与军校互放了六十多枪，我睡得熟，没有听见。"

当天晚上的情况，向长清描述得更加详细："晚上，黑沉沉地没有月光。因为行李车只有一辆，当末一次装着行李盘绕过五里山的时候，已经十点多钟了，黑暗里借着手电的微光，扛着笨重的行李，爬上山腰的宿所，好几次几乎掉下深深的水沟。末了，把铺盖摊好睁着蒙眬的眼睛正想倒下头去，忽然间传令兵传来了一个可怕的消息，说就是那一批土匪快要迫近这里了。顿时山腰间布满了紧张恐怖的空气，灯光射出可怕的黄光，到后来索性吹灭了，变成一片漆黑。最初有人主张放哨，可是赤手空拳的那有什么用，幸而我们的大队长挺身出来愿独当一切。时间一分一秒地爬去。土匪却没有来。恐惧终究是挡不过疲倦的，大家终于都昏昏入睡了。因此当第二天那破裂的号音在屋角吹响的时候，我们才知道已经平静地度过了一夜。"

余道南则在日记中详细描述了当日全天的情况："自五里山向沅陵进发。沿途山势更高，公路盘旋于丛山之中，有时在山谷，俄又跃登山顶。自山顶下视，只见上驶的汽车蠕蠕若爬虫。一峰甫过，又临一峰，上下迂回，步行大费力气。有人发现一条小路，于是大家都跟着走。小路虽近，却较公路难行。好容易赶到松溪铺小憩，……自松溪铺继续前行至凉水井，团部决定留宿于此。……本日因山路崎岖，我团汽车又发生故障，司机为减轻车重，叫炊事工下车步行，以致晚八时许才进晚餐，行李车更迟至十时才到。周宅离公路约两里，从公路上搬运行李，工作十分艰苦。在茫茫夜色中，只见人影幢幢，凭着手电光，大家忙忙碌碌地取下被包，肩背着在黑暗的田野中摸索前进。虽然年轻眼力好，但雨后路滑，田塍太窄，只听到扑通扑通的几声响，早有几个人滑下田去。好不容易一步步地慢慢挪动着，无奈肩上越压越重，两腿越走越酸，又不能放下来歇息，弄得满身大汗。最后只好咬紧牙关，拼出残余的一点精力，终于走到了目的地。打开被包，倒头便睡。"

风雨沅陵

3月6日，凉水井—沅陵。

凉水井距沅陵县城仅20里，因此，虽然连夜大风雨，旅行团仍冒雨出发，十一时抵达沅陵汽车站，晚宿辰阳驿。

该日，作为第二大队经理委员会的庶务，杨式德开始值周，负责采办用品和食品。虽然能坐上行李车，不用冒雨步行到沅陵，但从他的日记记录来看，仍然并不轻松："早晨和鸿图背行李出来，路全是黄泥，滑得很，走到公路时，我们各摔了一跤，衣服既湿，又加上不少的污泥。这时，八点多了，大队已出发，我们便登上装行李的汽车，细雨下着，车上拥挤得很，不能用伞，索性让春雨雨我吧。路在高处，不时的上山下山，风觉得大，身体便有些冷了。十公里，不一回就到了沅陵。我被派住在车站附近的大中华旅馆的楼上，楼是新造的，还没有建好，上面只有些木架子，四面木壁残缺，各处通风，寒冷得很。下午一点和陈四箴同学过沅江到城内去买本队的食物。江水被寒风吹着，小雨，浪有二尺高，坐着小划子左右摇荡，很觉不安。……晚燃烛，结账。睡后落雨，全屋漏雨。有雷声无可如何。天明衣服被子都湿了一层。"

3月7日—13日，旅行团因风雨滞留沅陵。

虽然不用继续赶路，但在沅陵，旅行团遇到的困难仍然不小。

3月7日，沅陵风雨交加并杂有冰雹。

余道南在日记中写道："晨为风雨声惊醒"。"所居客栈小楼尚未

第五章 湘黔滇旅行团

旅行团被困沅陵

竣工，四面透风、屋瓦又薄、以致室外大雨，室内则细雨霏霏。起以油布覆被上，忽闻雨点声甚响，视之乃冰雹，俗称雪子。天寒甚、穿上了学校所发的棉大衣。……晚间忽又电闪雷鸣，冰雹大作，天气更寒。"

无独有偶，杨式德也在日记中记载："晚饭后，本分队因为此地房子顶漏水且四面通风另觅了两间房室，我们将行李搬到那个旅社去了。不过地是土的，潮湿不平，所以又和一中搬回来。还有一个原因：就是我曾看见有下流的女人出入在那个旅馆里，觉得那里很不干净。这一夜，两人在寒冷的楼上，像原野似的，非常痛苦。"

3月8日，天气进一步恶化，沅陵雨、雪、雹夹杂。

余道南在日记中写道："早冰雹仍未停止"。"天犹寒。……俄而天黑如墨，豆大的冰雹倾泻而下，待雹止返宿处时已是傍晚时分了。"

杨式德则更为详细地记录："晚间醒来，雷声震耳，心里有点害怕。雪片，又像是冰块打在屋瓦上剌剌的响，又沥进屋里来，滴在面上，凉得很。我们把雨布盖在被子上，把头也蒙住，在雨水打雨布的叮叮声中睡着了。醒来衣服也湿了不少。因为早饭改成十二点了，起得很迟。第一件工作便是修补房屋。雪还在下着，我们用木板把房顶一块一块的盖起来，墙上的裂口用板子挡住，又买了些炭，弄着火，渐渐的觉得安乐起来了。"

直到3月12日—14日，天气略为好转，旅行团才陆续离开沅陵。

3月14日，沅陵（坐汽车）—芷江—晃县。

虽然是坐汽车，但由于山路崎岖、颠簸，不少学生仍然出现不适。杨式德即在日记中如此记载当日的感受："七点起来，仓促早饭，八点多便登了汽车，准备出发了。四分队和三分队同坐一部车，从沅陵车站出发时，天仍然阴着，走起来不久，看见有雪片在落。我一向怕汽油味，从清华到北平的汽车是极其平稳的，而且不过半小时就到了，然而我每次都要呕吐头痛，下车后几点钟内不能恢复常态。这一次，公路在山间里蜿蜒着，身体时而向左倒，时而向右倒。上坡时，倾斜的害怕，骤然下坡，身体像自空中下坠似的，目怵心惊。加上颇为浓厚的汽油味，所以走不到几十里，便头晕了，想呕吐也吐不出来。索性用手巾塞住鼻孔，把口罩戴上，用口呼吸，闭着眼，靠在车厢上，任什么山水景色也不管了。"

3月15日—16日，旅行团在晃县空等了两天至贵阳的汽车，终于决定次日步行入黔。

地无三尺平的贵州

3月17日，晃县—南宁县—玉屏。

步行30里至湘黔交界的鲇鱼铺，再步行38公里抵玉屏。"沿途多平顶山，已入贵州之Dissected Plateau，河流均为小溪急流。"[①]

3月18日，玉屏—羊坪—青溪。

青溪是贵州最小的县城，此时沿途所见较湘西有很大不同，住宿条件也更为艰苦。余道南在日记中说："向青溪县进发。相距虽仅五十

向青溪进发

[①] 吴徵镒：《长征日记——由长沙到昆明》，见西南联大《除夕副刊》主编：《联大八年》，新星出版社2010年版，第15页。

华里，但公路坡度大，走来比较吃力。所经山岭多石灰岩，光秃不生草木。……青溪城较玉屏更为荒凉冷落。……是晚寄宿民宅，既小且脏，将就而已。"

3月19日，青溪—焦溪—两路口。

六点起床，八点出发，从青溪沿小道冒雨步行90里至镇远，晚七时找宿两路口。该日所经路程非常险要。

吴徵镒日记只寥寥数语："道路泞泥，行走维艰，有数病同学坐滑竿随行。"

余道南日记则对路途的险峻印象深刻："老路虽为旧官道，但上下盘旋，迂回曲折，有的地方旁倚峭壁，下临深渊，加以年久失修，乱石杂陈几乎不能容足。本日又细雨如丝，路滑若油，行路之难，难如蜀道。只得站稳一步，再前进一步，否则偶一失足，便不可想象。途间翻越山岭七八座，最高处云迷雾障，俯瞰群峰有如大海波澜，风光殊壮丽。下午五时许抵两路口，地势已转低平。因一路辛苦，晚餐后立即就寝。"

杨式德则详细描述了当日的亲身经历："小路在潕水的valley里，水清而深，绿色。小路是石子路蔓延在山腰里，非常窄，真可谓羊肠小径了。起床后，天已正落雨，这时仍然在下着，路极滑，又有上下坡，下面悬崖连着河水。我担心得很．幸而套着草鞋，还好一点。然而路上滑了不知多少次，都险些跌倒。两岸全是山，山上树不多，农田极少，走了20里到铺田，一个村镇，休息片刻，又出发了。经过两个山头，每次都是遍身大汗，腿软头晕，疲倦极了。那个大山头，上下坡将五六里，我们全是走着嵌坷不平的石路。……路走着艰苦极了，我和鸿图落了伍，遥望丛山，云雾弥漫，看不见同学，险些走了错路。……走了20里，其实比20里要多，因为山里很大。经过了两个相当大的山坡，溪水不少，周围依然是山。……今天是旅行以来最疲倦的一天，路难走是最大的原因。……曾昭抡先生跛着脚到了，也不打伞。"

3月22日，镇远—东坡—施秉。

此日步行80里，旅行团成员都非常疲惫，尤其是经过镇雄关，地势最为险要。

吴徵镒在日记中说:"道经文德关、镇雄关,形势甚为险扼,鹅翅工程亦甚奇特。"

余道南则在日记中描述了镇雄关的险要:"公路盘旋山间,上下相距达数百米,镇雄关一带尤称险峻。有段公路盘旋如鸟翅,题有'鹅翅膀'三个大字,自山上俯视汽车上驶如爬虫。……本日因行程较远,颇感劳累,有人请求休息一天,团部未允,但答应到铲山后再作决定。"

杨式德同样写到当日的亲历:"不久就到了镇雄关(距贵阳250公里)。过了关便到一个极大的山谷了,公路蔓延而下,……我从小路下来,路上是黄泥,危险得很,走到山谷深处,又沿小路上山了。路泥泞的不堪,我手攀着草根,足踏着泥凹,滑了不知多少次,都没有滑下去。上到公路线,公路又盘着镇雄关对岸的山而上了。又由小路上去,在高处走了一段,见到一个城门样的建筑。原来,因为前面是山,汽车上不去,所以才造的。汽车入城门转过圈子上了石门的顶上,再由此上山,门顶写着'鹅翅膀'三个字,想是象形,闻一多先生在此画写生铅笔画一幅。……下午六时走到施秉。腿酸,脚痛,疲倦至极。"

鹅翅膀

3月26日，铲山苗汉联欢会。

25日抵达铲山县后，吴徵镒在日记中说："访苗寨，苗民生活极简朴勤劳，均自耕自织。村中妇女见我们来，多远避，足见以前汉官之鱼肉苗民。"因此，当日旅行团与县政府联合举行汉苗联欢会。吴徵镒如此记载："因时间匆促，仅到亿兜族长一人率四少女七少年，表演节目有苗民吹芦笙跳舞，同学唱歌。又引起李先生和徐医官的舞兴，跳了一曲华尔滋。曾先生同苗民喝酒，被灌大醉，黄团长也舞了手杖。"

苗汉联欢会

杨式德的记录则详细得多："下午两点整队到小学的操场集会，开苗汉联欢大会。到会的苗人不多，女子四个十五六岁，男的六个由一个老者率领。参加的有一队壮丁，县政府人员，民众，小孩子最多。开会以后，唱党歌读遗嘱。主席，一位苗人致辞，大概受过很好的教育，说得很好，他表示欢迎我们不远千里而来。接着团长讲话，竭力说明苗汉之应相亲，并希望地方当局提高他们的生活，普及他们的教育。县政府的一位职员讲话，……这跳舞像引起了大家的兴味。李继侗先生和许大夫拥抱着表演了一段西人的跳舞。一个同学也学着女人跳舞。黄团长，拿着手杖表演了一幕舞剑。"

3月27—3月29日，铲山—马场坪—贵定—龙里。

数日的艰苦跋涉，旅行团成员都精疲力竭。

3月27日，余道南在日记中说："自铲山向平越县之马场坪进发，计程34公里。……寓处为一居民陈放杂物的阁楼，下为厨房，灰尘满布，煤烟令人窒息。旅途艰难，只好权宿一宵而已。"

3月28日，杨式德写道："近沙坪时我头昏眼黑，一阵倦痛，几乎不能自持。……今日行38公里，两脚酸痛。"

3月29日，余道南记载："今天步行40公里，目的地为龙里。……抵县城后寄寓民居，其灶中所烧劣质煤气味熏人欲呕。至晚，主人吸鸦片，烟味与煤气混合，更令人难受，是夜虽路长人倦，终究仍难安枕。"

3月30日，龙里—倪儿关—贵阳。

因为贵阳是省城，旅行团决定整队入城，但从相关记载来看，仍然略显狼狈。吴徵镒说："阴雨中整队入城，草鞋带起泥巴不少，甚为狼狈，曾先生之半截泥巴破大褂尤引路人注目。"杨式德也写道："因为昨日走路，右足上生了小泡，找医生粘上橡皮膏。"

3月31日—4月3日，雨阻贵阳。

3月31日，余道南写道："我等自2月20日启程，历时已四十天，除在沅陵为风雪所阻，耽搁时间较长外，中间休息时间不多。到贵阳后，团部决定休息三天，今天是第一天。早饭后，黄团长召集同学们讲话，据云贵州省府原打算派车送我们到云南平彝，现因军运紧急无车可派，且途中铁索桥已断，汽车也不能过河，要求大家下决心步行到底。同学们也认为经过这一个多月的锻炼，步行已经习惯，一致表示赞同。"

4月4日，贵阳—清镇。

旅行团冒雨离开贵阳。杨式德写道："六时起床，天正下雨，等到八时出发。公路全是黑泥水，我穿着胶鞋，左足底下一小孔，不多时，泥水便充满鞋里了。泥水从脚面上流出来，又顺着鞋边流过地下，极不舒服。……同学有的赤足着草鞋，下腿全是泥，好像北方方才除过粪坑的农夫。"

4月5日—10日，旅行团由清镇经平坝、安顺、镇宁、关岭场到永宁，一路之上，异常荒凉，吴徵镒的日记中时见以下描述："荒旷异常。"钱能欣形容："不见人烟，公路盘山渐上。"余道南则说："途间见村落，也绝少行人。"钱能欣形容："公路又蜿蜒上山，山巅云雾迷漫，山谷也更荒芜，四五十里不见一村。诚有'清明时节雨纷纷，路上行人欲断魂'之感。"

4月11日，永宁—安南。

该日的经历可说是惊险重重，也是旅行团成员日记中着墨最多的一日，为了保持日记的原貌，在此不惜全文照录。

首先是十二时渡过盘江。

吴徵镒："阴而不雨，路滑难行。荒坡草高如人。新烧之后时发焦香。陆续下行，十二时至盘江，铁索桥康熙时落成。京滇路通即用之。今春三月间断坏，汽车一辆坠江中，乘客四十余人中仅二十二人得救。今止能用小划渡江。小划狭长仅容五六人，头尖尾截。桨长柄铲形，两人前后划之。乘客都须单行蹲坐舟中，两手紧紧扶舷，不得起立乱动。舟先慢行沿岸上溯，近桥时突然一转，船顺流而下势如飞鸟。将到岸时，又拨转上溯。船在中流时，最险亦最有趣，胆小者多不敢抬头。"

钱能欣："该桥至今已历二百余年。民国二十五年黔、滇通车，车辆即由此桥通过。而铁索桥年岁既久，汽车载重又大，以致今年三月间，铁索忽告断折，据说当时汽车一辆即堕入江中，四十个旅客，得救者只二十二人。桥断后，黔、滇无法联运，至江边必需由小舟渡江换车。小舟狭而长，可容五六人，在水中划行，至江心为水流冲击，路线成'Z'形而至对岸。"

杨式德："一如往常，八点出发。天阴，虽然不落雨了，可是昨日雨很多，路全是泥。我的草鞋太小，布鞋不久就湿了。走的是盘山路，行八公里才遇到小村，新铺距贵阳208.7公里，是一个很大的村子。公路太难走，泥有三四寸厚，要走路旁，非汽车辙的地方，泥沾鞋，于是枯草和石子沾到草鞋上，非常沉重。下一个大山，就到盘江了。我走的小路，比公路近得多，不过很危险，路多半是石块砌的，很滑难行。下到山底，便是盘江了。盘江自北向南流，两旁是很高的山带，河身在极深而狭的山谷里。河身宽约四五十米，据乡人说，水深七八丈，河底不平，所以水流的非常急，冲刷力很大，两旁因为是红土，所以水成了赤褐色，水声很大，水面上急速的剧烈的翻着各种水纹，可以看见极多的漩涡。

"江上跨着一个铁索桥，两边石基很高，距水面约四十米，桥长约三十米。这里距贵阳217公里。东岸岩石上有'盘江飞渡'四个大字，还有曾养甫写的"盘江铁索桥"刻存石上。这座铁索桥是明朝时建的，年久铁坏，不幸一辆汽车经过时，忽然索断，二三十人殉难，铁链也坠入水中了，遗留的残段我还看见。新桥是铁桥，由桥梁工程处建造，开工数月了，到五月才能完成。现在江里有四只小船，三只可用，每次渡五六人，船划到中流，在十秒钟内被冲下三四十米去，两旁峭壁耸立，非常危险。……在这里饮水，水很浊，直不欲下饮，无奈太渴了，喝了两碗。"

余道南："团部决定今天走40公里，宿于安南县属之哈马庄。自永宁出发约25公里至盘江渡口，见桥已中断，只得在此雇船过江。盘江为西江上源，奔流于峡谷中，水深流急，弯多滩险，无舟楫之利。明代为解决渡江困难，始建铁索桥，行旅称便。滇黔公路修筑时，改为水泥石拱桥。因桥面不宽，桥仅一孔。本年2月桥孔突然中坍，死二十余人，可能是工程质量问题，现路局正在筹备修复中。自建桥以来，渡船停驶，如今渡工技术生疏，翻船死人事件已有发生，谈者色变。我们包了四条船，特请当地彝族老船工驾驶，据说可保无虞。渡船长六七米，宽仅两尺，深约尺许，略似端午竞赛的龙舟。每船限载六人，船工首尾各一人，持桡搏水，不用桨舵。上船后，船工嘱咐尽量下蹲，两手紧握船舷，不得稍有晃动，如胆怯可闭上眼睛。交待清楚后即以桡撑船，沿江岸逆流而上，待至适当位置，迅速将船拨转中心，随江心急流猛冲直下，其急如箭。此时船工要用最大力气和最快的速度将船向对岸划去，等到靠拢对岸时已流至码头的下游数十米处。这时又要沿对面江岸逆水撑船，直到码头为止，恰好成一个之字形。为时虽仅几分钟，但令人惊心动魄，目眩神迷，不知所措。等到船工招呼我们登岸时才惊魂略定，这大概要算此次旅行中最惊险的一幕吧。"

渡过盘江

其次是夜宿安南。

余道南："渡过盘江天堑，幸好全体人员安然无恙。继续前进，沿途竟无一居民，路上忍饥挨渴，只望到了目的地能够解决问题。谁料哈马庄只有十几户人家，无法容纳全团住宿，只好奔向安南县城。这时人已相当疲乏，但又不得不勉力前进。到县城时天已昏黑，一时找不到住宿处所，徘徊街头，饥饿和疲倦令人狼狈不堪。有同学觅得一小面馆，顿时如获至宝，纷纷前往就食。店主乘机敲诈，面价贵而量又少，饥者不择食，仍然抢购一空。后来终于找到了一个住处，不幸行李和炊事车又坏在途中，真是屋漏更遭连夜雨，饿着肚皮还无法就寝。夜半天寒，与居停主人商量，购木炭围炉烤火，坐待天明。由于饥寒劳累，大家闷守炉边，无心交谈。闻远处鸡声迭起，天犹未明，今夕何夕，竟如此之长。"

杨式德："走到哈马庄打算宿营，有一座西式二层大楼房，可惜人家太少，柴米买不到，房舍也不够。天开始下着细雨，时间是下午六点，团长决定再走，到安南县城。我方才到此，又渴又饿，鼻孔出血，仍然继续前行，仍然是上坡，直到距贵阳236公里的地方，才达到最高点，八点到安南县。器具没有运来，不能做饭。天下细雨，没有地方住，我们在街头流浪着。饭铺小而少，吃了两碗面，很不舒服。今天走了50公里，路又难行，疲劳至极，却连坐的地方也没有。行李今晚不能运来，我冷得难挨，在饭铺里坐着，等到深夜，在一家民房的地下睡了。一只草垫，睡三个人，……赁了两条被子大家盖着，被子破污，有鸦片烟味，一晚上没有能睡着多久。"

钱能欣："我们渡了江，由小道经三间房，25里至哈马庄。本来计划在此设营，奈哈马庄在山顶，只二三十户人家，要水不得，要菜无着。于是临时改变方针，大队人在暮色中进发安南。18里抵安南城，时已黄昏。城里几家小店铺早已闭门，找着街头上的卖炒米糖开水的小贩，聊以充饥。旅行团的铺盖炊具因盘江不易过渡，当晚送不到安南。我们一大群如逃荒者，无可奈何，饥寒交迫在县政府的大堂上挨坐了一夜。旅行之'乐'，尽于此矣！（今日全程共95里。）"

吴徵镒："25里至哈马庄，本拟宿营于此，但山顶小村，水菜无着，时已五点，临时议宿安南。于是又走了十八里，到了小城街上，卖炒米糖泡开水的小贩被抢购一空，后来的只好枵寝。晚间因铺盖、炊具多耽搁在盘江东岸，同学一大群如逃荒者，饥寒疲惫（本日行95里），在县政府大堂上挨坐了一夜。辅导团诸公曾、李、闻诸先生也陪坐了，并替两位黄团长挨了骂。半夜里，有人同黄子坚先生侄公子口头冲突，几乎动武，县太爷披衣起来拉架，旅行'乐'事'趣'事，于此乃叹为观止。"

4月12日—13日，在安南休整。

4月12日，余道南写道："一夜无眠，又饥寒交迫，团部决定让大家休息。中午炊事车开到，才得饱餐一顿。饭后仍静坐，待行李车于三时半到达，急忙取被昼眠。刚一躺下，顿觉全身筋骨松弛，浑然入梦。晚餐时才被叫醒，仍觉睡眼惺忪，体力不支。"该日，杨式德也有类似的记录:"清早起来,回到宿营的民房楼上和同学谈天,身体非常冷,没有办法,天气是阴着。行李到正午才运来,赶快铺在黑暗的楼上,穿上大衣。……晚饭在七点光景,饭后稍游,回来继续睡觉,鸦片烟味自楼下吹上来,令人作呕。"4月13日,杨式德接着写道:"为了大家连日的疲劳,今日再休息一日,本来安南传说有麻疯病流行,不愿在此地停留的。七点起来,昨晚楼下唧唧的抽烟声,响到夜深,鸦片味流到楼上,令人作呕。……晚间欲睡,仍然碰到了强烈的大烟味,带上口罩才睡。今天又服金鸡纳霜三粒。"

在安南期间,适逢台儿庄大捷,旅行团与县政府联合举办了祝捷大会,据吴徵镒说:"晚举行庆祝台儿庄胜利游行大会,小县城全惊动了。"余道南则记载更为详细:"团部约安南县政府于今晚联合举行祝捷大会,晚餐后有小雨,安南各界及我团全体人员仍冒雨到会。安南城小,居民不过数百户,人口约两三千,到会者达三四百人。县府准备了鞭炮及火炬,会后举行火炬游行,高呼胜利口号,居民倾城出观,叹为本县从来未有之盛况。返寓后犹感兴奋,久久不能成寐。"

4月14日,安南—江西坡—普安。

途经沙子岭,非常险要,据钱能欣说:"25里至沙子岭,有支路,名南龙路,起自安南经兴仁县境而至安龙西南边僻,滇桂交通,借此可日臻联络。全线长134公里,民二十五年十月开始建筑,二十六年四月完成。时适逢黔境大旱,兼之沿途山冈起伏,工作困难,不幸流传了疫病,筑路工员因而殉身者竟达二百四十二人之多。"余道南也记载:"离安南往普安,行程50公里,为整个旅行中路程最长的一天。自永宁以后进入大山区,公路须越过多座高山,途中人烟绝迹,因此困难较大。一是无处歇脚休息,二是找不到水喝,但大家已经习惯,也就感到无所谓了。一路上只见公路自山麓盘旋达于山顶,忽而又自山顶迂回而下至山谷。出了山谷前面又是一山,又要同样攀登。其最险的路段名为'二十四个之字弯',汽车至此须来回盘绕,转急弯达二十四次,稍有不慎就将葬身深谷。当时正好有几辆汽车驶过此地，发动机不断地呜呜吼叫，但速度仍与我等步行相等。每转一次急弯都有倒翻下去的危险，这时司机要令助手下车以三角木垫住后轮，然后再开足马力继续上驶。所谓'蜀道之难难于上青天'，大概也不过如此。"

贵州晴隆山二十四拐

而途经的江西坡则为瘴疠之地，吴徵镒说："渡小盘江上江西坡。坡顶正在赶场，传闻鸡蛋有麻疯病，水可引起肚胀，但我们都吃了，并且留下了照片。"而余道南显然对传闻更为相信，他写道："当我们爬这段山路时正当中午，骄阳逼人，热不可耐。……途经江西坡，因受热口渴亟思饮水，但传闻此地有瘴气，山泉有毒，饮后使人腹胀如鼓。为安全计，只好忍渴前进。"而杨式德则记载说："有一个苗妇摆药摊子，有几十种草药，她说她会治病。这里喝水必要煮沸否则吃下去就要肚胀，附近各地，都是这样。……在普安见到三个小孩，全是大肚子，想是吃冷水的原故。……同学听县长说，江西坡一带是瘴气最重的地方。"钱能欣也证实："随行的大夫说，江西坡的溪水里有大肚子菌；果然，我们看见了好几个大肚子的男人和孩子。"

4月18日，盘县—亦资孔。

本日"行96里"，宿亦资孔分县，该分县地处滇黔两省交界，仅有200户人家，"路上颇荒凉，仍有罂粟田"。①余道南这样写道："有老路可近十余里，沿此路行，只见沿途野杜鹃遍地，树木繁茂，鸦鸣鹊噪，却见不到一户人家。连日天晴，气温升高，愈走愈热，热极而渴，却无处讨水喝。下午五时抵亦资孔，地小而脏。时炊事工正在烧水煮饭，大家抢喝米汤解渴，如饮甘露。……本日因受热和口渴，有同学在途中晕倒，幸有随行校医即时救治，旋即痊好。"杨式德也证实："我们因为这一带匪徒很多，决定走公路，而且排队走，不许散开或落后，因此今天走的最整齐，走了24公里，又行小路了。小路难行，天格外晴朗，飘着些白色微云。行过一个山坡，又一个山坡，路是石铺，崎岖参差，忽高忽低，数不尽的小山坡，心里厌烦得要死。幸而西风很大，整吹了一日，虽然天热，还不致汗流浃背。……今天没有大休息地，所以遇不到开水（其实有不少地方可以预先烧水的）。瓶里的水喝完了，便让口干着，上下齿，上下唇黏作一团。最后，唇上干了皮，连黏也不可能了。"

晚间在亦资孔宿营，环境几近恐怖，余道南记载："住处在一小庙，因无人照管已破败不堪。庙内停放棺木数口，环境殊欠佳。"杨式德说："我们宿在一个破庙里的楼上，有两口棺材，污浊有臭虫。"多年以后，蔡孝敏仍对当晚的恐怖记忆犹新："第一分队住庙中后殿，除四壁供有泥塑木雕之神鬼像外，殿角尚停放灵柩一具，全队整晚难以入睡。平素彼此谈笑风生，该夕均三缄其口；偶闻一人咳嗽声，则此起彼和，久久不止。"②本来团支部决定在此休息一天，由于环境太坏，遂改为到平彝后再定，杨式德还补充道："与居民谈话就说明天休息一天，其实我们是要走的，这完全是为了防匪的原故。"

---

① 吴徵铠：《长征日记——由长沙到昆明》，见西南联大《除夕副刊》主编：《联大八年》，新星出版社2010年版，第20页。

② 蔡孝敏：《归来行处好追寻——湘黔滇步行杂记》，见西南联合大学北京校友会编：《笳吹弦诵情弥切——国立西南联合大学五十周年纪念文集》，中国文史出版社1988年版，第339页。

It's a long way to 联合大学

4月21日，平彝—白水。

出乎旅行团预料的是，到了云南境内，居然又遇到了和亦资孔同样的处境。余道南说："白水为沾益县一小市镇，居民不多，市街冷静。宿处为一破庙，庙内也寄放棺木数口。夜有雨，我等睡于大殿上，因门壁已毁，雨丝随风飘着头上，其凉如冰，无法入梦。起以伞为障，乃得安睡。"杨式德也写道："宿营在大白水，属沾益县，在公路之南一里，人家不多，米菜很难买到。住在一家污浊的民房内，厨房在庙里，里面有几十口棺材，这里的人民因水土关系，颈脖粗肿，……我们用的水是从三四里外挑来的。……晚间睡在人家的楼上，下面是酒房，烟飞满了小楼，难以呼吸，而且热得很。"

4月27日，杨林—板桥。

次日即将进入昆明，西南联大为次日的欢迎活动做了精心的准备。余道南在日记中说："板桥距昆明二十公里，到达后团部即用电话通知联大办事处。校当局立即派员来镇慰问并发给每人袜子和精制麻草鞋各一双，还有茶点券等。据云明日入城，校常委将率已到校的师生在东门外欢迎。迢迢数千里，历时两月余，别后重逢，彼此无恙，其欣慰不知何如？"杨式德也记载："团本部在区公所。黄子坚先生自昆明来，讲述昆明学校设置情形，巴不得今天就能赶到昆明。黄先生带来常务委员赠给我们的草鞋和袜子，预备明天照相时齐整一点，因为多数袜子已经没有底了。并云教育部对我们很重视，要把我们的相片送到外国当作宣传用的。"

4月28日，板桥—昆明。

为期两个多月的旅行就此结束，旅行团成员对该日的盛状做了详细记录。

吴徵镒："至板桥行四十里抵昆明。休息于状元楼外四公里之贤园，主人以茶点欢迎。午后整队出发，经拓东路，梅校长及校中首脑均来欢迎，并有人献花圈，曾夫子大为酬应。过金碧路入近日楼，军容甚整，前面正好碰上大出丧，只好慢行。雨中聆训，留有全体摄影。"

余道南："自板桥往昆明市，整个旅程到此基本结束。据公路里程碑指示，路程只有十九点七公里，天气温和晴好，全体整队行进，情绪甚高。……学校对我团此行相当重视，早在我团抵达曲靖时就开始筹办欢迎和慰劳。今天特在贤园设招待处，以便我等在此休息用茶。由蒋梦麟校长夫人陶曾谷女士领头，诸教授夫人和女同学任招待员，殷勤款待。……休息后再行整队入城，昆明街市渐入眼帘，只见许多市民伫足围观，道途拥塞。一会儿，由海道先来的男女同学举着横幅，高呼欢迎口号来到街尾，引导我们向联大办事处前进。不久到达作为办事处的迤西会馆（按：欢迎大会不在迤西会馆，在圆通公园），学校诸常委都在门前等候。黄团长指挥我等列队听候常委检阅，我等均着黄色制服、草鞋，服饰整齐。团长亲自报告人数，交上团员名单。诸常委检阅后，认为此行功德圆满，表示慰劳。然后由蒋校长代表常委讲话，称此行跋涉数千里，经历了三个省区，备尝艰苦。其效果是既锻炼了体魄，增长了见闻，同时也向全世界表明我国青年并非文弱书生、东亚病夫，其吃苦耐劳精神恐非外国青年所能及。在今天国难严重关头，为增强抗战意志，振奋民族精神也作出了贡献。对于湘黔滇三省当局的爱护和黄团长艰苦卓绝的领导表示感谢。最后宣布旅行团的任务已经完成，即日起解散。欢迎仪式结束后，由常委引导我们往圆通公园游赏休息。"

杨式德："自板桥至昆明路很平，集合后，团长训话，黄子坚先生报告学校近况，述个人旅行之感想，说西南只可作我们暂避之区，不能

梅贻琦迎接旅行团

作我们长久的安息所，反之，东北、华北、沿海是国家命脉所在，不可丝毫有所缺损的，这正是心里要说的话。

"距昆明十里余，已经有同学迎上来了，有的骑着马，有的骑脚踏车，大家握手问好。……大队停留在距昆明四公里的地方，有一位工程师彭禄炳的别墅，房舍虽朴陋，却清洁雅致，园内花草辉煌，后面是一个小森林。主人彭先生及夫人张绍珩招待热烈，备有开水和点心，大家乱抢着吃光了。这里有陶曾穀（谷）及赵元任太太等，发给我们油印的歌子It's a Long Way to 联合大学，赵元任先生编。

"结队西行，我因为在团本部服务在先头进行，甫入昆明市，有少女献花，有一位联大女同学向黄团长献一束红花，另外四位小姐，着白底浅蓝花、长衫，袒臂抬着一大竹篮鲜花献于本团，由同学接受，抬着前行。经中央研究院门口，见有欢迎我们的布条，献花的四少女挎着小篮，里面是各色的碎纸屑，和花瓣一样争着投向我们的身上。经迤西会馆遇蒋梦麟、梅贻琦及各位教授同学等欢迎，在大街中我也曾在前面抬花篮，摄影的人很多，人家列队到圆通公园。由黄团长点名交代与常务委员。由梅校长致辞，团长也致辞，还有教育厅的代表说话。"

作为欢迎仪式的策划人之一，赵元任的夫人杨步伟对此有更详细的记载，可作为参照："四月二十八日联大的徒步学生们到了，在那个前几天就得着消息他们快到了，蒋梦麟太太（陶曾谷）、黄子坚太太两个人来同我商量，我们大家要不要有点表示？我说我们虽然不在联大里面，但是很愿意加入，他们赶快说梅先生还没有来，并且你们从前不知帮过清华多少忙，这次更应该在内的，所以我们三个人上街定了一些大鲜花，买了一个大竹篮子，扎了一个大花篮，打算献给他们，章元善太太又提议让大家先在几里外的黑土洼她妹妹别墅的地方打个尖，可以洗洗脸吃点东西再进城，我就说那不是象路祭似的，他们认真的说不要说不吉利的话。他们徒步进城时闻一多领队，章家两女和我们大二两女献花篮，经过我们住处有欢迎的大红布匾。小孩们还唱：'It's a long way to 联合大学，It's a long way to go'！五月一号大家提议包粽子给学生们吃，大家太太们在我们那儿帮忙，还加了一大些女用人包了一千个小粽子拿给他们。"[①]

旅行团抵达昆明

[①] 杨步伟：《一个女人的自传》，岳麓书社1987年版，第361页。

两个多月旅行的艰苦是难以逐一表述的，正如赵元任所作《It's a Long Way to 联合大学》的歌中唱到的："遥遥长路，到联合大学。遥遥长路，徒步。遥遥长路，到联合大学，不怕危险和辛苦。再见岳麓山下，再会贵阳城。遥遥长路走罢三千余里，今天到了昆明。"向长清在《横过湘黔滇的旅行》一文中写到作为学生的艰苦："一清早爬起来，吃过早餐之后，就只盘算着那天的途程。出发之后眼看着路旁那矮小的路碑的号码的增加或者

湘黔滇旅行团团长黄师岳

减少，心里面也渐渐地加多了喜悦，像是快完成了每天的任务。行军是不分天晴和落雨的，除了在较大的城市，为了顾及同伴们考察，多停留一二天之外，哪怕是下着倾盆大雨，当集合的号音吹响之后，也只得撑开雨伞，让雨滴飘洒在衣服上出发了。穿着草鞋的两只赤脚浸在泥泞的污水里面，怪难受的，而且雨天的草鞋下半天总会生出来一些难看的胡须，'乞叉、乞叉'地把泥水溅到绑腿上，成为一大块乌黑的斑点，有时甚至飞溅到裤脚上，这真使人觉得烦恼。"即使是作为团长的黄师岳中将也时常置身危险，向长清说："一次，他骑了车（自行车）飞快地想赶到最前面去，正当下坡，遇着一群载重的马匹遮拦了前面的路。地势是那样的：一边是山坡，一边是深谷，公路打从山腰经过，掉下去，一准只能拾起一把骨头。车已经收不住势了。马却并不曾让开，于是人倒了下来，滚到悬岩边。幸而有一块石头拦住，同时一个同学飞快地赶过去扶起他。就这样，他的头部已经受了几处重伤，鲜红的血滴下来，只好用水洗洗，再用布紧紧地裹扎。"

中国教育史上的一次创举

湘黔滇旅行团之所以格外引人注目，除了旅程长，还因为旅行团中有教授闻一多、李继侗、曾昭抡、袁复礼等。在学生中也是人才辈出，旅行团成员中日后被评为中国科学院院士的有屠守锷、唐敖庆等十一人，被评为中国工程院院士的有陈力为等三人，至于著名人文学者，有任继愈、马学良、王玉哲、刘兆吉、唐云寿、查良铮（穆旦）、季镇淮、何善周、丁则良、孙昌熙等。因此，陈平原在《抗战烽火中的中国大学》一书中由衷地赞叹："这也是此旅行团格外吸引人的地方——如此藏龙卧虎，确实了不起。"[①]

据说，西南联合大学教授杨振声在队伍出发时和闻一多开玩笑说："一多加入旅行团，应该带一具棺材走。"到了昆明，老友相见，闻一多反唇相讥："假使这次我真带了棺材，现在就可以送给你了。"[②]于是彼此大笑一场。在北大五十周年校庆时，杨振声撰写了《北大在长沙》对旅行团的壮举评价极高："最值得大书特书的，是自长沙徒步至昆明的旅行团了。""从此他们深入民间，亲身接触各地的风土民情，亲眼看见各地的民生疾苦，亲手采集各处的科学标本。他们在路上共行一千六百七十一公里，为时七十三日。于四月二十七日到达昆明。我们在昆明拓东路又以骄傲的眼光去迎接他们。他们都晒得黑光光的，腿肚

[①] 陈平原：《抗战烽火中的中国大学》，北京大学出版社2015年版，第127页。
[②] 张寄谦：《中国教育史上的一次创举——西南联合大学湘黔滇旅行团记实》，北京大学出版社1999年版，第290页。

走粗了,脚皮磨厚了;同时人生的经验增加了,吃苦的本领加大了,精神也更饱满了。就这样的他们步入了历史的新页。"①

事实也确实如杨振声所说,向长清在《横过湘黔滇的旅行》一文中谈到了旅行的艰苦,更谈到了旅行给同学们带来的磨炼:"三千多里的行程中,我们的宿营地只是学校、客栈,以及破旧的古庙,在这里不能讲究许多了。有时候你的床位边也许会陈列得有一口褐色的棺材;有时候也许有猪陪着你睡,发出一阵阵难闻的腥臭气;然而过惯了,却也就都并不在乎。不论白天怎样感觉到那地方的肮脏,一到晚上稻草铺平之后,你就会觉得这是天堂,放倒头去做你那甜蜜的幻梦。过度疲乏的人是有些'饥不择食'的。七十天中我们也过惯了兵爷们所过的生活,无论草地或者公路上,只要自己一发懒,就一屁股坐下,没有谁还顾及到会沾上一大块难看的印渍的。"

旅行团沿途烧水做饭

不但学生如此,教师亦然,1938年3月12日,闻一多在致父母的信中说:"至投宿经验,尤为别致,六日来惟今日至沅陵有旅馆可住,前

---

① 杨振声:《北大在长沙》,见毛子水、胡适、曹建等编:《国立北京大学》,南京出版有限公司1981年版,第149页。

五日皆在农舍地上铺稻草过宿，往往与鸡鸭犬豕同堂而卧。"① 4月30日，闻一多在给妻子高孝贞的信中这样写道："我们自从二月二十日从长沙出发，四月二十八日到昆明，总共在途中六十八天，除沿途休息及因天气阻滞外，实际步行了四十多天。全团师生及伙夫共三百余人，中途因病或职务关系退出团体，先行搭车到昆明者四十余人，我不在其中。教授五人中有二人中途退出，黄子坚因职务关系先到昆明，途中并时时坐车，袁希渊则因走不动，也坐了许多次的车，始终步行者只李继侗曾昭抡和我三人而已。……一天走六十里路不算么事，若过了六十里，有时八、九十里，有时甚至多到一百里，那就不免叫苦了，但是也居然走到了。至于沿途所看到的风景之美丽、奇险，各种的花木鸟兽，各种样式的房屋器具，和各种装束的人，真是叫我从何说起！"②杨式德在日记中证实了闻一多的旅途艰辛，3月1日，杨式德在日记中说："闻一多先生，诗人，今天走得特别起劲，来到桃源洞前，我见他穿着毛衣，一双破了的布鞋，大踏步和许骏斋先生同走。"3月17日，杨式德在日记中写道："闻一多先生来了，戴礼帽，穿中式浅色长衣，腰束黑带，斜插着大烟袋，下面绑着腿，拿着手杖，充满了仆仆风尘的意味。"闻一多在信中接着写道："途中做日记的人甚多，我却一个字还没有写。十几年没画图画，这回却又打动了兴趣，画了五十几张写生画。打算将来做一篇序，叙述全程的印象，一起印出来作一纪念。画集印出后，我一定先给你们寄几本。还有一件东西，不久你就会见到，那就是我旅行时的相片。你将来不要笑，因为我已经长了一副极漂亮的胡须。这次临大搬到昆明，搬出好几个胡子，但大家都说只我与冯芝生的最美。"③吴徵镒的日记也可证实闻一多所言非虚："闻、李二老均已髯须留得很长。为共摄一影。二老相约抗战胜利后再剃掉。但李师"晚节"不终，到昆明不久就剃掉了。"

---

① 闻一多：《致父母亲（一九三八年三月十二日）》，见闻一多：《闻一多全集》第12卷《书信·日记·附录》，湖北人民出版社2004年版，第322页。

②③ 闻一多：《致高孝贞（一九三八年四月三十日）》，见闻一多：《闻一多全集》第12卷《书信·日记·附录》，湖北人民出版社2004年版，第326—327页。

旅行途中的闻一多

旅行也让同学们领略到了祖国的大好河山，当时还在临时大学外文系读书的诗人穆旦后来以此为背景，写下了《出发——三千里步行之一》《原野上走路——三千里步行之二》，分别发表在1940年10月21日和10月25日出版的重庆《大公报·战线》副刊上，在《出发》一诗中穆旦留下了这样的诗句："澄碧的沅江滔滔地注进了祖国的心脏""我们宿营地里住着广大的中国的人民"。在《原野上走路》一诗中，穆旦更是充满希望地写道："我们走在热爱的祖先走过的道路上，多少年来都是一样的无际的原野""我们怎能抗拒呢？噢！我们不能抗拒／那曾在无数代祖先心中燃烧着的希望""这不可测知的希望是多么固执而悠久，中国的道路又是多么自由而辽远呵……"

在由长沙至昆明距离3000余里，历时两个多月的徒步旅行中，路过的大小城池近30个，所过村镇不可胜数，长沙临时大学哲学心理教育学系三年级学生刘兆吉，利用这一良机，采集了湘西、黔东、滇南少数民族的民歌、民谣2000余首，最后筛选为700余首，写成《西南采风录》，1946年12月由商务印书馆出版。据刘兆吉的儿子刘重来说："当时湘、黔、滇山区，不仅贫穷落后，而且盗匪横行，杀人越货，司空见惯。连过往的军队尚且畏惧三分，更何况是这支手无寸铁的学生队伍。在整个队伍行进期间，他们就曾多次遇到土匪的骚扰。而刘兆吉为了采集歌谣，又必须常常离开大队伍，独自步入荒村野寨，这就要担更大的风险。"[1]

刘兆吉在《西南采风录》的前言中就谈到其中苦衷："文化越不开通的地方，男女的关系越隔膜。一般妇女乍逢我们这些异言异服的外乡人，简直像怪物一样的看待。也许从前过境的军队已给她们以一种坏印象，我们即使有菩萨一般的心肠，但一看我们着的军服，伊们即敬鬼神而远之了。要向伊们口中调查歌谣那怕好心也成了恶意，也许会加给调戏妇女的罪名，所以胆怯的我，始终未敢尝试。"[2]黄子坚教授在为《西南采风录》作序时记下了刘兆吉采风的场面："一群人，围着一个异乡的青年，有时面面相觑，有时哄然大笑，是笑言语不通，手指脚画，面面相觑，是要窥测真意。本来，一个穿黄制服的外乡人，既不是兵，又不一定是学生，跑来问长问短，是希有的事，是可疑的事——希有，所以舍不得让他就走；可疑，所以对他又不肯说话。"

更为凶险的是，刘兆吉曾告诉刘重来这样一段采风经历：有一次，刘兆吉到一座山寨采风，刚爬到半山腰，便听到山上有人喊话，由于语言不通，刘兆吉不予理会，山上的人越喊越厉害，刘兆吉觉得不对，便停

《西南采风录》

---

[1] 刘重来、邹鸣鸣：《三千五百里采风记》，见张寄谦编：《联大长征》，新星出版社2010年版，第101页。

[2] 刘兆吉编：《西南采风录》，商务印书馆1946年版，第7—8页。以下相关引文均见该书，不再逐一标注。

下来。不一会,下来几个苗人,通过翻译才知道,苗人刚才是在发出警告——如果刘兆吉再往上走,就要放滚木擂石了。刘兆吉的讲述应该是真实的,1938年3月30日,钱能欣就在日记中记载:"我们十二人由专员公署副官和区公所主任的引导,到得寨门。寨门前挂着一块木板,上书:'现当时局不靖,本寨公议于寨周围栽有竹签,并放有弩箭,凡我乡人,以及外处人等,请勿黑夜入寨,免遭误伤,倘有强横不信或被签伤或被弩死,不与本寨相干,恐人不知,特此悬牌通告二十四保大土寨公悬。'"

《西南采风录》出版之后,受到西南联大教授们的高度评价。朱自清在序中赞美道:"他这样辛辛苦苦的搜索,记录,分辨,又几番的校正,几番的整理,才成了这本小书。他这才真是采风呢。他以一个人的力量来做采风工作,可以说是前无古人。……历来各家采集的歌谣,大概都流传已久;新唱出来的时事歌谣,非像刘先生这样亲历民间,是不容易得到的。"黄子坚也在序中指出该书多方面的价值所在:"刘君用力之勤,工作之难,可以相见。辛苦的结果,在六十八日之中,采集了两千多首歌谣,这不能不说是丰富的收获。将采集所得,汇刊出来,也是一宗有用的文献。语言学者,可以研究方音;社会学者,可以研究文化;文学家可以研究民歌的格局和情调。"诗人闻一多则在序中,从民族文化、人性的角度,回答了刘兆吉关于采风是否有野蛮之嫌的问题:"你说这是原始,是野蛮。对了,如今我们需要的正是它。我们文明得太久了,如今人家逼得我们没有路走,我们该拿出人性中最后、最神圣的一张牌来,让我们那在人性的幽暗角落里蛰伏了数千年的兽性跳出来反噬他一口。……干脆的是人家要我们的命,我们是豁出去了,是困兽犹斗。如今是千载一时的机会,给我们试验自己血中是否还有着那只狰狞的动物,如果没有,只好自识是个精神上'天阉'的民族,休想在这地面上混下去了。"而在谈到之所以会写成这本书的时候,刘兆吉则在该书的弁言中说得非常清楚:"书成,内心的确有些沾沾自喜,因为这本书与普通著述不同,不是用脑力想出来的,而是跋涉数千里的收获,是费尽唇舌访问的代价。再者写成这本书的机缘,也是多方面凑巧:国家不抗战,北大清华南开,绝不会并为西南联大而迁昆明;学校不南迁,笔者也绝不能在蛮荒的山国里,步行数千里,所以这本书不仅足以作个人长途旅行的纪念,也是国难期间,三校流亡南迁的文献之一。"

杨式德在日记中说,蒋梦麟曾述及旅行对同学们造成的影响:"你们的长途跋涉是很令人满意的,我以为你们要遇到土匪,而你们遇到的是火牛洞,事实和理想相去这么远,我未来昆明时,以为房舍一定不成问题,因为总可以找到,不然也可以用竹子制或用木头建,不是经济而便当的吗。长沙圣经学校的大食堂是用木制的,用了七百元钱,拆了再卖二百元,只费去五百元,多么经济。然而一来这里没有间房舍,也没有成材可用的大竹子,木材也很少,以至于我们的校舍发生极困难的问题。于是又想到蒙自,而蒙自容不下全部,于是理工两院又回到昆明。这也是处处说,没有经过详细考察的理想与现实是不相符的。然而做人的方法就是要时时修改我们的理想去适应现实。这应该是诸位长途步行所应得的一个教训,一件最大的收获。"

此次"小长征",不止影响了旅行团成员,也影响了西南联大的性格,甚至影响更为深远。胡适在纪念联大九周年集会上发表讲话说:"这段光荣的历史,不但联大值得纪念,在世界教育史上也值得纪念。"[1]美国学者易社强(John Isrnel)更是言简意赅地指出:"这次长征是一次艰苦卓绝的跋涉之旅。此后是八年患难,它成为中国知识分子群体才能的象征;因此,也成为中国高等教育和文化持续不辍的象征。"[2]

---

[1] 见《梅贻琦、黄子坚、胡适在联大校庆九周年纪念会上的讲话摘要》,载1946年11月2日北平《益世报》。
[2] [美]易社强:《战争与革命中的西南联大》,饶佳荣译,传记文学出版社2010年版,第64页。

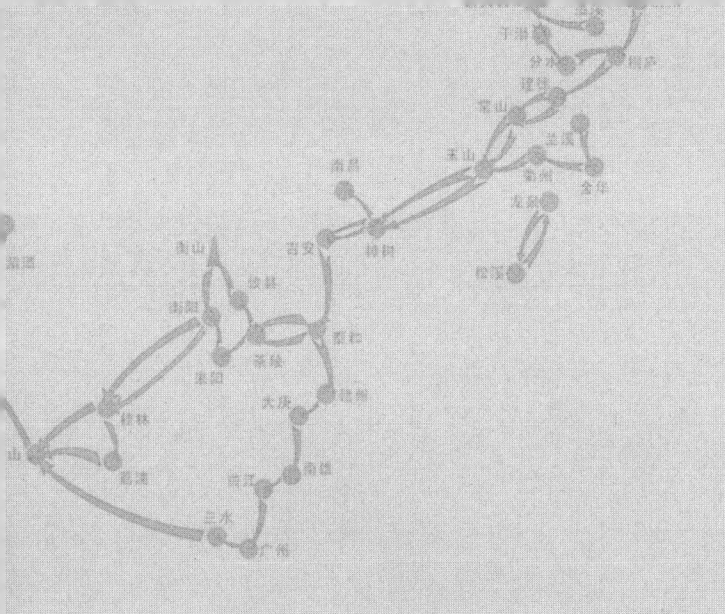

第六章
不指南方不肯休

相较于西南联大湘黔滇旅行团的浩大声势，联大教授浦江清的内迁经历则可谓是"千里走单骑"。

1940年夏，浦江清服务满六年，依例可休假一年，由于母亲不习云南水土，浦江清遂送母亲由安南经香港返回上海，一家人住在法租界雷米路文安坊。虽然上海的生活较之云南更为安定，同时又有家庭的温暖，但浦江清仍然心系联大，归心似箭。

偷渡敌占区

1941年旧历除夕，浦江清在《辛巳岁除大雪，独坐寓楼，用东坡除夕诗韵》中，以诗明志："风雨待鸡鸣，茫茫何时旦？……明年我西行，万里寻旧贯。丈夫厉壮志，未肯谢衰惫。安能坐困此，日数米与炭。"①显然，此时浦江清已打定主意再上旅途，回到西南联大。

1941年夏，浦江清休假满期，但入滇海道已断，安南又被日军占领，8月14日，儿子蒲汉昕出生，浦江清只得再向西南联大请假一年，应郑振铎之邀在上海任暨南大学兼任教授。

浦江清

12月7日，珍珠港事件爆发，8日，日军占领上海租界。为了不做亡国奴，1942年5月29日，浦江清不顾一家老小，毅然离开上海，经过长途跋涉，于11月21日回到昆明。

浦江清历来有写日记的习惯，1929年1月29日，浦江清在述及记日记的初衷时说："记日记丝毫无自尊的意思，也无有预备做自传的虚荣心。我的目的，大约有四：练习有恒的笔墨，一也；作日后追忆过去生活之张本，二也；记银钱出入、信札往来，备一月或一年内查

---

① 浦汉明：《浦江清先生传略》，浦江清著，浦汉明、彭书麟编选：《无涯集》，百花文艺出版社2005年版，第260页。

考，三也；记零星的感想及所见所闻有趣味的事，备日后谈话或作文的材料，四也。"①因此，浦江清的日记应该是非常真实可靠的，以下即主要根据浦江清的日记再现这一段传奇。

1942年5月28日，浦江清至上海北站托运行李，"自雷米路到北车站铁丝网外，每人黄包车钱五元。有脚夫来接，提行李，共付日军票一元二角，国币三元。再由红帽人来接，提付检查处，每件二元。检查甚随便。至行李房持票，每件日票二角，过磅费合共二元一角（日票）。遂购月台票出站而归。时日票一元＝国币十一元"。

5月29日，浦江清在日记中不无留恋地写道："天明，母亲来帮理行装。……撷馨、三姊、澄心、李世清送水果食物。"到达常州后，浦江清发现"常州尚在清乡区中，住旅馆要铺保"。同时，还需要取得旅行证之申请书，也许在这时，浦江清才感受到离开上海时始料未及的危险。

5月30日，由于要用申请书换取常州—和桥清乡特别旅行证，浦江清只得在常州多住二日，该日下午，浦江清到天宁寺游览，"寺甚大，但一部分为日军所占，仅游大殿、藏经楼、香积厨、斋堂、火葬所、骨灰塔等"。

6月1日，浦江清特别在日记中写道："常州正在清乡，城门口须出示县民证，行李受检查。"下午，浦江清领到清乡旅行证，准备次晨出发。

6月2日，"天未明即起。……余亦患胃痛"。"至马公桥，有日人所设'大检问所'，人均上岸，行李放在船上，打开，有人上船检查。上岸之人均须出示证件：（1）常州县民证，（2）清乡通行证，（3）宜兴回乡证，有三者之一者皆许通过（在上海时闻回乡证未必有用）。"

下午一时到达和桥，住新新旅馆。"旅馆极恶劣，夜多跳蚤，不能成眠。"同时，浦江清托朋友介绍向导吴瑞林（日记中称吴君），讲定

---

① 本章以下引文皆来自浦江清：《清华园日记　西行日记》（增补本），生活·读书·新知三联书店1999年版。如无特别说明，不再一一标注。

由和桥至徐舍，护送费并船费共四百元。

6月3日，"晨八时上船，船极小而低，伛身而入。又大雨，四人坐舱中，踢蹐不安"。

下午四时，要越过封锁线。浦江清日记对此的描写则至为惊险："吴君先上岸，徐行去设法。而藏船于芦苇中（余等之船乃一捉鱼船）。久待吴君不至而有一人来，穿蓑衣笠帽立岸上，谓余舟人曰：可前。遂前。至桥下，桥下有木桩三，加铁丝其上。舟人遂前拔一桩，桥上望风者有四五人之多，船疾摇而过，舟人又回舟将桩放好，以石敲下之。此时间不容发，倘为日哨兵窥见，我侪皆无死所矣。空气甚紧张，祝君尤惊怖。既通过此桥下，复前有八里路，皆须疾摇而过，因恐日哨兵望见也。日哨兵有站，左右两站，距此桥皆有三四里，此桥在两站之间，遂为偷渡之所。"

对于拔桩偷渡，不但是浦江清这样的文弱书生感到惊恐万分，就是船夫也觉得担惊受怕。浦江清在日记中清楚地记载了这种惊恐："据余等以前所闻，预送费用，自有人将桩拔起，放船过去。今须舟中人自拔，又须回船装好，又行之于白日，又桥上有观者四五人，皆极危险也。据舟中人云，彼拔桩已两次，亦不明其意义之严重，彼仅得薄酬而犯死地，可怜也。舟人之妻劝彼勿拔，亦不云危险，但云恐拔不起，不如回舟绕道，后闻此木桩入水仅四五寸，故舟中人直前拔之，勇气可嘉。余等四人皆缩入舟中屏息不语。舟更过八里，复至一桥，其下堆树木为阻，惟右侧有隙，小舟适可摇过，此亦警戒线也。至此始知吴君特租小舟之原因。盖如要拔两桩，费用比较大，而此处亦不能绝不费事而通过也。"

事实上，这种偷渡是异常危险的，蒋梦麟在自传中就说，他的儿子原在上海交通大学读书，在从上海到昆明的途中就曾遭遇到好几次意外，"有一次，他和一群朋友坐一条小船，企图在黑夜中偷渡一座由敌人把守的桥梁，结果被敌人发现而遭射击。另一次，一群走在他们前头的学生被敌人发现，其中一人被捕，日人还砍了他的头悬挂树上示众"①。

　　船入马公塘，好不容易离开了日军的控制区域，又进入匪区，真可谓"才出虎穴又入狼窝"，"于是船入马公塘中，塘有西湖之大，周回十数里。闻多匪类，吴君大约与之皆有交情，可以不惧。出马公塘，至某处，有人持手枪尾船而来，云欲检查，吴君遥招呼之，遂不上船"。

　　此时天色已晚，大雨如注，无法赶到徐舍，只能泊船于高草圩下。上岸后，道路泥泞，好不容易深一脚浅一脚地找到了吴君介绍的一户养蚕人家，浦江清如此描述了当晚的住宿："主人于此养蚕室中搁门板以作榻二。余无棉被，遂与祝君同榻。始入睡而祝君大呼'楼上水'，如是者三四声，余等皆被惊醒，盖楼上小狗溺水漏下湿其被褥也。祝君起，又自去厨下煮水以解渴，余亦起饮，如是罗（啰）唆，近午夜方入睡。"

　　6月4日，下午到达张渚，经历了一天的惊恐，甚为狼狈的浦江清在日记中惬意地记下："洗澡""自洗衣裤"。

　　6月5日，浦江清到达桥下，"桥下为一村站，无旅馆，有饭店可寄宿。余等宿一蒋姓家（系一蒋家宗祠）。客堂尚清洁，而内屋极龌龊，臭虫、跳蚤、白虱均有，一夜不能入睡"。

　　6月6日，因雨，逗留桥下。

　　6月7日，抵达流洞桥，"自桥下至流洞桥四十里"。

　　6月8日，清晨出发，穿过传说劫匪啸聚的十里山林，午时抵达广德，"自流洞桥至广德五十里"。当时，浦江清再次在日记中写到患胃病的痛苦："余一路皆患胃病，多进面及粥，不能与他人同吃。"更为麻烦的是，浦江清此时计算路费已感不足，无奈之下，"乃以母亲所给之金戒指一只售去（在一小银匠店中兑去）。十足金，重一钱八分二（每两一千七百），得三百零九元四角"。

　　6月9日，天明即起，出广德西门，下午步行至柏垫，"共行

---

① 蒋梦麟：《蒋梦麟自传》，团结出版社2004年版，第302页。

五十五里"。

6月10日，该日天气燠热，浦江清一行从柏垫出发，经过前程铺、阳台，到达长虹关时，离河沥溪尚有三十五里。同行诸人均疲惫不堪。"勉强挥汗而行，前后参差相望。苏君赤一脚，行尚健。余居第二。苏太太有人让轿，得以早行。祝君最后，已成铁拐李矣。"到达河沥溪时，"余等四人自柏垫步行至此，行八十里，甚疲"。更大的麻烦在于："闻邓家埠已失，如此则鹰潭已危。余至屯溪后出路成问题矣。"

6月11日，由于头一日过于疲惫，本日，浦江清一行休息一日，浦江清还托茶房将携带的套鞋出售以补贴旅费，未果。

6月12日，清晨即出发，行六十里，下午二时抵牌弯店。此时由于浙赣战役失利，传言极多。浦江清在日记中写道："或谓鹰潭已失，或谓浮梁已失。总之，浙赣路仅余中段，不易穿过，浮梁亦成问题，则我等将在屯溪搁住矣。余对此事甚为忧急。"

6月13日，由于挤不上往屯溪（今安徽省黄山市）的汽车，浦江清只能在牌弯店留住一日。此地已接近战区，不免人心惶惶，草木皆兵。浦江清在日记中记载："此间有用水力舂谷者，用一木棍，一边着杓，一边着杵。水流注杓中，满则下坠而杵上，杓下而水倾，则杵重而下，杓复上。彻夜不息，声蓬蓬然，或疑心炮声。"

6月14日，浦江清总算挤上了到屯溪的汽车。浦江清历来有晕车的毛病，1928年8月29日，浦江清曾在日记中说："自校进城有长途汽车，余曾坐过数次，震动既甚而汽油味尤奇恶，辄晕。故余出进例雇人力车，虽慢而舒适也。"而在此时，有车即是谢天谢地，自然也顾不得许多，浦江清在日记中写道："车挤极，上为竹席篷顶，圆形如舟。车中坐有四十许人，沿路并有兵士攀登而上。众人足不得伸，腰瘫背直。……此公路车之苦，为平生所未历，较廿六年由徽州至芜湖一段公路更为辛苦也。至屯溪车站，检查行李，余旅行包中碎一热水瓶，别无损失。面盆压成椭圆形。"

屯溪受困

6月15日，战局消息极坏，浦江清已到山穷水尽之时。由于盘费用尽，下午五时，浦江清只得发电报至昆明，向西南联大负责人梅贻琦和文学院院长冯友兰求援："昆明清华大学梅、冯两先生鉴，五月离申，抵此费尽，恳迅电汇三千元屯溪上海银行留交。"

6月16日，战局消息进一步恶化。"据云绩溪至牌弯店之公路已开始破坏，祁门至浮梁之公路亦然。又有云日人离此仅九十里者，人心惶惑。"

6月17日，眼看在屯溪搁浅已成定局，浦江清只得托人寻找住房。

6月18日，当日是旧历端午节，浦江清作为古典文学研究专家，只能如此向屈原聊表敬意："早晨吃细沙粽子，五角一只，硬而无味。"楚辞研究大家闻一多曾将端午节称为"龙的节日"，浦清江在当日的日记中记载："是夜大雨，室顶漏水，泥块掉下，蓬然两响，亦可笑也。"

6月19日，很快浦江清就笑不出来了，屯溪遭遇了三十年不遇的洪水。他在当日的日记中详细地记载了遭遇的危险：

"晨五时半即醒。招呼茶房来扫除室内泥水，出至对门吃粥。须臾积水满屋，踏凳而出。至上午十时，雨不已。街上积水如河，涉者没胫。胜利饭店等不做生意，因街道难走，不出去买菜也。是晨，卖早点心之小贩绝迹，苏君夫妇晚起，饥甚。

"至正午雨不止，街上水深数尺，冲入旅馆大门。我等急将行李搁起，而地板隙已冒水，汩汩而出，渐没至床脚，痰盂马桶皆浮。以筷量之，每十分钟涨起一寸。众客大哗。于是纷纷在桌子椅子上搁棕垫而卧。我谓非办法，出商账房，欲借对门楼房，办不通，且亦走不过去也。账房黄联芳云（黄君徽州人，幼时曾在松习布业，故与余等亦有乡谊），旅馆本身亦有楼三间，先将行李送上。急时，人亦可上去度夜。我主张即上，赤脚穿套鞋，踏水而登楼。实则只有一间，其二为一纱布号所租，初不允让。一间中行李已堆积，前后来者二十余人，不能容，渐渐侵入纱布号之一间。时水势上涨，平地已至三四尺。而雨不止，四望已成泽国。街上有人撑门板，倒桌。众人皆饥甚，不得食。赖邻楼有卖花生米、瓜子、咸鸭蛋者，争以手遥接，顷刻而尽。纱布号有藏酒，好事者以热水瓶盖，偷斟而饮。入夜诸人拥被兀坐而已。未至半夜，雨止，水势渐退。闻水退声汹汹，仍如雨下云。

夜间，街上有大船，来往巡视，云救溺者。"

6月20日，"雨止。昨夜斜坐倚铺盖，未得酣睡，晨起仍疲，爬上铺盖堆补睡两小时。邻饭店送食品来，吃肉丝炒饭一碗，两元。下楼至室中，苏君已在洗刷地板，渐渐将铺盖等搬下。使昨夜雨不止，没去一层，则行李等尽坏，再没一层楼，则我侪皆鱼鳖矣。水灾之可怕，不亚于火灾，其危险实较和桥至徐舍过警戒线时为尤甚，余生平所未历。至此方庆更生。水灾原因，问之本地人，云出蛟。其实乃大雨，山洪暴发，河不能受而泛滥耳。或者为附近破坏公路，不慎而填塞涵洞所致，亦未可知。本地人云光绪三十年曾有一次，已三十余年未见云"。

6月21日，水灾之后，"旅馆中泥泞渐去。出外，至公园一带，见坍屋甚多。闻人云，此次水灾广及数县，灾民甚多。……《皖报》《徽州日报》停版，正在雇工人在泥泞中拾铅字云"。

6月22日，大灾之后物价飞涨，这在抗战时期已是定律，而联大的汇款又迟迟不至。浦江清写道："上午有疏散警报。下午至上海银行问汇款，尚未来，闷闷。此间小票缺乏，多五十元、百元之大票，购物非满三十元不得找。"

6月23日，更坏的消息不期而至："祝君来谈，云屯溪钞票缺乏，甚为严重。'中国'及'农民'两行为戒严司令部统制，限制提存，外来汇款一律退回不付云。……上海银行虽有头寸，亦存在中国银行，不免受影响。闻之颇为焦虑。"事已至此，浦江清也只能苦中作乐地说："我胃病仍发，因不加入吃饭，独自吃粥及吃面，亦节省用费之一法也。"

6月24日，由于进退失据，浦江清只得暂时租房而居。"亦老式房子，阴暗殊甚。……此处房屋皆高墙，以避山风，惜无大天井，故光线极暗。此间住宅虽有楼，楼低矮不住人，以置杂物。人住平房，但平房在黄梅天时尤潮湿，易得湿气病，此不可不晓也。"

6月25日，为了节省开支，浦江清只得与同伴开伙，"是日余及苏君、陈君夫妇自己做菜开伙，余向吴君处借得一火炉"。

6月26日，浦江清接着在日记中大倒苦水："清晨，群出买菜、洗菜、做饭，余担任向厨房取水及上街买零碎等，颇以为苦。"浦江清甚至顾不得租房"易得湿气病"，再度迁居。"迁21号，一人一室，每日三元五角，比与苏君合住大室费八元者便宜五角也。"

6月27日，头一日浦江清才算了住宿账，这一日，浦江清又在日记中算了伙食账："现在我等自己开伙食，比吃饭馆约省一半。以余观之，尚可省。"但更让人绝望的是："下午同祝君到上海银行去问询，校方汇款仍未来。"

6月28日，接踵而来的坏消息，让浦江清最后一线希望破灭了。"下午祝君来谈，我等所发电报，根本上恐未必发出，因此间电报局上星期积压电稿至千五百封也。再者，在水灾前有线电早已无之，无线电所发，多系交上饶电台转，上饶失守时恐未必能转昆明、重庆也。据此，则余之电报恐付洪乔矣。颇为愤愤。余昨日去问电报局，局中人尚告我早已发出，且谓此间至昆明电报极速，最迟二三日即达，皆谎语骗人也。"

6月29日，连日来灾情丝毫没有减轻的迹象。"本地人言，阴历

十五、十六仍有发大水可能。今日正为五月十六,大雨不止,颇为惊心。幸下午五时后雨势渐减,但街衢已有若干部分水深一尺矣。"下午三时,浦江清冒雨前往青年招待所,"请垫款救济、维持膳宿等之意"。因为"担心水发,故急返旅社。幸雨势渐减,庭中积水渐退,未及阶"。

面对战局、交通、住宿、伙食、旅费等的种种困境,想着一月来的西行计划,浦江清不觉怏怏:"余于五月二十九日离申,至此已一月,而西行之成绩殊甚少,抑等于未行也。"

6月30日,对于西行受阻,浦江清也只能既来之则安之。"大雨时作时辍,庭中积水平阶。上午例忙于洗菜。余担任淘米、取水、买豆腐等数项,较苏君、陈君早晨在雨中即出门买肉、菜、油、盐,已为优闲矣。"

7月1日,上午,浦江清一行找到楼(月)戒严司令提出以下要求:(1)托代发电至教部及东南联大负责人何炳松,请汇款接济。(2)请垫借救济费。(3)请通知各银行,如有汇款来,能通融提现,勿退。戒严司令批复:"与'王梦凡接洽'。"王梦凡是江苏临时中学校长,此时已是自身难保,学校已成解散状态,因此,浦江清认为"此种推诿可笑之至"。下午,浦江清等人又至皖南行署,终于达成以下协议:(1)垫借款项。(2)在暑假中可借住隆阜徽州女中教员宿舍。(3)代打一电报至教育部。

7月2日,经查实,浦江清6月15日发给西南联大的求援电报,直至当日才发出,"日期为七月二日,即今日发出也。此间有线电早断,无线电多要赣州转(以前为上饶转),积压至千五百封,不能打出。因每晚商电不过发二三十封,即有军政界长电要发,无可如何也"。浦江清对此极为愤怒:"然则前日谓我早已发出者岂非欺人之谈乎?"

7月3日,由于此时浦江清已是山穷水尽,不得不典卖度日,"检行李中不需要之衣服等付公一拍卖行,想卖得钱以维持,并减轻重量也"。而同伴中也有人开始打退堂鼓:"同伴议要返申。如返申可走杭州，道路为屯溪—徽州—昌化（人力车）—于潜—临安（轿）—余板—南涧（越界线）—闲林埠—杭市，四百里，一星期。"

从此后的过程来看，如果此时浦江清即返回上海，比他后来所遭受的磨难要少得多。

7月4日，同样被困屯溪的东南联大新聘教官罗立斌，准备向副总司令唐式遵请求拨款救济并代垫路费。浦江清对此半信半疑："余对此无意见，武人似不解此，惟罗君亦部队中人，或多有联络，亦未可知。"

7月6日，浦江清再到上海银行问询联大汇款之事，"仍无佳音，废然而返"。据上海银行某江姓主任称："即有来电，款亦难付，因其库存在中国银行亦被冻结云。"浦江清不由长叹："此事大可悲观。"

而此时似乎传来了好消息，罗立斌见到了唐式遵，"彼甚重中国文化，收书画、古董、书籍甚多，云已运往四川若干，拟设立图书馆云。其所居一花园，多名家联额，极雅。惟对于罗君请求之事无具体答复，罗君亦谈得不具体云"。罗立斌认为：可惜浦江清未同往，"否则可见藏书，或可借此大谈"。浦江清对此甚不以为然："至于唐司令是否真正懂书，是一问题耳。"

7月7日，当日纪念卢沟桥事变。浦江清在日记中写道："市上断肉，素食。此间官盐要居民证方可买，我们无有，托祝君在中央银行托茶房买。买二斤私盐，三十六元，骇人听闻。"

7月8日，由于市无肉，亦无猪油，五里外的独家村有菜油行，每人限买一元，因此，浦江清约集同伴二人前往。"待一小时，油打好。军人来，一人要买三十元，一人要买四十元，纷争。账房无法，将油尽支配军队代表，谓老百姓下午来云；懊丧而归。"

7月9日，浦江清一行前往皖南行署领取7月1日答应垫借的千元款项，没想到皖南行署出尔反尔。"至皖南行署，款仅允五百元，人各百元，且须明日来取。……归途讨论，群谓皖南行署反复无聊，我等不如不去要此款，但再催其发电至教部。"

7月10日，罗立斌约浦江清同去见唐式遵，刘副官告诉他们唐在开会，答应散会后马上电话通知。浦江清久等电话不来，遂表示："余意今日决不能见到。"罗立斌去电话询问，会仍未散，浦江清则径自回旅馆，"不拟再赴"。

7月11日，上午，罗立斌来告知："昨晚以两电话询刘副官，一云会未散，一云行矣。"浦江清对此"不甚置可否"。下午，浦江清再次给西南联大发电报："昆明西仓坡五号清华大学梅、冯两先生鉴：前电匝月无复，焦急。恳迅汇三千元。洽任何银行，只要汇出，有法提取。"

7月12日，皖南行署通知浦江清等前去领取救济金五百。浦江清认为"此事甚为尴尬"，决定"暂搁"。

7月13日，浦江清上午做淘米、洗衣工作，由于旅馆将浦江清的房费加价为四元，浦江清决定迁出。"下午……看数家房，肯租者太劣，好者不肯租。"

7月14日，浦江清决定次日去看隆阜徽州女中，"再定迁否"。

7月15日，浦江清查看了隆阜徽州女中后，决定次日搬迁，并给妻子及岳父写信，"不便告以此间困难情形，曲为慰语，以免牵挂"。

7月16日，浦江清在日记中写道："账房间开来账，共房金一百一十五元五角（计住三十一日，十一天四元，十七天三元五角，三天又是四元），茶房、小费二十元。"下午，浦江清迁至隆阜，住徽州女中教员宿舍，总算暂时安定下来。

7月17日，浦江清在日记中谈及迁至徽州女中的看法："我等借住徽女中宿舍，饭包于庶务科，每人每日米一升，外勤务一人每日升半，菜蔬自理。论理每人每日决不到一升，庶务科大揩其油（现米价每石二百元）。菜蔬则勤务买，勤务做，每日五元，甚劣，又被勤务揩油矣。"

7月19日，浦江清再次在日记中谈及对隆阜的印象："有特产之小虫，细小如虱，飞动如蚊，黑色，咬肤奇痒。又隆阜街头多牛矢，夏日炎蒸，尤不卫生也。（我们五人，庶务科要我们包饭，每人日算一升，勤务姓张，日升半，大揩其油矣。蔬菜则自理。）"

自搬入徽州女中后，由于继续西进无望，浦江清每日看书、读报。此后，浦江清日记一直记到7月23日，7月24日—8月31日日记缺，但可推其状况大致如此。

再上征途

9月1日，浦江清在日记中写道："晨六时由屯溪出发，过瑶溪，龙湾换伕子，五城饭，四十里，过山斗，宿横茅。是日行七十里。"由此可知，浦江清6月14日到达屯溪，直到9月1日才离开，在此滞留了两个半月。此后，浦江清一路晓行夜住，绕道福建，继续西行。

9月2日，"清晨五时半出发，饭于挺空岭下（婺岭，浙岭？），对面为斗镜岭。饭后过岭，上下岭十五里。至江湾又饭（药店）。前行二十里至汪口宿。是日行七十里，皆山路"。

9月3日，"六时出发，行三十里至十里坡午饭。小溪村庄。吃稀饭为勤务白眼。十里至婺源休息。进城略观。二十四里至高砂，路极难走，落后。歇高砂程姓家"。

9月4日，留高砂。

9月5日，"清晨出发行二十里至乐亭村家午饭。……二十里至太白，宿杂货店家，……伕子发生问题"。

9月6日，"留太白镇。伕子来，时已晚，不得出发"。

9月7日，"清晨出发，过渡。……伕子刁诈装病。至小店进点，找一人为伕子刮痧。欲至湾头，沿电线杆而行，分头探路。前不靠村，后不靠店。欲至香屯不及。遇一小孩帮抬行李，宿小港"。

9月8日—10日，留德兴。

9月11日，"发自德兴。……出南门，二十里至界田桥，进茶点。人烟稀少，亦无店，但一点心摊，浙江女子所设。二十里至张村，大雨。宿张村乡公所。……晚间人喧,不能入睡"。

9月12日,清晨出发,"十二里至梅溪吃早饭,德兴界尽,入弋阳界。二十五里至高桥吃饭。……人烟稀少,离漆(?)工镇但三里耳。过黄沙岭,不上下,沿坂行。二十里至烈桥。街市阒其无人,乡公所门大开,亦无人。接洽一金家杂货店小孩(金长辉)借宿,得其许可。大雨,金家主人回。……是晚外有犬吠声甚烈,又怕散兵骚扰,几不能入睡"。

9月13日,"三十里至铺前。住陈同丰,新盖屋。其地遭敌人到过,陈家仅留三人睡此,余人疏散在外。家除木器外空空如也。是夕彼家渐有锅子、水缸、磨子等挑进"。

9月14日,"自铺前出发。……十余里至横峰县城,……行三十里至河口。一路见山,褐色,无树木"。

9月15日,留河口。

9月16日,"清晨出发,走大路。路已破坏,桥多毁,有须涉水而过者,殊属自寻烦恼。……十二时抵铅山"。

从以上日记可知,这半个月中,浦江清大多徒步穿行在皖赣一带荒无人烟的崇山峻岭中,这对一个手无缚鸡之力的文弱书生而言,其困难与危险是可想而知的。

9月17日,"上午阴,下午大雨。候汽车不来,故明日搭车事遂无着落"。

9月18日,将行李托运,仍留铅山。

9月19日,由铅山至建阳,即由江西进入福建境内。浦江清描述了沿途经过:"在站侧茶店内洗脸,进稀饭。车五时半开。至分水岭,盘旋极高,比余等在皖赣界所行之岭更高。蜿蜒至高山上,下望许多峰岭,均在其下。下峰即至闽省,公路较赣界为好,右面群山即武夷山也。过崇安,穿城而过。不见市面,其市面在右侧,远望亦甚可怜。……下午三时始抵建阳。"

染上了疟疾

9月20日，浦江清在日记中写道："建阳天气极怪，晨夕如秋，午时如盛夏，夜间如冬，故易致疾病。初到者必病，或疟，或痢，再则癫疥。于是水土服矣。谓之瘴气云。早起，即见有雾，或云不宜早起，恐触瘴气。又既起之后，不宜再睡，睡则病。即午饭后，亦须先走走，不宜即睡。"

9月21日—26日，由于同行数人皆病，浦江清只得暂留建阳，其实从后来的情况来看，浦江清此时已染上疟疾。

9月27日，清晨四时许，浦江清即起乘车由建阳经建瓯赴南平，行118公里。在建阳，浦江清碰到了浙大办事处的王季思和徐声越。浦江清在日记中写道："徐、王两君陪余至三吉取衣被。是夕宿浙大同人团体中。由三吉至县党部，徐君为导，由后山上。路极难走，汗出涔涔，但发热已过，在王君处得奎宁二片服之。"可见，这时浦江清的疟疾已开始发作。

9月28日，浦江清在日记中夸口："夜睡甚美，病霍然已释。此为幸运。屯溪至建阳六人中，江、于、詹、朱皆病过，惟余与吴崇毅未病。病者必三四日而愈，今余一日而愈，可夸也。"而真实情况也许如王季思在后来所说："他经过长途跋涉，又正在打摆子，面目憔悴，全身寒战，与我们在松江晤聚时判若两人。"①由于次日浦江清要乘船赴沙县，是夜"声越、季思在山头执火把送别"。

9月29日，清江清乘船赴沙县，宿于青溪。

---

① 王季思：《读〈浦江清日记〉追忆》，见王季思：《王季思全集》第5卷，河北教育出版社2005年版，第350页。

9月30日，晨三时半起，天尚未明。该日船行之处极为凶险，"是日船所过急滩益多，乱石纵横，排列水中，舟人起而背纤，声越诗所谓'寸寸与水争'者是矣"。下午二时，船至琅口村，遂在此过夜。

10月1日，浦江清抵达沙县，由于旅社已客满，只得在客堂中睡加铺。此时，浦江清寒热又开始发作："展被休息，觉有寒热。店主人亦有病，睡客堂中，呻吟于侧。寒热未退，强起，在邻店中进稀饭，另青菜肉丝豆腐汤一碗。"

10月2日，浦江清本打算由沙县坐车到永安，但无法买到车票，只得滞留沙县。他在日记中写道："晨五时半起，至汽车站买票，人极挤，一无办法，客人打架。仅售五张票而门闭矣。多预先买票者。站长昨告我，无登记办法，须天明来买票，不能预买，实诳余也。同船来者有三人挤得票，乃行。但行李不能同时装。予觉车极坏，又行李不能同行，则在此待与在永安待，理亦相等。"

10月3日，浦江清："昨夜睡铺靠外窗，蚊子甚多，不能安睡。"白天，浦江清又到车站守候，"此间有军人车、邮车、银行车经过，客人至此而饭。每闻车声，予皆出视。凡至永安者，必与交涉，因人皆挤满，而余又有行李，徒费口舌而已"。更为痛苦的是，浦江清疟疾开始频频发作。"是夕仍宿新生活旅社。寒热又来攻袭，晚间未进食。"

10月4日，浦江清仍然未能挤上去永安的汽车，"上午十时，南平有柴油车开来。有一人下车，此间有三人跳上"。"又有一邮车来，与之商量，不得结果。另有一车来，不知为何种机关所包，与之商量，稍有可能，而三四人来，押车者见人多，遂推托以车坏，疾驰而去。"见此情形，不但浦江清"有向隅之叹"，连站长也"频频摇头，谓教界人文弱，无法同人挤轧，明日有装行李车再试试"。但浦江清仍不死心，继续留在车站，"今日身体尚好，颇有食欲。欲进城去吃一顿，乃恐有车来，不敢离开。仍在附近饭馆中进食"。

10月5日，浦江清好不容易买到至永安的车票，孰料"此时保安队十数人及甚多之行李均已上车，一人把守车门不使闲人上。余费尽口舌，始得上"。下午三时半，浦江清终于抵达永安，但已精疲力竭，"身体发热，埋头睡觉。睡起进食。……大中房间八元八角，嘈杂"。

10月6日，浦江清买到次日到长汀的车票。

10月7日，浦江清由永安乘车至长汀，他在日记中再次详细叙述了搭车的艰难："晨五时半至汽车站，待车。六时半车始来。木炭席篷车，乘客一拥而上。余及某女士皆无座位，乃找站长。后勉强搭上，坐车后，车开灰沙扑面，形乃如囚人。仿佛牌弯店至屯溪公路汽车之苦。但彼时车价甚廉，今则付一元一公里之汽油车资耳。至大陶站车停，乃下车至站上，讨得一杯茶。又至一理发室，讨得一盆水洗面。……车至小陶又停。乃下车进点食。车过连城有二人下，又有数人悬车而上，益挤。至朋口已下午四时许。人云此车不开矣。乃找旅馆宿。方盥洗，旅馆人云，至长汀有车，即刻开。乃又挟包裹提包下楼。果有一车，人将坐满。入其中。久候司机来，弄车不灵，乃使人推车，过桥，车又停矣。于是司机及另一人修车，久之无效。时天已暝，余及车上人皆云，今晚不必开，离长汀尚有八十公里，且须过一岭，恐中途抛锚，或出事也。又久之，方决，站长来云不开矣。遂半推半开，车返汽车站。余仍返维新旅馆。时已晚九时，始进食。"

10月8日，"晨七时车开。名曰汽油车，乃一种植物油车，或曰樟脑油，其气味如松脂油，颇难闻。……中午抵长汀。倦甚，入远东旅社，睡。二小时起，进面食"。下午，浦江清到迁校长汀的厦门大学，见到萨本栋校长，萨校长竭力挽留浦江清留厦大任教，浦江清"感谢其意，恳辞"。同时，浦江清还见到了在厦大任教的施蛰存。

10月9日—11日，浦江清由于买不到长汀至瑞金的车票，在施蛰存陪同下，参观厦门大学，游长汀。

10月12日，浦江清由长汀坐汽车到瑞金，"晨五时起。蛰存亦起。天雨。未进食，匆匆使校仆张伞持余衣被包及手提包同行。至汽车站，人已拥挤，而门尚未开。门开即蜂拥而入。余急上车，得一加座"。浦江清还充满感激地写道："蛰存为予照料行李装车顶上，故留甚久。彼晨七时有课，乃为予牺牲矣。"

十时抵达瑞金境内，浦江清绕道福建兜了一个圈，再次进入江西，当日住瑞金招待所，"无地板，泥地，黑暗异常，一室之费乃要六元六角"。

10月13日，浦江清打算坐汽车由瑞金至赣州。"清晨至汽车站，久待始知今日无车，闷闷而归。室中暗，不宜作事，乃上床补睡。"下午，浦江清终于买到了至赣州的车票。

10月14日，浦江清由瑞金至赣州："清晨五时至汽车站，七时开车。是日有两车开赣州，有车票者皆得座位。余邻座一人极胖，又带物甚多，置于身上及膝前，余乃大受压迫，足不得伸。"下午三时，浦江清抵赣州，"汽车站附近诸旅馆多告客满，所觅得者为工友饭店楼上一室，五元五角一天，光线极暗"。

10月15日—21日，浦江清在赣州休息并等车去广东韶关。其间疟疾数次发作。

10月19日，"感不适，发冷，卧床甚久，知系疟疾。……服奎宁丸。午时强起，至汽车站商量，将预定之票改迟两天，颇费周折。候之甚久，身不能支持，横卧木椅上。好容易得到许可，已下午三时，即归卧。入夜稍愈。是日吃一碗半粥，四只柑子。旅馆中一小孩服侍茶水"。

10月20日，"强至洞口春饭，觉饮食无味，口舌苦甚，乃内热所致。下午仍偃卧，先寒而继之以热。"

10月21日，"上午强起入城，取回付洗之衣服，购茶叶零食。下午二时至车站买票。归整物件"。

10月22日，浦江清坐汽车由赣州经南康、大庾，至梅关（进入粤境），又过南雄，三时抵曲江（即韶关），浦江清在日记中写道："余住新华旅社，在大桥塊，房价八元八角。其地潮湿异常，楼上脏水管在余室后之上面经过，漏水下滴，气味难闻。伙计茶役皆不甚理会，徒唤奈何而已。凡都会愈大，余所能住之旅馆愈坏。"

10月23日，留曲江。

10月24日—28日，日记缺。

行李被窃

10月29日，从该日的日记记载可推断：浦江清此时已至桂林，因行李和钱物在湘桂车中被窃，进退失据，曾找桂林教育厅求助。第一科陈君的回答是："仅有发给学生路费办法一种，至昆明为八百余元。教授无规定，或亦可用此办法。"并让浦江清找社会服务社李焕之，"彼为教育部所派驻桂办理关于战区内撤之员生事宜者"。浦江清不得要领，只能去找李焕之。"李君他出，候至六时尚未返。……晚饭后，再访李焕之，见之"。

10月30日，"李焕之来函，转述教育厅长苏君语，谓教厅不管大学教授事，仅允垫借若干，数目不大。又云赈济委员会第九救济区可帮助，嘱余访彼处王立文组长一谈"。"下午去桂北路赈济委员会，王组长不在，而在省政府，复折回至省府，见王组长（女士）。"几经辗转，浦江清"转至教厅见一科陈君，彼云苏厅长允垫借千元，明日上午可来领款"。

10月31日，七时，浦江清即前去领款。"至教育厅，重写一收据，略述原委于附记中。陈君转此件至秘书室，又转入会计处，手续甚烦。而支票须待厅长签字，下午二时始能领款。"

经过一天的奔波，浦江清总算领到了赈济委员会第九救济区办事处的现款千元，同时还领到了教育厅的支票千元。

对此，浦江清大为欣喜地在日记中写道："一日之间，领得公款二千元，足以偿余湘桂车中所失矣。"但为此浦江清也付出了身体的代价。"惟往返甚劳,返卧,觉寒甚,齿牙作战,后又发热。晚七时愈。强出至粥店进白粥,每碗七角,甚佳,惟须自备粥菜。"

连日的奔波,导致了浦江清连日疟疾频发。

11月1日,"下午寒热来,乃卧床。晚未出吃饭,使旅社仆役购面包及柑子"。

11月2日,"下午欲出购物,而寒热来,不得不睡。晚八时热退,强出。至东方浴室洗浴"。

11月3日,浦江清晨五时起,坐到金城江的火车,"下午二时许车抵柳州,……车中进稀饭,甚佳。……夜十时半抵金城江。余等不下车,即宿车上,知下车找旅馆反而较难也。但室中小孩夜间啼哭,妨人入睡"。

11月4日,晨六时起,下车入金城江市。"觅旅馆皆恶陋,得大中华楼上小间,十元,不堪之至,姑以小憩。出而进早餐,得绿豆粥。"

此后数日,浦江清乘汽车由金城江至贵阳,几乎每日都在汽车上度过。

11月5日,中午十二时半开车,晚七时抵达河池。

11月6日,晨五时起,七点半开车,中午十一时半至南丹,下午三时到六寨。

11月7日,午饭后开车,至独山,到此已进入贵州境内。

11月8日,晨七时开车,下午二时到都匀。

11月9日,下午一时开车,但因车坏,不久即折回。

11月10日,下午三时开车,六时抵马场坪。

11月11日,晚六时开抵贵定。

11月12日,晨七时开车,下午一时抵贵阳。

11月13日—14日,浦江清留贵阳,他在日记中写道:"稻草敷席,有被尚厚。时天已寒,余已穿上丝棉袍矣。"此时,浦江清决定由贵阳坐汽车到曲靖,又开始了502公里的汽车旅行。

11月15日,浦江清坐汽车到安顺。"司机已预接洽一'黄鱼',强挤入车箱中,余及朱君皆感不适。车后装水银三十余瓶,另有短程之

'黄鱼'数人。是日行八十六公里,……行李装卸皆须自己照料。"

11月16日,是日行147公里,宿安南。

11月17日,是日行50余公里,宿普安。

11月18日,"上午八时出发,行五十余公里,十一时抵盘县,车又不能行矣。宿盘县余之寒热又发,早睡"。

11月19日,"车修至十一时始行,半路上遇炮兵团陈副营长之车倾倒在途。营长及许多兵士以手枪喝止余等之车,大批登上,且装入许多米。车载重既过,一再抛锚。晚六时勉强至平彝"。平彝即富源县,说明此时已进入云南境内。

11月20日,自平彝出发,晚抵曲靖。

11月21日,浦江清乘火车抵昆明已是晚七时。他在当时的日记中写道:"自五月二十九日离沪,今日抵昆,在途凡一百七十七日,所历艰难有非始料所及者。"

千里走单骑

对于这一段"千里走单骑"式的传奇经历,浦江清的女儿浦汉明在文章中勾勒了详细路线:"1942年5月,父亲再次只身踏上行程。一切远比预想的艰难很多。冒险过封锁线后,步行进入苏皖交界山区。由于战局变化,前方道路不通,在安徽屯溪(今黄山市)滞留两个半月。后再走皖赣交界山区,从德兴、铅山绕道福建,过建阳、南平、长汀,再至瑞金、赣州,经韶关、桂林、贵阳、曲靖。11月下旬,方始抵达昆明。自沪至昆,在途凡一百七十七日,共经九省,行程八千里,其中约四分之一是步行。"①

浦江清的老友王季思在述及这一传奇时也不由感慨万千:"为了奔赴抗日战争的大后方——云南昆明,他从上海出发,冒千难万险,经历苏、皖、赣、闽、粤、桂、贵、云八省。他身体素弱,当时已有胃病,中途又患疟疾,有时不得不抱病长途跋涉。虽经东南联大校长何炳松、厦门大学校长萨本栋的热情挽留,仍没有改变他要到清华大学践约的初志。"②浦汉明在整理父亲的日记时,更是感到不可思议:"在整理这段日记时,我不能抑制自己的激动。想不到一向在我眼中显得文弱、随和的父亲,竟会那样坚毅、执著。为了不负西南联大之

---

① 浦汉明:《"吾心安处乡土"——先父浦江清先生在昆明的生活》,见中国人民政治协商会议云南省昆明市委员会编:《昆明文史资料集萃》第7卷,云南科技出版社2009年版,第5953页。
② 王季思:《读〈浦江清日记〉追忆》,见王季思:《王季思全集》第5卷,河北教育出版社2005年版,第348页。

约，为了青年，为了民族，他不顾关山阻隔，毫不动摇地向西，向西，从未想过回头，历尽艰辛，最终到达目的地。在他身上，蕴藏着怎样的精神力量！"①

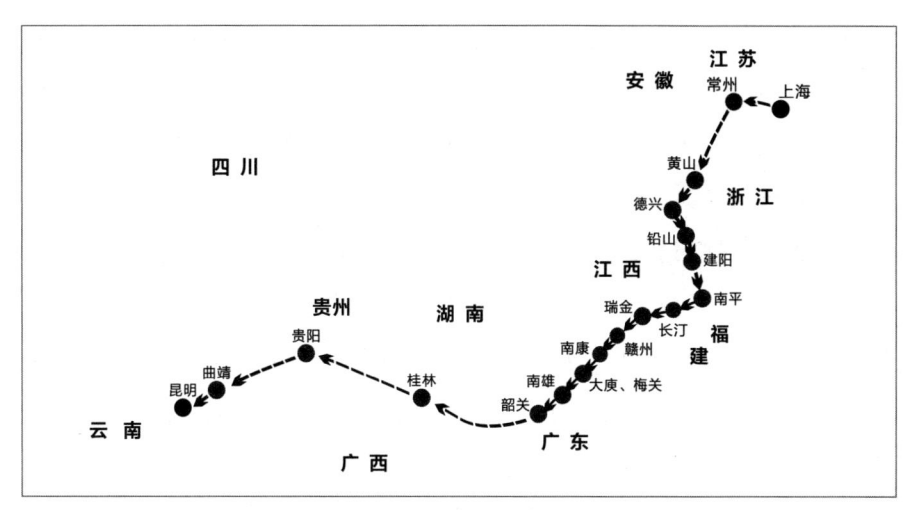

浦江清西行线路示意图

浦江清的执着不仅仅是为了不负清华大学，更重要的是为了不做亡国奴。1943年2月4日，旧历除夕，这是浦江清离开家人，返回昆明后过的第一个春节，他在日记中道出了西行的真实原因："我自幸今年得在自由区过年，如仍偎居上海，则愁闷可知。"在昆明的生活虽然艰苦，浦江清仍然饶有兴致地写道："上午佩弦（编者注：朱自清）请吃烤年糕。下午同人集合包饺子（即角子）。晚饭即吃蒸饺，另菜二碟，佐以酒。又闻家（编者注：闻一多）送来鸡肉一碟，萝卜球一碗。此即年夜饭矣。"②2月20日，浦江清还在给妻子张企罗的信中，再次不厌其烦地写到这次过年："冠生园年糕如八开本书那么大一块，是三四十元，唯佩弦有人送他两块，珍如拱璧，元旦公开之。……一个新年，附近几家，挨家吃到，以冠英太太的狮子头为最，游国恩夫人之走油扣肉次

---

① 浦汉明：《清华园日记　西行日记》（增补本）后记，见浦江清：《清华园日记　西行日记》增补本，生活·读书·新知三联书店1999年版，第305—306页。
② 浦江清：《清华园日记　西行日记》（增补本），生活·读书·新知三联书店1999年版，第235页。

之，皆老厨手所不及。尚有郭家一北边厨子，会做好几种肠子，我对于肠子非特别嗜好者，佩公则认为第一。闻太太能做软饼，其法以面糊作条状，中夹芝麻与糖，油中煎之，非常好吃，初二日，因我们点品，一试，大好。梦家夫人从冯太太学菜一年，稍有成绩，但不出奇。"在信中，浦江清还满怀对抗战胜利的憧憬叮嘱张企罗："你在松，可以学做几个特别菜，但须注意材料是各地都有的。不久在园内重聚时，佩公要点品一两样松江菜。"[1]

文天祥曾在《指南录》中留下这样的诗句："臣心一片磁针石，不指南方不肯休。"有感于此，浦汉明曾说："尽管父亲与文天祥身份、遭遇全不相同，西行和指南的目的更是两样，但其间有一脉相承的传统，那就是为中国知识分子所看重的节操，以及视国家和民族利益为己任的使命感。"[2]诚哉斯言！

---

[1] 浦江清：《生命无涯　浦江清随笔》，北京大学出版社2009年版，第172页。
[2] 浦汉明：《清华园日记　西行日记》（增补本）后记，见浦江清：《清华园日记　西行日记》（增补本），生活·读书·新知三联书店1999年版，第306页。

第七章
宁做流浪者，不做亡国奴

  1927年，弘一法师来到上海，住在丰子恺江湾永义里的寓所。丰子恺请求恩师为寓所赐名，弘一法师让他随意写下喜欢的文字，然后撒在释迦牟尼画像前的供桌上抓阄，结果丰子恺两次都抓到了"缘"字，弘一法师就将寓所命名为"缘缘堂"，并当即题了"缘缘堂"的横额。此后，丰子恺无论迁居何处，都把"缘缘堂"的横额挂在居室中。此时的缘缘堂还只是"灵的存在"。

辞缘缘堂

　　1933年，丰子恺用积攒起来的稿费，在故乡桐乡县石门湾的梅纱弄里建造了一幢住宅，请马一浮重新题写了"缘缘堂"的横额，此时的缘缘堂才真正具有了"形的存在"。可见，缘缘堂对丰子恺而言，不仅是栖身之所，更是精神家园。谈到对缘缘堂的眷恋，丰子恺说："倘秦始皇要拿阿房宫来同我交换，石季伦愿把金谷园来和我对调，我决不同意。"即使后来漂泊四方，丰子恺仍说："但凡我身所在的地方只要一闭眼睛，就看见无处不是缘缘堂。"

　　1937年11月6日，石门湾遭到日军轰炸，丰子恺即带领一家十口

丰子恺在缘缘堂

离开缘缘堂,他后来在《辞缘缘堂避难五记之一》一文中写道:"开头写第一记《辞缘缘堂》时,不胜感慨。'古者重去其乡,游宦不逾千里。'我为不得已而远离乡国。如今故园已成焦土,飘泊将及两年,在六千里外的荒山中重温当年仓皇辞家的旧梦,不禁心绪黯然,觉得无从下笔。然而环境虽变,我的赤子之心并不失却;炮火虽烈,我的匹夫之志决不被夺,它们因了环境的压迫,受了炮火的洗礼,反而更加坚强了。杜衡芳芷所生,无非吾土;青天白日之下,到处为乡。我又何必感慨呢?"[①]由此可见,丰子恺毅然决然放弃缘缘堂的主要原因即"赤子之心并不失却""匹夫之志决不被夺"。然而丰子恺与缘缘堂离别时却又如此依依不舍:"我们三人出门巡行石门湾全市,好似有意向它告别。全市黑暗,寂静,不见人影,但闻处处有狗作不平之鸣。它们世世代代在这繁荣的市镇中为人看家,受人给养,从未挨饿,今忽丧家失主,无所依归,是谁之咎?忽然一家店楼上发出一阵肺病者的咳嗽声,全市为之反响,凄惨逼人。我悄然而悲,肃然而恐,返家就寝。破晓起身,步行返乡。出门时我回首一望,看见百多块窗玻璃在黎明中发出幽光。这是我与缘缘堂最后的一面。"

离开缘缘堂后,丰子恺四处漂泊,他曾对抗战之初的流亡经历做了如下概括:"民国二十六年十一月下旬,寇以迂回战突犯我故乡石门湾,我不及预防,仓卒辞缘缘堂,率亲族老幼十余人,带铺盖两担,逃出火线,迤逦西行,经杭州、桐庐、兰溪、衢州、常山、上饶、南昌、新喻、萍乡、湘潭、长沙、汉口,以至桂林。当时这路上军输孔急,人民无车可乘。而况我家十余人中半是老弱,不堪爬跳,不能分班,乘车万无希望。于是只有坐船,浮家泛宅,到处登岸休息盘桓。"

[①] 丰子恺:《丰子恺自传》,江苏文艺出版社1996年版,第176—177页。本章所引文章如《辞缘缘堂》《还我缘缘堂》《未来的国民——新枚》《宜山遇炸记》《"艺术的逃难"》等均出自该书,如无特别说明,不再逐一标注。

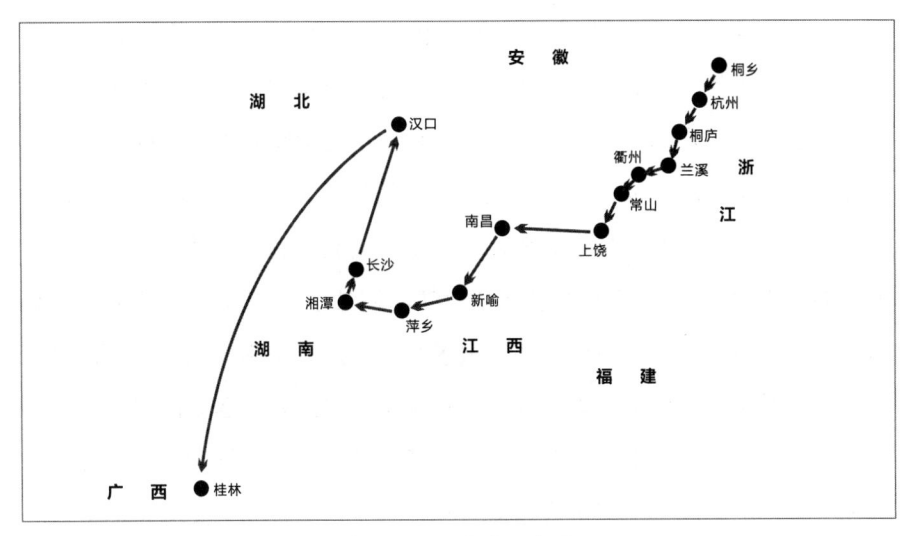

丰子恺迁徙线路示意图

丰子恺在抗战中的流亡可称"浩浩荡荡",他所说的老幼十人包括:妻子徐力民、岳母、姐姐满哥、长女丰陈宝、次女丰林先、三女丰宁馨、长子丰华瞻、次子丰元草、幼女丰一吟、幼子丰新枚。由于是仓促出走,丰子恺一家可说是身无长物:"我们十人,行物已简单到无可再简单的程度。每人裹在身上的一套冬衣而外,所谓行李者,只是被褥,日用品如牙刷、毛巾、热水壶等;和诸儿正在学习的几册英文书、数学书而已。"至于丰子恺自己,则"简直是'仅以身免'。不过身边附有表一只,香烟匣一只,香烟嘴一只,和钱袋一只。钱袋内除钞票外,还有指南针一只,石章一方,边款刻着一篇细字《般若波罗密多心经》的牙章一方,和鉴赏心经时用的小扩大镜一具"。至于盘费,丰子恺说:"除了几张用不得的公司银行存票外,家里所余的只有数十元现款,奈何奈何!"最后,丰子恺一家逃难的钱居然是六个孩子积攒的压岁钱——"他们把每年生日我所送给的红纸包统统打开,凑得四百余元。……不知从哪一年开始,我每逢儿童生日,送他一个红纸包,上写'长命康乐'四个字,内封银数如其岁数。他们得了,照例不拆。不料今日一齐拆开,充作逃难之费!"

一路之上，亦是惊险重重，在新市镇，丰子恺一行被盗匪盯上，恰巧遇到日机轰炸，趁着躲避空袭才躲过一劫。丰子恺内心不免充满恐惧："若果他们乘了小船追上来，不必有手枪，也可取得我们身上的钞票。我们大有转乎沟壑的恐怖。况且时光尚早，太阳正大，敌机的机关枪扫射又另是一种恐怖！"船行将近塘栖，丰子恺又尝到一种"异味的恐怖"——划船的一个"丫头"（丰子恺家乡一带，称独子、宠儿为"丫头""小狗"等，大概是认为名贱好养活）被国军强行拉夫。困境之下丰子恺"探望船外，看见运河之水，既广且深。矮鬼子倘用汽船溯运河而来，我这只人力船定被追及！到那时候要免披发左衽，惟有全家卜居于运河之底，长眠于河床之中"。丰子恺想到包裹里有一本《日本帝国主义侵略中国史》和与之配套而作的《漫画日本侵华史》，他认为："我觉得这东西有危险性。万一明天早晨敌人追上了我，搜出这东西，船里的人都没命。我自己一死是应得的，其他的老幼十余人何辜？想到这里，睡梦中仿佛看见了魔鬼群的姿态和修罗场的状况，突然惊醒，暗中伸手向包裹中摸索，把那书和那画稿拉出来，用电筒验明正身，向船舷外抛出。"此一抛出，于丰子恺而言却是痛心的："'东'的一声，似乎一拳打在我的心上，疼痛不已。我从来没有抛弃过自己的画稿。这曾经我几番的考证，几番的构图，几番的推敲，不知堆积着多少心血，如今尽付东流了！"丰子恺默默地祈祷："但愿它顺流而东，流到我的故乡，生根在缘缘堂畔的木场桥边，一部分化作无数鱼雷，驱逐一切妖魔；一部分开作无数自由花，重新妆点江南的佳丽。"

丰子恺全家上有老下有小，旅途的艰难，单是从石门湾至桐庐的路途中就可见一斑。对于孩子的艰辛，丰子恺如此写道："我坐着朦胧就睡，但听见船舱里的孩子们叫喊。有的说胸部压痛了，有的说腿扯不出了。有的哭着说没处睡觉。他们也是坐着的，互相枕藉而就睡的，这时吃不消而叫喊了。满哥被他们喊醒，略为安排，同时如泣如诉地叫道：'这群孩子生得命苦！'"丰子恺心痛地说："其声调极有类于曼殊大师受戒时赞礼僧所发的'悲紧'之音，在后半夜的荒寂的水面上散布了无限的阴气。我又不能入睡了。"丰子恺的岳母在石门湾遇炸时，刚好来女儿家作客，没想到就此加入逃难队伍。此时老人年已七十，即使是到了杭州，老太太也不胜奔走之苦。丰子恺写道："行了一程，老太太发生了问题：她的胸部贴在阿芳的背脊上，一抛一抛地走，上压力大得很。走不到十里路，气喘得说不出话来，决不能再走了。扶了她走呢，一步不过五寸，一分钟可走十步，明天才走得到六和塔。……走到南山路，空袭警报来了。我们一群人，因为走的快慢不同，都失散了。只得各人管自逃命。"正由于有了这样的经验，到达桐庐后，丰子恺只得与妻子商量，将岳母托付给朋友，送入船形岭黄宾鸿家中。面对生离死别，丰子恺说，对旁人来说，"临别，许多人偷偷地弹泪，说不出话来"。对亲人来讲，"我妻忽忽若有所失，茶饭无心。诸儿闻炮声即纪念外婆。连同行的亲戚也为之流泪"。对丰子恺自己而言，"我心中除了离别之苦以外，又另有一种难过：我不能救庇一位应该供养的老人，临难把她委弃在异乡的深山中，这是何等惭愧的事！"最后，丰子恺概括道："古语云：'悲莫悲于生别离。'这种日子连过十天，包你断肠而死！事后我揽镜自照，发见鬓边平添了不少的白发。"

12月21日，丰子恺一家离开桐庐乘船往兰溪，但老太太的离开却让家人背上了极大的心理包袱。丰子恺写道："我抽了一口气，环顾家人，发见大家精神惘怅，如有所失，而吾妻尤甚。一个孩子首先说破：'外婆悔不同了来！'言下各处响应。"于是，丰子恺当即托亲戚章桂上岸步行回船形岭，接岳母下山，搭公共汽车到兰溪相会。12月23日上午，船到兰溪停泊，丰子恺的妻子徐力民和长女丰陈宝即刻登岸，直奔汽车站去，约一小时，两人回来，站在岸上向船里欢呼："外婆失而复得！"船里也起一阵欢呼，章桂居然奇迹般地带着老太太搭了最后一班公共汽车来到兰溪。对此，丰子恺说："好像是天教我们一家始终团聚，不致离散似的！"次日，丰子恺一家即离开兰溪，一路顺风地到衢州，经常山、上饶、南昌、萍乡，终于平安地到达长沙。

还我缘缘堂

1938年2月,丰子恺一家正寄居萍乡暇鸭塘萧祠。一日,次女丰林先告诉丰子恺,昨夜梦中回到了缘缘堂,看见堂中一切如旧,因而梦中笑醒过来。丰子恺遂代她作了一首感伤的小诗:

儿家住近古钱塘,也有朱栏映粉墙。
三五良宵团聚乐,春秋佳日嬉游忙。
清平未识流离苦,生小偏遭破国殃。
昨夜客窗春梦好,不知身在水萍乡。

此诗也真实地流露了丰子恺对缘缘堂的眷恋,但俗语说梦是与现实相反的,当晚,丰子恺就从友人的明信片中得知缘缘堂已毁于战火,他在《还我缘缘堂》一文中悲愤地写道:"焚毁我屋的火的来源不定;是暴敌侵略的炮火呢,还是我军抗战的炮火呢?现在我不得而知。但也不外乎这两个来源。于是我的思想达到了一个结论:缘缘堂已被毁了。倘是我军抗战的炮火所毁,我很甘心!堂倘有知,一定也很甘心,料想它被毁时必然毫无恐怖之色和凄惨之声,应是蓦地参天,蓦地成空,让我神圣的抗战军安然通过,向前反攻的。倘是暴敌侵略的炮火所毁,那我很不甘心,堂倘有知,一定更不甘心。料想它被焚时,一定发出喑呜叱咤之声:'我这里是圣迹所在,麟凤所居。尔等狗彘豺狼胆敢肆行焚毁!亵渎之罪,不容于诛!应着尔等赶速重建,还我旧观,再来伏法！'无论是我军抗战的炮火所毁,或是暴敌侵略的炮火所毁,在最后胜利之日,我定要日本还我缘缘堂来!"

在萍乡,丰子恺积极投身于抗战宣传,创作了抗战歌曲《中华古国万万岁》(一说名为《高射炮》),全文歌词如下:

> 高射炮,打敌机,敌机翻落稻田里。
> 农夫上前捉敌人,缚住两人如缚鸡。
> 连声喊打动公愤,锄头铁耙齐举起。
> 军官援手忙拦阻,训诫敌人声色厉:
> "尔等愚痴受利用,我今恕尔非罪魁。
> 姑饶性命付拘禁,扫尽妖寇放尔归。"
> 敌兵感激俱涕零,双双屈膝田中跪。
> 起来齐声仰天呼:"中华古国万万岁!"

这首歌的词曲皆出自丰子恺,受到了广泛的传唱。马一浮对此曾高度评价:"《高射炮打敌机》一首,篇法甚佳。音节亦似古乐府,似较《东邻有小国》一首为胜。声音之道,入人最深。此类歌曲能多作,甚善。"[1]

到长沙后,丰子恺还应开明书店之邀来到汉口,积极投身于抗战漫画宣传,他热情洋溢地写道:"一到汉口,仿佛睡醒了。因为此间友朋咸集,民气旺盛,我从来不曾如此明显地意识到自己是一个中华国民!我不惯拿枪,也想拿五寸不烂之笔来参加抗战。可是,汉口的朋友实在太多了,汉口的民气实在太美丽了,使我在房间里坐不定。我觉得与其在案前勉强写作,不如出门去听朋友的谈论,看民众的示威庆捷,或到书店购新出的书报来读。因此我在汉口住了将近两个月,自己很少写作,却在报纸书籍中剪集了许许多多可歌可泣的文字和坚劲有力的漫画。"[2]

---

[1] 丁敬涵:《马一浮交往录》,浙江大学出版社2013年版,第58页。
[2] 丰子恺:《〈漫文漫画〉序》,见丰子恺:《丰子恺自传》,江苏文艺出版社1996年版,第238页。

5月,丰子恺在长沙接到桂林教育当局来信,聘他去担任"暑期艺术师资训练班"的教职,为了进一步发挥抗战美术的作用,丰子恺决定启程入桂。

6月23日,丰子恺率眷属十人,再次踏上旅途。丰子恺在文章中写到

丰子恺、徐力民夫妇

行程的艰难:"从长沙到桂林,计五百五十公里,合旧时约千余里。须分两天行车。这么长的汽车旅行,我们都是第一次经历。这么崎岖的公路,我们在江南也从来没有走过。最初大家觉得很新奇,很有趣味。后来车子颠簸得厉害,大家蹙紧了眉头,相视而叹。小孩中有的嚼了舌头,有的震痛了巴掌,有的靠在窗口呕吐了。那些行李好像是活的,自己会走路。最初放在车尾,一会儿走到车中央来了。"家人中,最让丰子恺担心的人有两个,第一是老岳母,"因为老太太年已七十一岁,以前旅行只限于沪杭火车。最近从浙江到长沙,大半是坐船的。这么长途的汽车旅行,七十年来是第一次。她近来又患一种小毛病,一小时要小便一二次。然而她又怕臭气,茅厕里去了两次就发痧。今天她坐在汽车里,面前放一个便桶。汽车开行时,便桶里的东西颠簸震荡,臭气立熏她的鼻子"。第二是妻子徐力民,丰子恺说:"我妻十年不育了,流亡中忽然受孕,怀胎已经四个月。据人说,三四个月的胎儿顶容易震脱,孕妇不宜坐汽车。然而她怀了孕怕难为情,不告诉人,冒险上汽车去。我在车中为她捏两把汗。"所幸的是,二人均平安无事。

对于即将诞生的新家庭成员,丰子恺在《未来的国民——新枚》一文中写道:"大肚皮逃难,在流亡中生儿子,人皆以为不幸,我却引为欢庆。我以为这不过麻烦一点而已。当此神圣抗战的时代,倘使产母从这生气蓬勃的环境中受了胎教,生下来的孩子一定是个好国

民，可为未来新中国的力强的基础分子。"同时，丰子恺还给孩子取了一个意味深长的名字——新枚，他是如此解释的："我就预先给小孩起名，不论男女，名曰'新枚'。这两字根据我春间在汉口庆祝台儿庄胜利时所作的一首绝诗。诗云：'大树被斩伐，生机并不绝。春来怒抽条，气象何蓬勃！'这孩子是抗战中所生，犹是大树被斩伐后所抽的新条。"

艺术的逃难

1939年4月8日,丰子恺来到宜山的浙江大学任教。由于宜山每天两次空袭警报,也时有伤亡,对此人人谈虎色变,丰子恺《宜山遇炸记》中写到自己的遇炸经历:在轰炸之前,生死未卜,内心极为忐忑,"但见远远一群敌机正在向我飞

丰子恺及家人

来,隆隆之声渐渐增大。我心中想:今天不外三种结果:一是爬起来安然回家;二是炸伤了抬进医院里;三是被炸死在这石凹里。无论哪一种,我惟有准备接受。我仿佛看见一个签筒,内有三张签。其一标上一字,其二标上二字,其三标上三字,乱放在签筒内。而我正伸手去抽一张……"。丰子恺还写到轰炸中的情形:"敌机三架已经飞到我的头顶。忽然,在空中停住了。接着,一颗黑的东西从机上降下,正当我的头顶。我不忍看了,用手掩面,听它来炸。初闻空中'嘶'的声音,既而砰然一响,地壳和岩石都震动,把我的身体微微地抛起。我觉得身体无伤。张眼偷看,但见烟气弥漫,三架敌机盘旋其上。又一颗黑的东西从一架敌机上落下,'嘶',又一颗从另一架落下。两颗都在我的头顶,我用两手掩面,但听到四面都是'砰砰'之声。"空袭还对人造成了心理震恐:"我是被吓坏

的人之一。自从这次被吓之后,听见铁锅盖的碰声,听见茶熟的沸声,都要变色,甚至听见邻家的老妇喊他的幼子'金保',以为是喊'警报',想立起身来逃了!"正是由于有空袭的亲身经历和"后遗症",丰子恺把一家十口分为两处,把老弱六人(岳母、妻子徐力民、姐姐满哥、次子丰元草、幼女丰一吟、幼子丰新枚)送到百余里之外的思恩,自己带着十六岁以上的儿女四人(长女丰陈宝、次女丰林先、三女丰宁馨、长子丰华瞻)住在宜山,以便于自己在浙大上课和子女读书。

11月底,日军在广西南宁登陆,宾阳危急,宜山邻近宾阳,浙大全校震动,师生纷纷向贵州逃命。浙大校长竺可桢在日记中真实地记录了当时的人心惶惶。

11月26日,中央军校长四分校主任韩汉英告诉竺可桢,南宁已于昨日陷落,想到浙大又将再度搬迁,竺可桢在日记中说:"可痛之至!"晚7点,竺可桢即召开行政会议,决定目前照常上课,一旦日军进占宾阳即停课。①

11月27日,学生自治会议送来决议案,要求竺可桢就立即停课和筹备迁移二事做出答复。竺可桢回答:"立即筹备迁移并无冲突,因过宾阳即须出发,不能不立即筹备,惟上课则须照常进行。关于迁移何地点与时间问题,可由校务会议决定之。"②

11月28日,下午四点,竺可桢召开临时校务会议,讨论应付时局问题,议决迁校,立即筹备。竺可桢在日记中写道:"对于学生自由停课表示痛心,嘱训导长纠正。"③由此可知,因为过于恐慌,当时浙大学生甚至准备自行停课。

11月30日,"学生星期一开会时,二年级学生曾有少数人拟假纪念周包围余,即日停课迁校,否则辞职。……昨开会二年级多数学生仍不欲上课,以三、四年级学生力争得以通过。但二年级生仍有二星期后必须罢课出发"。④

---

① 竺可桢:《竺可桢日记》,人民出版社1984年版,第374页。
②③ 竺可桢:《竺可桢日记》,人民出版社1984年版,第375页。
④ 竺可桢:《竺可桢日记》,人民出版社1984年版,第376页。

12月1日，学生代表及新生轮番为迁校事找到竺可桢，竺可桢应允在学校可能范围内可用汽车送女生、女教职员及教职员眷属。竺可桢在日记中说："近来教职员亦纷纷离去。"①

从《竺可桢日记》中的记载不难看出，当时浙大已是人心惶惶，草木皆兵。关于这一段逃难经历，《子恺日记》②有着非常详细的记录。

12月2日，丰子恺在日记中写道："上午二次警报，不知南宁宾阳间打得如何，时局似乎趋紧张。吾家十一人，半居思恩，半居宜山。相隔一百二十里，欲逃难而无从商量，欲管自读书写作而心不在焉。诸事不宁，日唯饮酒二次，始终不辍。……学校自顾不暇，吾等难望其帮助，惟有尽力设法，以求自力更生。"后来，丰子恺也在《"艺术的逃难"》一文中写到当时的情形："敌兵在南宁登陆之后，宜山的人，大家忧心悄悄，计划逃难。然因学校当局未有决议，大家无所适从。我每天逃两个警报，吃一顿酒，迁延度日。……不久宾阳沦陷了！宜山空气极度紧张。汽车大敲竹杠。'大难临头各自飞'，不管学校如何，大家各自设法向贵州逃。我家分两处，呼应不灵，如之奈何！"

12月3日，一饭店老板应允找车送丰子恺等浙大教师及眷属去贵州都匀，约定车价1200元，另送老板100元酬金。丰子恺与亲戚周丙潮计算的结果是："若搭公路客车，每人只需二十八元（自宜山至六寨十四元六角半，自六寨至都匀十三元），且有坐位。今此车需价加倍，且人货同装，实不合算。"虽然明知被敲了竹杠，但客车票难得，即使每日去抢票，也最多抢到一两张，而丰子恺一行均有老幼，不便分班。因此，丰子恺一面回去捡拾行李，一面盘算次日打电话通知住在思恩的老幼六人，嘱其连夜收拾行李，后日破晓赶到40里外的德胜站。但丰子恺内心还有种种担忧："电话是否讲得清楚？连夜收拾是否来得及？……凡此种种皆成问题。辗转思维，不能成寐，二时合眼，五时即醒。"

---

① 竺可桢：《竺可桢日记》，人民出版社1984年版，第376页。
② 参见丰子恺：《子恺日记》，海豚出版社2013年版。以下引文如无特别说明，均出自此日记，不再逐一标注。

第七章　宁做流浪者，不做亡国奴

12月4日，清晨，丰子恺即准备进城接洽汽车，不料突然来了空袭警报，等解除后，已是下午一点。进城见到饭店老板，送上百元酬金，约定明早在车站外三四里处的大树下会集上车，并在经过德胜时停车，接思恩的老幼六人上车。随后，丰子恺找朋友打电话通知思恩六人，丰子恺在日记中惴惴不安地写道："设想思恩之老幼六人，刻下正在闲居，梦想不到一小时内将接到此火速开拔之命令，而必须连夜将四月来安居已惯之家庭连根拔起。思念至此，颇觉此事处置失当。即使逃难，也不必如此其唐突。设思恩之家族中有人正在患小恙，或有他事牵制，或轿子挑夫难得，如何可强其明日必须德胜上车？悔不先令宜山之四人入黔，而自赴思恩偕老幼六人另行设法北上。"打完电话，天已昏黑，丰子恺摸黑四里路返回村寓，"但念此时思恩家中收拾之忙碌，不堪设想。是晚思虑太多，又不能安眠"。

丰子恺作画纪念"狼狈的一天"

12月5日，丰子恺说："今日可谓平生最狼狈之一日，全日在焦灼，疲劳，饥渴，不快中度送。"

清晨五点，丰子恺即在严霜冷月中进城去找饭店老板，在晨风中立等了一个小时，老板才来。老板领至站外三四里处，坐路旁又等了约半小时，老板借口去催，却一去不回，这时，丰子恺等人方知上当受骗。丰子恺如此速写出一幅难民图："吾行至大树下见二王一周之家族及吾家四儿皆鹄立道旁引领望车，行李杂陈荒草地上，大小数十件，形

193

如盗劫之物。……时已八点，警报时间已到。而骄阳灼灼，天无纤云，乃标准的空袭天气。候车之群众，目光时时集于北山之巅，常恐其有灯。……吾等大小二十余人，忧心悄悄，饥肠辘辘，忽见北山挂一灯，则惊心动魄。"此时，丰子恺等人已是进退两难："此间东近车站，西近机场，北面阴江，南面炸弹坑到处皆是。设有空袭，我等向何处逃避？路旁行李数十件，如何办法？死守乎？丢弃乎？……归去则车子绝望，况四家均是破釜沉舟而来，根本无家可归。"于是，丰子恺等人只得自行与汽车司机接洽，没想到司机全然不顾以前与饭店老板约定的1200元，竟索价2300元，丰子恺想到思恩的六人还在苦苦等候，不由忧心如焚："吾个人则又关念思恩之六人。彼等今日破晓动身，至德胜候吾等之车，日晚不至，必甚惊讶。今又无电话可通。只得置之不顾。黄昏后目瞑意倦，无聊之极！"多年以后，丰子恺在《"艺术的逃难"》一文中仍用"狼狈之极"来概括当日的经历："岂知到了开车的那一天，大家一早来到约定地点，而汽车杳无影踪。等到上午，车还是不来，却挂了一个预报球！行李尽在路旁，逃也不好，不逃也不好，大家捏两把汗。幸而警报不来；但汽车也不来！直到下午，始知被骗。丢了定洋一百块钱，站了一天公路。这一天真是狼狈之极！"

12月6日，由于汽车夫要价过高，丰子恺与周丙潮夫妇商议，决定化整为零，让周氏夫妇及子女自行买客车票北上都匀，沿途在车站及邮局门口张贴姓名、住址，以便团聚。而丰子恺自己则先到德胜接老幼六人，彼时，"握手道珍重而别。时为上午八时半，晴光皎洁，警报有望。吾沿公路徒步西行，形单影只。念及遗弃在德胜及宜山之家族，心绪黯然，与晴明之天光适成对比"。

宜山至怀远45里，怀远至德胜又45里。丰子恺本来想在途中搭"钓鱼车"（公务车之司机在途中兜揽乘客，取得贿赂，名曰"钓鱼"），但经过的汽车均绝尘而去。十二点半，丰子恺步行到达怀远镇上，正准备休息，突遇空袭警报，只得逃出镇子，又一口气走了三四里路。事已至此，丰子恺只得"继续步行，拟走尽此九十里，以打破平生步行之记录"。在怀远，丰子恺遇到两个同样步行去德胜的士兵。由于要长途跋涉，丰子恺用毛巾填在一只鞋子底里，又脱下头上的毛线帽子来，填在另一只鞋子底里，并用绳将鞋和脚捆住，以免脱落，然后跟着这两个士兵继续前进。在途中，丰子恺在与两个士兵闲谈中得知，前面某处常有盗匪拦路打劫，为免遭不测，丰子恺书生气十足地将身上仅有的800元（1939年的面值）钞票用破纸裹好握在手里，准备遇到打劫时，就将钞票抛在草里，事后再回头去找。幸而一路无事，到达德胜时，天已全黑，丰子恺在伙铺找到已经睡下的六个家人，不禁相见唏嘘。此时的丰子恺精疲力竭："惟两腿酸痛异常，似被棒打者。"多年后，丰子恺对此种感受仍是记忆犹新，他在《"艺术的逃难"》中说："此时我两足酸痛，动弹不得。"庆幸的是，丰子恺接到周丙潮的电话，称：丰陈宝、丰宁馨、丰华瞻已买到上午十点的车票，估计下午六时可达六寨。丰子恺不禁觉得啼笑皆非："然则上午十时余吾在宜山怀远间之公路上步行之时，三儿已疾行先长者而去矣。不知彼等曾在汽车窗中望见乃父否？"饶是如此，丰子恺还是觉得心里的石头总算落了地，"是晚酣睡如死"。

12月7日，由于昨日的长途跋涉，丰子恺"今日在德胜休息。昨日步行九十里，腿上旧恙幸未复发，但酸疼异常，步行困难"。但燃眉之急是，在德胜有丰子恺72岁的老岳母，老姐，老妻，11岁的儿子丰元草，10岁的女儿丰一吟，1岁多的幼子丰新枚，外加十余件行李。这些老弱绝无可能步行到贵州都匀，丰子恺只得到车站去打探，结果失望而回。

12月8日，丰子恺又到车站等车，偶遇车上的两个浙大学生，在他们的帮助下，丰子恺终于将满姊和丰元草送上了车。丰子恺不觉大喜过望："吾家共十一人，昨日由宜山赴六寨者三人，今又去二人，则十一分之五已往六寨，吾之担负减轻一半矣。"而德胜剩下的五人全系老幼，无法再分班，只能雇轿而行，还须雇人挑担行李。为了减轻负担，丰子恺将伙食用具及笨重的日用物尽行检出，在伙铺门口拍卖。丰子恺写道："若有人传此消息于上海或浙东，他日报纸上必夸张描写，而标其题曰'丰子恺在广西摆旧货摊'。"

12月9日,丰子恺偶然在馆子中看到自己昨日卖出的茶罐和一个盆子,盆子原来是丰子恺家用来洗尿布的,而现在老板却用来盛猪肠。丰子恺在日记中幽默地写道:"老妻素注重'上下'之分,深为不安,意欲向老板说明。吾阻止之。"然而,真实情况恐怕并不像丰子恺说的这样轻松,丰子恺在《"艺术的逃难"》中写道:"留在德胜的,还有老小五人,和行李十余件。这五人不能再行分班,找车愈加困难。而战事日益逼近,警报每天两次。我的头发,便是在这种时光不知不觉地变白的!"

12月11日,丰子恺雇定了四顶轿子和四个挑夫。由于德胜只有两顶轿子,其余两顶只能临时赶制,其形制:"其一为绳轿,于二竹杠间张绳网,人坐网中,如卧Hammock简单而舒适。不过下轿时须即起立。此轿一吟乘坐。另一为竹椅轿,即在普通竹椅子旁缚二竹杠,其简单甚于绳轿,此轿归我乘坐。二者皆无棚。有棚者二顶,一归岳老太乘坐,一归新枚母子乘坐。"

12月13日,在被丰子恺称为"古代旅行生活"的路程中,也是险象环生,一是"新枚母子之轿忽倒。幸有军校教官数人在旁,共为扶持,未致跌伤"。二是"挑夫绳索断绝,将热水壶打破。此物现价桂钞十二元。吾事前叮嘱其当心,打破须赔偿。今此人面色如土,吾不忍重责,但取另一热水壶自携手中,使免蹈覆辙"。

丰子恺一行终于抵达河池,由于旅馆老板是读书人,知道丰子恺的大名,招待得很客气,但问起向贵州的汽车,却只有摇头,并安慰丰子恺说:"先生还是暂时不走,在这里休息一下,等时局稍定再说。"丰子恺回答:"你真是一片好心!但是,万一打到这里来,我人地生疏,如之奈何?"老板则说:"我有家在山中,可请先生同去避乱。"丰子恺对此甚为感激:"你真是义士!我多蒙照拂了。但流亡之人,何以为报呢?"老板乘机说:"若得先生到乡,趁避乱之暇,写些书画,给我子孙世代宝藏,我便受赐不浅了!"后来丰子恺《"艺术的逃难"》中说："在这样交谈之下，我们便成了朋友。我心中已有七八分跟老板入山；三分还想觅车向都匀走。"

老板对车票无法可想，自己到车站问票亦是不得要领，丰子恺对此非常忧虑却又无可奈何："吾所率共五人，不能分班，必须同行。料当在河池恭候多天，不知何日可得全家团聚也。"

12月14日，拂晓，丰子恺再赴车站，直到八点，仍然无车，只得和站长约定明日再来，丰子恺心绪甚恶地在日记中写道："出站心情不佳。因坐候两小时，见职员数十皆患重伤风，鼻涕如泉涌，竟以手指捋鼻涕于桌子底上。"此一经过，丰子恺在《"艺术的逃难"》中写得更为详细："我起个大早，破晓就到车站去找车子，但见仓皇、拥挤、混乱之状，不可向迩，废然而返。第二天又破晓到车站，我手里拿了一大束钞票而找司机。有的看看我手中的钞票，抱歉地说，人满了，搭不上了！有的问我有几个人，我说人三个，行李八件（其实是五个，十二件），他好像吓了一跳，掉头就走。如是者凡数次。"

回到旅馆后，听茶房说此间敌机时常来进行轰炸，而附近又无山洞，丰子恺非常担心："因吾之团体中，除老妻及十岁之一吟能远逃外，其余七十一岁之老太太，及一岁之婴孩，皆不能逃。婴孩尚可抱走，老太太实无办法。其行路难进易退，数十步即需休息，如何能逃警报？"丰子恺马上到附近寻找可以躲避轰炸的山洞，发现距旅馆最近的山谷步行也需要十二分钟，如果是老太太，恐怕得两个小时。丰子恺后来在《"艺术的逃难"》中说到当时的心态："我颓唐地回旅馆。站在窗前怅望，南国的冬日，骄阳艳艳，青天漫漫；而予怀渺渺，后事茫茫，这一群老幼，流落道旁，如何是好呢？传闻敌将先攻河池，包围宜山、柳州。又传闻河池日内将有大空袭。这晴明的日子，正是标准的空袭天气。一有警报，我们这位七十二岁的老太太怎样逃呢？万一突然打到河池来，那更不堪设想了！"

正当丰子恺觉得"山重水复疑无路"之时，旅馆老板拿出一副大红闪金纸对联来求字，并说："老父今年七十，蛰居山中。做儿子的糊口四方,不能奉觞上寿,欲乞名家写联一副,托人带去,聊表寸草之心,可使蓬荜生辉!"丰子恺觉得盛情难却,便欣然命笔。由于对联是闪金纸,墨迹历久不干,老板便让账房把对联抬到门外太阳下曝晒,没想到这一晒居然晒出了"柳暗花明又一村"。

丰子恺正心事重重地在屋里休息,饭店老板亲自带来一人,其指名要见丰子恺。此人叫赵正民,是当地汽车加油站的站长,刚才路过旅馆门口,看到曝晒的红对子,认出是丰子恺的字迹,于是专程来求墨宝。当听闻丰子恺的苦衷后,马上慷慨地打包票:"我有办法。也是先生运道太好:明天正有一辆运汽油的车子开都匀。尚有空地,让先生运走。"丰子恺闻此既感到狂喜,又半信半疑:"我好比暗中忽见灯光,惊喜之下,几乎雀跃起来。但一刹那间,我又消沉,颓唐,以至于绝望。因为过去种种忧患伤害了我的神经,使它由过敏而变成衰弱。我对人事都怀疑。这江苏人与我萍水相逢,他的话岂可尽信?况在找车难于上青天的今日,我岂敢盼望这种侥幸!他的话多分是不负责的。我没有把这话告诉我的家人,免得她们空欢喜。"

岂知这天晚上,赵正民果然带了司机前来,问明人数,点明行李,并叮嘱司机之后,就拿出一卷纸来,请丰子恺作画。丰子恺如此写到当时的心情:"我就在灯光之下,替他画了一幅墨画。这件事我很乐愿,同时又很苦痛。赵君慷慨乐助,救我一家出险,我写一幅画送他留个永念,是很乐愿的。但在作画这件事说,我一向欢喜自动。兴到落笔,毫无外力强迫,为作画而作画,这才是艺术品,如果为了敷衍应酬,为了交换条件,为了某种目的或作用而作画,我的手就不自然,觉得画出来的笔笔没有意味,我这个人也毫无意味。但在那时,也只得勉强破例,在昏昏灯火下用恶劣的纸笔作画。"

12月15日,八时,丰子恺一家顺利上了车,向贵州进发,下午五时,车子安抵独山。

12月16日,七时开车,十时入都匀。丰子恺终于见到了先期抵达都匀的陈宝、宁馨、华瞻以及随满姊抵达的元草,其惊喜之情不言而喻:"不久二女二男奔腾而至。相见之欢,虽渊云之墨妙,难于摹写。争述来时一路情状,有如相骂,邻座诸客,为之停杯。于是共午餐。吾畅饮茅台酒,略过常度,辞出饭馆,见初面之都匀处处可爱,胜如故乡矣。"晚上,丰子恺一家共赴中华饭店聚餐,只有跟随周丙潮夫妇的林先一人不至,音信全无,未免美中不足。丰子恺正卧床中纳闷,戏剧性的一幕出现了,忽听窗外狂呼"先姊",起床一看,只见周丙潮夫妇及林先三人满身黄尘地站在马路上。等诸儿狂欢既息,丰子恺才细问经历,据说这一队最不利,在宜山及六寨都留滞三四日才等到车,因此最晚到达。

从12月5日从宜山启程,至12月16日在都匀团聚,共十二天,对于这十二天的历险,丰子恺在日记中感慨万千:"今日回忆此十二天之离散,各有痛定思痛之感。是夜中华饭店之晚餐,遂成团圆夜饭。亦可谓之吾全家在都匀之'最初之晚餐'。餐后列一表,自十二月四日至十六日共十一格,各队于每格中填写其行踪,形似《史记》年表。"

在这十二天的旅程中,丰子恺带着从1岁的幼子新枚到72岁的老岳母共十名眷属,十余件行李,历尽千辛万苦,终于到达安全地带。到达遵义后,先期到达的浙大教授张其昀幽默地对丰子恺说:"听说你这次逃难很是'艺术的'?"丰子恺不禁哑然失笑,因为这次逃难,的确靠艺术的帮忙。丰子恺后来专门写了《"艺术的逃难"》一文,并感慨道:"一个普通平民,要在战事紧张的区域内舒泰地运出老幼五人和十余件行李,确是难得的事。我全靠一副对联的因缘,居然得到了这权利。当时朋友们夸饰为美谈。这就是某君所谓'艺术的逃难'。但当时那副对联倘不拿出去晒,赵君无由和我相见,我就无法得到这权利,我这逃难就得另换一种情状。也许更好;但也许更坏;死在铁蹄下,转乎沟壑……都是可能的事。"

1937年11月,丰子恺离开故乡,经过整整十年,终于等到了抗战胜利后重返故乡的那一天。1947年5月,丰子恺带着儿女们回到故乡石门湾,缘缘堂已是面目全非,只剩下一片废墟。丰子恺在《胜利还乡记》

中写道:"只有一排墙脚石,肯指示我缘缘堂所在之处。我由墙脚石按距离推测,在荒草地上约略认定了我的书斋的地址。一株野生树木,立在我的书桌的地方,比我的身体高到一倍。许多荆棘,生在书斋的窗的地方。这里曾有十扇长窗,四十块玻璃。石门湾沦陷前几日,日本兵在金山卫登陆,用两架飞机来炸十八里外的石门县,这十扇玻璃窗都震怒,发出愤怒的叫声。接着就来炸石门湾,一个炸弹落在书斋窗外五丈的地方,这些窗曾大声咆哮。我躲在窗内,幸免于难。这些回忆,在这时候一一浮出脑际。我再请墙脚石引导,探寻我们的灶间的地址。约略找到了,但见一片荒地,草长过膝。抗战后一年,民国二十七年,我在桂林得到我的老姑母的信,说缘缘堂虽毁,烟囱还是屹立。这是'烟火不断'之象。老人对后辈的慰藉与祝福,使我诚心感动。如今烟囱已不知去向。"但战火焚毁的是缘缘堂的房屋,炸不毁中国文人的精神,丰子恺在文章最后坚定地写道:"我带了六个孩子(二男四女)逃出去,带回来时变成了六个成人,又添了一个八岁的抗战儿子。倘使缘缘堂存在,它当日放出六个小的,今朝收进六个大的,又加一个小的作利息。这笔生意着实不错。"①

---

① 丰子恺:《丰子恺自述:我这一生》,中国青年出版社2015年版,第285—286页。

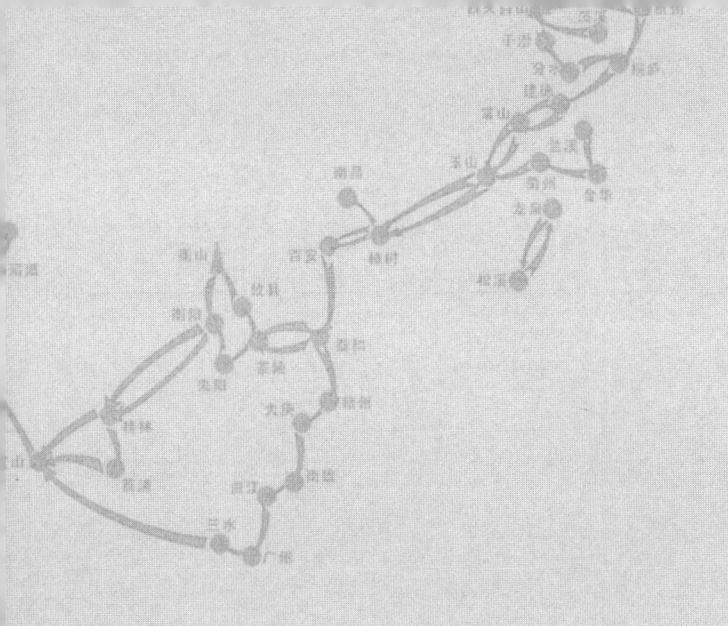

第八章
才丧仲儿又失妻

浙大教授丰子恺"艺术的逃难",全家十一口虽在难中,亦不失天伦之乐,而浙大校长竺可桢在内迁途中却饱受丧妻失子之痛。

1938年6月,日军进入江西,6月26日,迁至江西泰和的浙江大学,举行了抗战爆发后的第一届毕业典礼。校长竺可桢在致辞中说:"在此国难时期应人人负起责任,使中华民族成为不可灭亡的民族;……在社会服务,不求地位之高,薪水之优,而在于努力去干,只要所干之事是吾人分内应做之事。"

"侠"女飞天

竺可桢在毕业致辞的时候恐怕也没有想到，在国难时期，"负起责任"，做"分内应做之事"，自己将要付出的代价却是"家亡"。就在浙大毕业典礼当天，马当要塞失守，武汉门户洞开。由于战局转危，6月30日，竺可桢离开泰和，赴汉口向教育部商讨浙大再度迁校问题，晨八时，夫人张侠魂亲自为他送别……

张侠魂出身望族，父亲张通典（字伯纯）是同盟会元老，辛亥革命后，曾任临时大总统府秘书。其母何懿生，通今博古，善诗词歌赋，有海内女师之称。弟弟张元祜官至中将。二姐张默君嫁与邵元冲（字翼如），三姐张淑嘉嫁与蒋作宾（字雨岩）。

竺可桢与张侠魂的婚姻也算是美满姻缘。据《吴宓自编年谱：1894~1925》记载："1919年春，张昭汉女士来波城（编者注：哈佛大学所在地波士顿），为妹择婿，得竺君'年少美才'，甚喜。商谈结果，竺君与张妹订婚。竺君今年回国，任国立东南大学地理系教授兼主任，与张妹结婚。虽未见面而订婚、结婚，结果亦甚圆满也。"[①]1919年12月27日，竺可桢与张侠魂在上海成婚，《申报》发文《竺可桢与张侠魂结婚》做了专门报道："今日为竺可桢博士与张侠魂女士于南京路东亚旅社举行嘉礼之期，预先索券观礼者颇多。盖侠魂女士为张伯纯君之季女，默君女士之妹，夙承家教，擅书画，能属文，曾毕业于神

[①] 吴宓：《吴宓自编年谱：1894~1925》，吴学昭整理，生活·读书·新知三联书店1995年版，第202页。

张侠魂登上飞机

州女学画图专科。默君女士赴欧美考察教育时，女士代理校务，扩充美术专科，颇著成绩。前年女士于北京南苑演乘军用飞机，中西观者数万人，赞美不置，后以风大机坏，随伤足，幸获名医，得健步如常。黎总统嘉其勇，特颁头等奖章，此民国女界得奖之第一人，海内久艳称之。竺君为美国哈佛大学气象学博士，现任武昌高等师范之总教习，人品学术，为留学界中有数人物。客秋，博士归国，由王伯秋、蒋雨岩介绍，佳士名媛，竟成美眷。今日大礼，闻者莫不羡双方福慧并修云。"①

据《妇女时报》报道，张侠魂为民国奇女子，"素性勇敢，凡事不避艰险"。1916年，张默君带张侠魂参观南苑航空学校，时值该校举行飞机试验，张侠魂自请于航空学校校长乘机试飞，并表示："脱有不测，吾一弱女子以飞行而伤而死，亦可为中国女子飞行家开一新纪元，女子冒险历史中放一新曙光"，"终得驾机绕南苑数周，后因天气变化意外坠机受伤"。②

竺可桢与张侠魂结婚后，在事业上，张侠魂对竺可桢颇有助益。1936年初，经陈布雷推荐，蒋介石钦点竺可桢为浙大校长，竺可桢不愿

---

① 《竺可桢与张侠魂结婚》，原载1919年12月27日《申报》。
② 陈慧芬：《现代性的姿容：性别视角下的上海都市文化》，南开大学出版社2013年版，第238页。

204

涉足政坛，对此犹豫不决。2月25日，竺可桢在日记中写道："约侠至二姊处晤翼如，与商浙江大学事。二姊劝余往，以为借此可以转易学风，展施怀抱。余谓余之志愿并不在此，不过能将学校安定过去，半年以后就回复我的现在生活。翼如并不坚劝余往，并谓党部方面现值二陈不甚受蒋信用之际，当

竺可桢、张侠魂及子女

不致明与为难，但暗中挑拨等事则在所不免也云云。余个人之困难在于一不善待部长、委员长等，且亦不屑为之"。①文中所说的"二姊"即张侠魂的二姐张默君，时任立法委员，"翼如"即张侠魂的二姐夫邵元冲，曾任立法院副院长。从竺可桢的日记中可以看出，在是否就任浙大校长的问题上，张默君力劝竺可桢接任，而邵元冲作为政府高层，更是给竺可桢交了底，以打消竺可桢的顾虑。但真正在竺可桢任职问题上起到关键作用的是张侠魂。据竺可桢在东南大学任教时的学生，陈布雷的弟弟陈训慈回忆："常人一般总希望自己亲人不要太忙劳，竺如受任校长，而仍兼气象所所长是既定的，当然更任重事繁。竺日记（2月25日）中记师母张侠魂之二姊（即邵元冲夫人张默君）与邵皆劝他接受，但未提及家属意见。我则确记竺师母当日对我们几位同学说：'你们的老师说是现在政治混乱，书生气的人，校长不易做得好。而我说正因为当今高等教育情况不好，好人更应出来，才有改进希望。'云云。从这一席谈，可知竺之最后决定接受浙大校长，以至负责至13年之久，师母的正直意见，也起了促成的作用。"②5月18日，竺可桢就任浙大校长，在宣誓典

---

① 竺可桢：《竺可桢日记》，人民出版社1984年版，第17页。本章以下引文如无特别说明，均见于此书，不再逐一标注。
② 陈训慈：《竺可桢出长浙大由来及其他》，见浙江省政协文史资料委员会编：《一代宗师竺可桢》，浙江人民出版社1990年版，第24页。

礼上所宣之誓为:"余敬宣誓:余恪遵总理遗嘱,服从党义,奉行法令,忠心及努力于本职。余决不妄费一钱,妄用一人,并决不营私舞弊及接受贿赂。如违背誓言,愿受最严之处罚。"

校长也是家长

自6月30日离开泰和后，竺可桢一路辗转长沙、武汉，向教育部申请迁校。7月8日，竺可桢到达武昌。武昌对于竺可桢可谓是故地重游，竺可桢与张侠魂结婚以后，任职于武昌高师，因此，到达武昌的当天，竺可桢还专门去找寻和张侠魂当年的住址。他在日记中写道："九点半，自江汉码头赴武昌。……登岸后，雇车赴石灰堰，经中正、大朝、小朝诸街。当1920年余与侠结婚后来武昌高师，住石灰堰四号凡半年，迄今已将十九载，经其处，竟不知其何在矣。[……]新成立之武汉测候所即在石灰堰，离余辈昔之寓所当不远也。"也许竺可桢还为"物非人是"感到庆幸，但他不会想到"迄今已将十九载"一语竟在冥冥之中为自己与张侠魂的伉俪情深画上了句号……

7月10日，竺可桢费尽周折，终于使教育部同意了浙大的迁校申请。次日，竺可桢即离开汉口，冒着敌机的轰炸，经长沙、南岳、衡阳、祁阳至桂林，一路考察合适的迁地之地。

7月23日，竺可桢在桂林终于与广西教育厅商定，将宜山作为浙大新的迁校之地，刚松了口气的竺可桢突然接到浙大的电报，电报内容含糊其词，只是说张侠魂患了痢疾，请校长速归。竺可桢还以为"因校中离别太久故催归也"。

7月25日，在日机轰炸中，竺可桢风尘仆仆赶回泰和。在村口即遇到在此守候的三个子女，儿女们告诉竺可桢妈妈病重，竺衡已死。竺可桢惊闻噩耗，一时不知所措。他在日记中写道："7：15到吉安，8：20至上田村堤上。下车即遇宁（编者注：竺宁）彬（编者注：竺彬）诸儿，梅儿（编者注：竺梅）即谓妈妈病好点。余问衡（编者注：竺衡），谓衡没得了，余闻信之下，几不能辨是真是梦，因章诚忘告余谓侠及衡病痢已稍佳，何竟去世耶？！"竺可桢赶回家中，"见侠卧床上，唏嘘不能言，谓恐不能再相见"。但张侠魂至死也不知道，已经不能再相见的是竺衡，张侠魂在此后的几日中还不断惦问竺衡的病情。

后来，竺可桢才陆续从医生朱诚中等人那里得知了张侠魂、竺衡二人发病的经过。如果用电影蒙太奇的手法与竺可桢这段时间的行程逐一对照，不由令人唏嘘不已。

7月11日，（朱诚中语）"晚当二人同时起病时，朱适将应周承佑之邀赴沙村，但以无车不果"。也就是说，当晚，张侠魂、竺衡二人即出现症状，但因家中除了张侠魂外并无大人做主，因此，二人未能及时就医。

当日，竺可桢正在武汉，教育部虽然同意了浙大的迁校申请，但陈立夫表示希望浙大迁往贵州。竺可桢当即着手了解贵州的情况。"往大陆银行晤唐臣，知渠初自贵州回，谓贵州只安顺可容大学，在乡下有三十万元所造之兵营，可容学生千人，教职员百余人，家眷则可住城内云。渠颇愿浙大与唐山同往安顺。但交通极不便，唐山无设备，故不成问题。"可见，竺可桢认为贵州交通不便，不宜迁校，因此，当晚即乘夜车由汉口赴长沙，准备赴桂林另寻校址。"八点四十分开车，车上极挤"。竺可桢一行还携带了四箱气象仪器，打算带到长沙后，由浙大办事处送回浙大。

7月12日，（朱诚中语）"上午九点始离月池村，复至泰和县城一转，渡江已十一点"。也就是说，朱诚中当天尚在泰和城内，如张侠魂母子二人此时就医，也许还有一线生机。事后，竺可桢颇为懊恼地写道："若鲁珍早一点通知，可以将朱截留，不必待至十三号即可诊治。"

而在当日，让竺可桢颇为懊恼却是另一件事，十二点三刻，竺可桢等抵长沙南站，途遇警报，耽误了一个多小时，"知校中柴油车甫于昨日离湘，不然，则气象仪器即可带去矣"。

7月13日，竺衡14岁生日，这是他的最后一个生日，直到此时，张侠魂和竺衡才得到医治。当日竺可桢的日记缺失，应该仍在长沙。

7月16日，竺可桢在后来的日记中写道："十六号章诚忘坐四号车来长沙，谓病状已转好，且章来以前并未与朱医生接洽，不带一信，因此余遂有赴桂林之行，不然则十七、十八即可归矣。"虽然竺可桢事后埋怨章诚忘（浙大校办工作人员）"不带一信"，但显然此时竺可桢已得知妻儿染病的消息，仍然坚持了桂林之行。

该日竺可桢在长沙考察沿途交通状况，为迁校做准备，他在日记中写道："上午至……西南公路局晤长晃段副段长万长庆，……知长沙至晃县一段公路之大概。……遇警报，解除后赴上黎家坡公路处（湖南）处长兼长晃段段长萧卫国，据云，自衡阳至全州水运需两个月，自茶陵至长沙，下水不过三四日，上水亦不过一周云。又谓公路局有新车将到，可乘此机运物来湘，但最方便莫如由樟树经浙赣路至衡阳，再由湘桂路至桂林，目前至少可达祁阳云。……"

8月18日，竺可桢在日记中追述：竺衡有两个同学，"衡病剧将不起，于十九号尚频呼汪慕文与姚锡荣二人之名，姚即丁炜文之外甥。次日，丁召锡荣来，与衡得一面，而汪则固不能知也"。也就是说7月19日、20日，竺衡病势已相当严重。

查《竺可桢日记》则可知竺可桢在这两日的行止。

7月19日，"晨六点起，即偕刚复及宝兴雇车赴公路局车站，因借车既无希望，故决计出发。孰知抵站后，晤李站长，知无客车开衡阳，只有无座位之货车，客人无座位，因此折回。……遇湘桂路总工程师侯家源，适借到西南公路处小卡车……一辆，遂于下午四点别诚忘与王大馥等出发，……下午七点至南岳。……"由此可知，该日竺可桢仍在为找车去南岳而搞得焦头烂额，最后才借到西南公路处的小卡车赴南岳。

7月20日，此日可说是竺可桢在选择校址途中最为轻松的一天。竺可桢游历了南岳，并考察了设在那里的气象测候所。兼任中央研究院气象研究所所长的竺可桢在日记中写道："至测候所，所中除周外尚有彭君，知本年最高温度为27.8，而雨量比较少，气压常在752左右。测候所以石制，新成未久，费二千七八百元之谱，乃新迁入办公者。"竺可桢没有想到的是，在他忙里偷闲的时候，竺衡已是命悬一线。

7月21日，作为校长的竺可桢，正在马不停蹄地前往桂林考察迁校之地。其行程如日记所述："八点由南岳出发，九点一刻至衡阳。即至……湘桂铁路办事处晤工程处副处长吴祥骐（号鸣一），询东安情况，并商将来仪器运输事。于无意中遇前武高师学生熊亨灵，……据熊云，本月湘桂路已通东安，下月可通全州，九月可通至桂林。如浙大设备运至衡阳，必可设法，但衡阳大桥未成耳。[……]三点由衡阳出发，五点至祁阳。"作为地理学家的竺可桢还详细考察了当地的地理、交通情况以备迁校之用。"衡阳有人口一百四十余万，出产以米为大宗，湘莲亦著名。……衡阳、祁阳间无大山、大河，地形宛如江西泰和一带，惟地亩均开垦不荒，树木亦较葱郁耳。乔木槐、榆、樟、柳均有，不如江西之单调。沿路种桐不少，桥梁均以砖、水泥起，马路远胜江西。"到祁阳后，竺可桢马上又至湘桂路第三段工程处晤蓝子玉段长，"知铁路不经祁阳而经西面之黎家坪，自此往冷水滩。……"后来，作为父亲的竺可桢在这则日记后面惨痛地补记道："今日下午八点，衡儿在泰和间余轩西斋，因患禁口痢去世，余于25日下午8时回泰和始知之，呜呼悲哉！仲子竺衡生1924年7月13日，卒1938年7月21日。"竺可桢不但未能给儿子过最后一个生日，甚至未能见儿子最后一面，在日记原件中，竺可桢贴上了竺衡的照片。

7月22日，竺可桢自祁阳至桂林，沿途仍在考虑浙大合适的校址。从日记记载来看，该日的行程相当之紧张："八点半至湘桂路局晤第三段段长蓝子玉后，即于九点由祁阳出发，十点一刻至零陵，即永州。……在此中膳。二点出发，四点至全州。稍停，五点出发，在黄沙河及大榕江、甘棠渡均有渡，至桂林已八点矣。……"就在这一天，"衡已逝世，不可挽救"。

气象学家的日记

竺可桢回家之后，接下来的一段时间里，一直守在张侠魂的病榻边寸步不离，同时，到处求医问药，甚至中西医双管齐下。竺可桢其间的日记清楚地表明了这一点：

7月26日，"中午，请张静吾及同济医学院院长宁誉、生理教授梁文彦及训育主任周世辅中膳"。

7月28日，"嘱胡鸣时至泰和、沈健强至吉安、章诚忘至赣州请医生。胡至泰和请得南昌助产学校主任马淑徽来，……胡鸣时又托国际防疫团卫生工程师刘丙卢"。

7月30日，"嘱胡鸣时去南昌请卫生处内科主任郑大夫来，……中午，泰和彭定寰医生来，为侠开一中国药方，系六君子汤"。

8月1日，"傍晚，校中所请校医陈炎磐来，未几，胡鸣时去南昌所请之江西卫生处内科主任郑兆麟亦来。……"

另外，在这期间的日记中，竺可桢还详细记录了张侠魂每天的睡眠状况、身体状况、精神状况、病情症状，以及脉搏、体温。作为"理工男"的竺可桢，在日记中从来没有描述过和张侠魂的花前月下，此时，作为丈夫的竺可桢，却以气象学家的严谨，"乏味"而细碎地记录了张侠魂生命的最后时刻，只是这一次，竺可桢记录的不是气温和气压，而是妻子的体温和脉搏，如：

7月25日，"温度已退净，惟脉搏在100—110之间，恐心脏不良"。

7月26日，"昨晚由同济女生看护，余起视亦数四。日间打强心针，四小时一次，晚五小时一次。……灌肠一日三次。晚上侠睡尚安。闻初灌肠时，一进肠即出来，故无效验，近则较久，可至数分钟或一刻。侠前、昨两日极严重，喜睡而不甚言语，今日起较佳，惜脉仍高为可虑。……张大夫因校车必须回赣州，故今日请其在上午十点、下午二点各诊视一次，认为无变化，尚称满意。余询侠之心脏症是否严重，答谓不能称严重，但望脉搏渐次降低耳（侠温度36.4°，脉搏108）"。

7月27日，"昨晚侠睡甚佳，余自十一点至四点全睡未醒。早晨侠精神较佳，询衡之病状。余主张侠移到梅迪生房，因间余轩屋不通气，日间极气闷。闻十七八号以前天井上无芦席棚，故房中更热。……今日侠精神虽稍佳，但脉搏增至116，而温度则亦较高。昨侠面上发现口边和皮肤破烂，因出汗所致；用氧化锌与橄榄油。……"

7月28日，"晨五点即起。昨晚侠卧睡不佳。……晚间侠嫌麻烦，余梦中亦觉走动极多，甚难入睡。晨侠脉搏不降，在116，下午又增，余心为之大急。上午将侠床移入梅迪生卧室，因该处较通风。事颇周折，……侠颇喜其地光亮通风，又较大，余心为之大慰。侠又告阿秀，谓衡可移入我辈之卧室（竺衡逝世一事，迄未告其知道，故有此语），其关心如此。昨晚侠睡不佳，晨间又经移动，故下午心悸亢进，余更忧虑。……（医生研究结果）认侠水分过少，兼酸素毒，故主张打盐水针、吃小苏打及Tincture digetalis，又以盐水灌肠。……晚间侠自九点至十二点半睡尚安"。

7月29日，"晨五点余起。昨晚侠睡在上半夜尚佳，自九点至十二点半，嗣后不佳。吃阿托品，又睡二小时。晚闻脉搏增至120。上午十点温度忽增至38.4，而脉搏亦至120，且大便次数增多，形势渐严重。……晚八点诚忘偕胡志远医生来，适侠温度、脉搏骤增"。

7月30日，"昨晚侠泻次数较少，胡医生等至十一点半始去，时脉搏略降，至120，大概因打阿托品及1000cc盐水之故。晚上自十点睡至十二点，又自二点半睡至六点，第二次睡眠尤佳。早晨温度降至37.2，脉搏108，故形势比昨晚稍佳。……朱诚中、胡志远来，与讨论中国药是否可吃，认为平和无碍，决于晚间服之。侠今日神志尚清楚，但日中温度尚有100，吐数次，下午脉搏116"。

7月31日，"昨晚自十点至十二点半侠睡甚佳，十二点半醒后不能睡，频呼痛，至三点半始又复睡。五点半醒泻一次，痛稍好，而精神不佳，不及昨日。昨下午尚询及自来水笔及胡太太足病，今日不愿多言。皮肤上水泡蔓延，胡医认为可虑。……今日终日侠不能安睡，睡一分钟即醒，而面部水泡及背后之疮均形扩大，大便上午三次后至晚始有。[……]心脏尚佳，惟不如前次，[……]水泡……无对症药可救，但用氧化锌止蔓延。……"

8月1日，"昨晚侠终夜不能安睡，至十一点尚频呼痛，乃嘱陆小姐进阿托品半片，稍睡又即醒，嗣后随醒随睡，至晨余起时，脉搏、温度均不降，呼吸迫促，余认为极严重，……中药无效，拟停。[……]侠今日精神更衰弱，昨天尚可勉强讲话，手足能移动，今日则连此亦不行矣。惟叫Dear，尚能颔首而已。[……]（医生）谓侠极度衰弱，而热度则由于背上之褥疮溃烂所致，故主张睡时移动部位，此外，注意营养。……"

8月2日，"昨晚侠神志不清，似睡非睡，晨间寒热不减。……觉今日情形更严重，肺中有痰，表血脉循环不佳。心力已弱，呼吸自昨之二十增至二十七，甚至三十八。上午十一点打盐水针后，神志似较清，但至下午三点后复昏迷如故。据郑医生云，侠之痢疾已十愈六七，现发热乃由于褥疮，今日较昨肿大一倍，而面部、手上之水泡亦有关系，又加脚肿，有脚气病之表示，故侠血中含有毒质，而温度、脉搏不能降下，实足为致命矣"。对于医生的众说纷纭，竺可桢在日记中说："余见诸医生束手，懊丧万分，实足见近世医术之不高明，不然仅仅一褥疮亦足致命乎?!"

8月3日，竺可桢日记的题记如下："侠于上午十一点二十四分去世，悲哉！电二姐、雨岩及希文，报告侠已病故。"竺可桢详细记录了张侠魂去世的经过："昨晚侠虽安静，但呼吸迫促而困难，在每分钟30

次以上，实为心力衰竭之表征也。……未几，郑兆麟、朱诚中、陈炎磐三医相继来，检验结果，郑谓呼吸过于迫促，听肺中有水泡音，疑为肺炎，朱、陈二医亦同意，遂决计打金鸡纳霜针及普罗多喜（Protonsil）以治败血症（Septic）。九点余，余又为侠把脉，结果降至108，但脉搏无力，而呼吸亦降至28，……即将小孩梅、彬、宁三儿召集于床前，见侠呼吸已极困难，打强心针尚觉痛，脉渐微，余叫之尚能应，见余有泪，始觉不快，未几，呼吸更困难，已近弥留。十一点二十四分呼吸及心跳均停，但身体仍温，脉上筋肉尚动。"

"魂"兮归来

8月4日，下午三点一刻，张侠魂入殓。"午后余睡一小时，至三点一刻大殓。昨制四季衣服均为穿上，上加黄衣道袍，棺内于昨晚加生漆，今日于棺底先放炭一层，后加石灰，上加寻常所穿棉衣数件，再加棉被。余将侠所喜之Waltham17钻表一只，乃系余1933年赴美国过波士顿时所购者，与Waterman自来水笔一支均放入棺内。侠之面上已起变化，手亦略现黑色，有一银戒指，余为置右手小指上，但穿衣时恐已落出矣。殓就入棺，三孩均哭，宁流泪独多。绕棺一周后盖棺，而从此侠与世隔绝矣。呜呼痛哉！"

8月5日，竺可桢派人四处为妻、儿寻找坟地："晚梁家村梁在禧来，据云有山地七八亩可以出卖，但上无松柏，故不相宜于造坟。上午曾派陆子桐、沈思屿赴华阳书院为侠看坟地。"

8月6日，竺可桢又亲自前去查看坟地："午后一点偕陆子桐、沈思屿赴华阳书院，……先至白水村附近之松山，离华阳书院里许，地特高爽，上有马尾柏十余株，南、北、西三面皆近山环抱，东面独空旷，正对西阳山。"面对泰和的山水，竺可桢颇有物是人非之感："次至梁家村，所取道乃四个月前与侠同游之道，不图今日为侠看坟地而重游，能不叹息！……"

追忆往昔，那还是同年的2月21日，张侠魂带领几个儿女来到泰和。2月22日，竺可桢即带一家人至野外一游。竺可桢在当日的日记中愉快地写道："中午偕侠与宁至野外一走，满地油菜花。野中紫董盛开，已大有春色景象，宛如江浙之清明、春分时矣。晨间又闻百舌等鸣禽，亦告春也。"2月25日，竺可桢赴香港参加中央研究院院务会议，要途经长沙，于是，竺可桢带张侠魂顺道往长沙看望岳母，等从香港回来时，再到长沙接张侠魂一起回泰和。由于此行去来皆有张侠魂陪伴，竺可桢心情大好。他在日记中写道："别侠等偕迪生自上田新村出发赴赣州。……自泰和出发后，田野中油菜花盛开，愈南花愈黄。至赣州以南，则萝卜开白花，其多更甚于油菜花。"3月7日，竺可桢由香港回泰和，他再次在当日的日记中写道："沿途桃李皆开，信丰以北，田中多萝卜，以南则萝卜渐少而油菜渐多。"

8月10日，浙大师生为张侠魂举行了简单的追悼会。灵堂正中悬挂着张侠魂的半身像，照片下摆放着7月5日、6日张侠魂在校中发起卢沟桥事变周年纪念时的讲稿照片（竺可桢专门在8月8日的日记中记载："侠于上月五、六号在校发起芦沟桥事变周年纪念，极为热心，并仍手起一稿，嘱振公于大会时代读。此稿余于一屉中获得，即派人赴吉安摄影，今日摄就，较原稿略小，而笔力生动，大足为纪念也。"），两旁是王驾吾代竺可桢所拟挽联："惨兮，子遽离尘世！同甘苦已廿年，相期以大义，奈一朝永诀，雪馆云峰情何以堪！乌乎，余何负昊天，哭仲儿才十日，又遭此奇灾，纵再度重逢，落花流水渺不可知！"俗语所谓少年丧父、中年丧妻、老年丧子为人生三大不幸，该年竺可桢49岁，年近半百，正处于中老年交替之际，竟同时遭受了丧妻、丧子之痛，怎不让人伤心欲绝！

张侠魂灵堂

第八章 才丧仲儿又失妻

8月13日，竺可桢给长子竺津写信，告知噩耗。竺津（字希文）是竺可桢的长子。1938年1月14日，竺津瞒着竺可桢报考了中央军校，并在第十四届中央军校考试中获第一名。竺可桢知道后，深为担忧，找了诸多借口劝阻。1月15日，竺可桢在日记中写道："余以其眼近视，于前线带领兵士不相宜，且年过幼，而该班乙级只六个月毕业，于学识方面所得无几，故不赞同其前往。"但竺津报国心切，执意从军，竺可桢也只能无奈地写道："余亦不能不任希文去，但不禁泪满眶矣。"1月17日，竺津乘船赴南昌中央军校，同行的还有浙大部分师生。1月18日，竺可桢在日记中含糊地写道："今日终日雨不止，颇以教职员学生在舟中为虑，希文亦在赴南昌途中。"在担心浙大师生的同时，竺可桢对竺津的挂念之情已是难以掩饰。

在给竺津报丧的时候，想到竺津再也见不到母亲和弟弟，想到一家人在国难之时的天各一方，竺可桢在写信时"泪下不止"。对于年事已高的岳母，竺可桢只能"谎言侠病未愈，不出险境"，但也知道"此事难以久瞒，终必告知"。5月1日，竺可桢曾去长沙探望岳母，分手时竺可桢还担心"外婆患消化不良，精神颇形萎顿，甚以不能再见为虑"。7月23日，竺可桢在桂林接到张侠魂患病的消息同时，得知长沙被惨炸，还在庆幸"幸外婆已下乡，不致受惊矣"。竺可桢见到岳母年高健在，想到张侠魂却英年早逝，不禁痛苦万分。

5月8日，柳诒徵（字翼谋）应邀到浙大举办史学讲座《非常时期读史要略》，突然中风，情况异常危急。8月14日，竺可桢去看望柳诒徵，并请他为张侠魂题写墓碑。竺可桢在日记中感慨地说："九点半至周家村晤翼谋，渠已能行动自如。在五月，侠尚至趣园望其猝患之中风症，以为其不可救药，今侠已去世，而柳老竟健在，天下事真有幸有不幸也。"

8月17日，竺可桢和女儿竺梅一起检点箱内衣服。这种事过去都是张侠魂一手操办，竺可桢从不过问，也不知道箱内何物，开箱后发现张侠魂未婚时照片数张，以及发表在《新华日报》上的《栖霞山游记》一文，还有竺衡的《化学奇谈》一书。

6月30日，竺可桢在日记中记载："晚阅顾均正译法布尔著《化学奇谈》，乃为衡而购者也。"可见，此书是竺可桢为竺衡所购无疑。竺安也回忆，二哥竺衡非常喜欢化学。1937年7月13日，竺衡过十三岁生日，当时竺可桢正去参加著名的"庐山谈话会"，显然不可能给竺衡过生日。竺安记得父亲送给二哥的生日礼物是一只小木箱。木箱上面的标签是"少年化学实验室"，里面有多种化学药品和用具，另有一本小册子，讲述了几十个化学实验的做法。"得此礼物，二哥欣喜至极，立刻和大哥动手做起了实验——制造笑气。"竺安回忆道。"这是一次失败的实验……他俩把药品放在试管中加热，可惜的是嗅过试管口的气体后都没笑，又叫我嗅，我也没笑。"①

当竺可桢再次拿起《化学奇谈》，不由悲从中来："衡已阅数十页，上写此书每日应看数张，但未阅竣而竟长逝，岂不悲哉！……"

8月18日，竺可桢赴松山坟地，他在日记中详细地写道："松山左近共有马尾松二十五株，直径自一尺半至二尺，大约五六十年前所植也。定坟墓方位，其地在玉华之西南山脚下，附近之山名仙人屋，坟在一丘上，俗名松山，以其上有松也。……松山向距三顾山约六十里，至西阳、天湖则在八十里矣。"言至于此，竺可桢悲痛之情已难以克制："天湖山应改为天乎山，何昊天之不吊乎？！"其呼天抢地的悲痛已是呼之欲出。

从松山坟地回家后，竺可桢与竺梅再次整理衣箱，发现了张侠魂的信件，以及竺衡同学汪洵的来信。汪洵是吉安丰溪村人，与竺衡是吉安中学的好朋友。7月19日，竺衡病重之时，还呼喊汪洵的名字，但未能与之见最后一面，汪洵也并不知道竺衡的死讯。竺可桢发现汪洵的来信写于7月22日，而竺衡已于前一日逝世，汪洵在来信中称竺衡为"天资聪颖、沈厚寡言、举止从容不迫、处事和平，全级同学未有如衡者"。竺可桢认为"所言颇合事实"。看到汪洵的来信，竺可桢已是肝肠寸断，连呼："悲哉，惨哉！"

---

① 《竺可桢之子竺安：我就是一个普通科学家》，载2012年4月13日《中国科学报》。

8月19日，为完成爱子的未尽之谊，竺可桢冒竺衡之名给汪洵写了一封回信，并附去竺衡小照一张，"作函时不觉泪涔涔下也"。竺可桢在竺衡的遗物中还发现一个作文簿，上面有离别一文，其中引用了杜甫《梦李白》里的句子"死别已吞声，生别常戚戚"。竺可桢6月30日离家时，竺衡尚在人世，7月25日回家时，父子已是人鬼殊途，真可谓生离死别，竺可桢也只得感慨造化弄人："不料不旋踵而竟死别也。"

8月22日，竺可桢在检点行囊时，打开了张侠魂卧病时还最为记挂的小樟木箱，箱内有两人在杭州时的通信，以及张父张通典的遗墨，同时还有张侠魂亲笔写的祭五姊文，"据其谓系一晚所写成者，文极怆恻"。竺可桢也不由怆恻地写道："不图不到半年渠亦随之而逝。呼，可悲也夫！"

8月下旬，浙大教职员家属开始迁往宜山，9月中旬，浙大师生也陆续迁往宜山，可以认为，宜山校址的选定，竺可桢付出了与妻、儿生离死别的代价。抗战爆发后的每次迁徙，竺可桢作为校长都是打头阵，先行考察，安排车船、住宿，而这一次，校长走到了后面……

9月15日，竺可桢日记的题记为："阴　葬侠魂、希平于玉华山之阳，地名松山，在华阳书院东北二里许，送葬者百数十人。"

当日下葬的情况为："九点抬材者均已齐集。侠魂之材甚重，须十二人抬，加更换四人，共十六人，衡之材则八人抬之，加二人更换，共十人。九点二十分发引，以香亭架侠小照领先，教职员与学生合一百余人次之，侠棺与衡棺又次之，余与梅、彬在后，宁以病方痊未往。普通老村至华阳书院须二十五分钟，而今则行一小时，但此后抬材者贪近路走稻田，结果泥淖深，几陷入。至十一点半始到松山，即行祭。执绋者往华阳书院休息，余与振公、鲁珍及陆翔伯等则直至二棺入穴下盖始走，余回家已三点矣……。"

9月16日，竺可桢在日记的题记中不无凄清地写道："今日初见乌鸦成群而飞，如秋天景象。"

9月17日，竺可桢在日记中写道："晨侵晓即人声嘈杂，盖晓沧、陈大慈及刚复小孩等均于今晨动身也。"也许听到同事小孩的喧闹,竺可桢会若有所思:5月22日,竺可桢同张侠魂赴东头村民众俱乐部,视察浙大学生自治会举办的儿童健康比赛,张侠魂还饶有兴趣地向竺可桢报告了比赛结果,竺可桢在当日的日记中说:"据侠报告,则健康比赛,晓沧之子郑澹明得第一,张逸樵之子得第二,梁庆椿之子得第三,柏青四子奕明素以健康著称,乃在二十名之外云。"事隔数月,同事子女犹"人声嘈杂",而竺可桢能做的事情却是:"午后收拾行囊。至三点半,偕梅与彬至松山侠坟上。"

3月16日,竺可桢还兴致勃勃地在日记中写到泰和的罗汉松:"《泰和县志》载黄庭坚诗《上萧家峡》:'玉笥峰前几百家,山明松雪水明沙。趁虚人集春蔬好,桑菌竹萌蕨芽'。昔在杭州大学路浙大校长宿舍前有二罗汉松,一高大而一低小,不解其故。翌年大者开花结子,未几,其下有若干小罗(汉)松满布地上,因悟罗汉松之有雌雄。今日阅《泰和县志》卷卅轶事下有一节,载泰和县南古岗有庵,庵前有罗汉松二株,萦缠纠结,屈曲交加。常年一花而不实,一实而不花。刘子高诗云:'东树开花西树子,谁从枝叶认雌雄。'"如今,竺可桢只能无奈道:"余拍数照,不知何时重来祭奠。去年十二月同来,今则不能偕行,岂不悲哉!"

9月19日,竺可桢在日记中写道:"晨六点二十分起,天雨未止,温度骤低至70°(F)。未明前,晨四时即醒,不能寐。夜间梦侠来,颇亲昵,但未几即醒,醒后不复能睡。"往事如一幕幕电影镜头,历历在目。

竺可桢还回忆到,1938年冬,在吉安木匠街时,曾将陆游忆妻唐氏的两首诗给张侠魂看:(一)"城上斜阳画角哀,沈园非复旧池台;伤心桥下春波绿,曾是翩鸿照影来。"(二)"梦断香销四十年,沈园柳老不吐绵;此身行作稽山土,犹吊遗踪一泫然。"张侠魂"亦称赏,不图成为诗谶也"。

1月11日,竺可桢一家到吉安,他在日记中写道:"希文、希平乘公共汽车来吉安,余偕侠、梅、彬、宁、刚复、昭复、琪九人乘四号

〔车〕至吉安。[……]余等所租计楼上三开间共五小间，房租每月十元。……租得木器十余件，月租三元。……满家咳嗽，宁发热，九点半睡。"2月9日，竺可桢偕张侠魂前往泰和先行查看住宅："继察勘私人住宅。胡鸣时等为余所留肖氏祠堂，嫌光线不足，且中有一柱已坏，待修理。"谁曾想此二处亦成竺可桢与张侠魂之沈园。

竺可桢遂步陆诗原韵，成诗二首：（一）"生别可哀死更哀，何堪凤去只留台；西风萧瑟湘江渡，昔日双飞今独来。"（二）"结发相从二十年，澄江话别意缠绵；岂知一病竟难起，客舍梦回又泣然。"竺可桢在诗后加以解释："盖六月三十日余别侠于泰和，至车站告别，十二日侠病，再十二日而余回，已奄奄一息，再九日竟不起矣。'九一八'在茶陵、衡阳渡湘水，遇狂风细雨，大有秋意。今春两次来往湘赣，侠均相偕，今独来，故有感也。"

竺可桢所说的"今春两次来往湘赣"，一次是1月25日，竺可桢赴南昌开气象学理事会，张侠魂一同前往，顺路探望住在长沙的母亲及家人。该日为旧历小年，竺可桢在日记中写道："偕侠乘四号车……二点余至樟树，……今日适值阴历腊月廿四，樟树旧俗过小年，饭馆多关闭，乃至江苏饭店中膳。……四点半由樟树出发，六点半至洪都招待所，余偕侠住45号。"这也是竺可桢和张侠魂一起过的最后一个小年。

竺可桢所说的另一次赴湘赣是4月3日竺可桢到汉口、重庆公干，仍然带张侠魂去长沙。竺可桢在日记中愉快地写道："偕侠出发。昨晚大雷雨后，今晨天霁，但大风多去耳。温度不高，而少灰尘。野外充满春天景象。燕语花香，桐树开白花，满山野间油菜尚在盛开。"六点半二人至长沙，会合了岳母及家人，"出至城南，偕侠赴湘雅医院看卫生展览会"。4月12日，竺可桢在长沙，"中膳后，偕侠……等至爱晚亭"，六时即别张侠魂只身赴汉口。从日记记载来看，这也是竺可桢和张侠魂的最后一次出游。

浙大保姆

1939年7月16日,浙江大学迎来了迁到宜山后的首次毕业典礼,竺可桢在致辞中说:"为名为利均有弊窦,只知为社会服务不顾名利而自然可得成功。所谓成功亦非名利歉收。古人有不惜牺牲生命而保存其志节、主义,虽身死而志行则亦为成功。"浙大以"求是"为校训,竺可桢认为:王阳明所谓"君子盖有举世非之而不顾,千百世非之而不顾者,亦求其是而已矣,岂以一时之毁誉而动其心哉",就是浙大求是精神之精义。毫无疑问,竺可桢正是以言传身教实践求是精神的楷模。

1939年12月31日,竺可桢日记的题记是:"晴 日来晨间草上有霜,但盆中桂花尚开"。这是本年度的最后一天。查竺可桢日记可知,1937年和1938年的阳历除夕,竺可桢是如此度过的:

1937年12月31日,浙大刚迁至玉山,竺可桢为学生的住宿及乘车问题忙得焦头烂额,他在日记中写道:"七点半起。九点半偕乔年、齐学启、刚复及亦秋等察勘昨乔年等为学生所定之房间,至将军庙中心小学及附近之王万友宅与凌云医院。……小学住男生,王宅住女生,医院住家眷。过三里街至如意楼,系一停歇之菜馆,亦可住学生。次至城内卫生院,亦住学生。[……]偕乔年、荩谋赴东站,[……]知浙大竟无学生上车,因无人能挤上也。遂至车站,适有一列难民车来,上有一、二年级生三四十人。[……]遇路局胡天骥科长,因到玉学生谓衢州尚有百余学生留站待发,嘱胡设法拨车。遂至路局打电话与衢州,待一小时始打通。知衢州学生均已不在站上。"

1938年12月31日，竺可桢在重庆教育部未能返回贵州，他在当日的日记中写道："至教部晤吴士选、张子明，说明外汇购杂志为不可少，及增设农业经济系及航空工程系等问题。[……]下午四点至大梁子打长途电话与张孟闻，……待一小时始接到贵阳，而孟闻又不在招待所，遂留数语，告以二号不能去贵阳，如不能待可回校。余于六点半回所参与同人之年夜饭。[……]"可见，当日竺可桢在为浙大事务奔波，仍然是有家难回。

1939年12月31日，竺可桢终于能在家过年了，却已是形单影只，竺可桢凄苦地写道："今日为阳历除夕，……侠魂与衡儿去世，而希文、梅、彬彬、宁宁亦天各一方，寓中只余一人，寂寞之至。"

1940年8月16日，浙江大学在遵义举行毕业典礼，全体毕业生送给校长一柄手杖。竺可桢即化用《论语》中的句子，作了一副咏手杖的对联作为临别赠言："危而不持，颠而不扶，是将焉用彼相哉？用之则行，舍之则藏，惟我与尔有是夫！"在此，竺可桢的意思是：国家有难，而你不扶持，要你这根"手杖"何用？国家需要我时，就挺身而出，功成则身退，我与你"手杖"是一样的！竺可桢的自我期许得到了浙大师生的广泛认同。1949年3月7日，是竺可桢60岁生日，3月6日，浙大学生在送来祝寿的锦旗上写道："浙大保姆"。一个月之后，竺可桢即辞去校长职务，至此，竺可桢已为浙大服务了十三年。

第九章
前丁后陈 并垂不朽

《四库全书》素有"中国文化的万里长城"之称，基本上囊括了中国古代所有图书，七部抄本分别藏于紫禁城文渊阁、奉天（今沈阳）文溯阁、圆明园文源阁、热河（今承德）文津阁、扬州文汇阁、镇江文宗阁和杭州文澜阁。多份抄本命运多舛——文源阁本在1860年英法联军火烧圆明园时被焚毁；文宗、文汇阁本在太平天国运动期间被毁；文澜阁本在1861年太平军第二次攻占杭州时，散落民间，幸赖藏书家丁丙（号松生）、丁申（字竹舟）弟兄收拾、整理才劫后余生。

无车无钱的运书之苦

陈训慈在《丁氏兴复文澜阁书纪》一文中写道："杭城当庚申之乱，（咸丰十年）阁未遭劫，及辛酉再陷，阁圮而书散。兵火扰攘，生民流离。先生与兄竹舟先生曾以保卫里闾，昭助守之勇，至是益深维牛弘书厄之叹，懔海峰焚书之论，不自以一介书生，而忘珍护文物之举。兄弟相谋，以收拾文澜之残编为己任。初则夤夜潜拾，继复遇险不惧，既已自为搜集，复因书贾曲致。辛勤坚卓，备尝艰阻。"

1932年1月，陈训慈（字叔谅）就任浙江图书馆馆长，就在该月，日军在"一·二八"事变中，刻意炸毁了当时中国最大的出版发行机构商务印书馆及其所属号称东亚第一的东方图书馆。有学者认为，火烧圆明园和商务印书馆被炸，是中国近代史上的最令人痛心的文明悲剧。日军海军陆战队司令盐泽幸一就公然宣称："烧毁闸北几条街，一年半年就可恢复。只有把商务印书馆、东方图书馆这个中国最重要的文化机关焚毁了，它则永远不能恢复。"[1]其毁灭中国文化的企图昭然若揭。3月，陈训慈在《文化之浩劫——为东方图书馆与其他文化机关之被毁声讨暴日》一文中指出："吾人以为国人今后，应惕于日人摧残文

---

[1] 张人凤：《智民之师·张元济》，山东画报出版社1998年版，第175页。

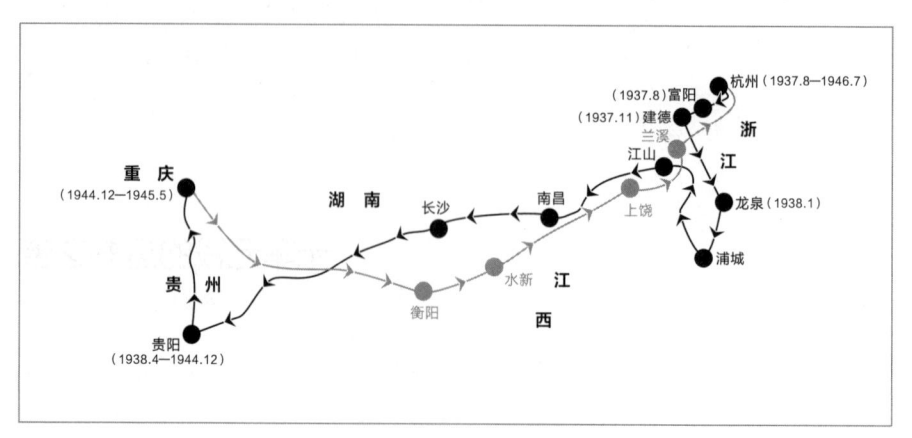

《四库全书》西迁路线示意图

化之野心，对于文化事业之被侵害，亦视为国家主权之受损；珍护图籍之心，应与保我土地无异。而职司文化机关者，亦宜策万全之道，以防患于未然。"①文中所说"珍护图籍之心，应与保我土地无异"，表明了陈训慈作为图书馆人以文化守护者自居的决心。为尽忠这一职守，1937年7月抗战全面爆发，9月，陈训慈即着手文澜阁《四库全书》的搬迁工作。

1938年3月1日，陈训慈曾对搬迁阁书的经过做了简略概述："自去岁（1937）十一月中旬，浙西失利，杭垣垂危，余与省图书馆同人于十六日离杭，买舟南下。余先赴建德，同人送至兰溪者，旋亦至建德来集。在建德设办事处，治事凡一月。其间又两赴杭州运书，一返家乡及杭垣。富阳继陷，建德吃紧。又偕同人于十二月二十七日买舟，循钱江上溯经兰溪、金华，以今岁一月三日到达永康。以此为运书往来金华、丽水方岩间。又派员至建德，运出文澜阁《四库全书》与善本至龙泉。虽馆务紧缩，仅存一设在碧湖之流通部。然往来调度亦鲜宁处。其后，又以教（育）部主张，搬迁文澜阁《四库全书》于黔省，洽定车辆，定于三月二十三日起运，于是运书事略告段落……"②

事实上，搬迁阁书的过程要复杂、曲折得多，这在其《运书日

---

① 转引自吴忠良：《经世一书生：陈训慈传》，杭州出版社2009年版，第82页。
② 林祖藻：《陈训慈与文澜阁〈四库全书〉》，见浙江图书馆编：《陈训慈百年诞辰纪念文集》，北京图书馆出版社2006年版，第670—671页。

记》①中有详细记载。

　　1937年9月8日，陈训慈在日记中说："今日未赴馆，馆友叔同来谈印行所报销及馆事。文莱来商谈阅览进行各事，对于月前运《四库全书》至富阳后，与叔同颇有意见，致解劝而去。"史叔同和王文莱二人都是浙图馆员，此后都在《四库全书》的运书过程中立下汗马功劳。其实早在7月26日，陈训慈就在浙图孤山分馆召集馆员，商量阁书的搬迁事宜，古籍部主任夏定域建议搬到富阳渔山石马头村赵坤良家。

　　关于此一节，在富阳负责管理阁书的毛春翔在《文澜阁〈四库全书〉战时播迁纪略》一文中有详细记载："二十六年七月七日，倭寇在芦沟桥发动侵略战争，未几，沪杭线时有敌机肆扰，馆长陈叔谅先生恐阁书被炸，即命总务组赶制木箱，准备迁移。七月末，情势日益恶劣，乃决定迁运日期及地点。日期，定于八月四日。地点，决定富阳鱼山石马村赵宅，乃本馆编纂夏君定域向赵君坤良商得同意。八月一日，全馆职员麋集孤山分馆，点书装箱，至三日深夜装竣。计阁书一百四十箱，善本书八十八箱，共二百廿八箱。四日晨阁书离馆，运往江干装一大船，余奉命随书出发，负保管之责。五日午刻，抵达鱼山。自江边至石马村，计程十五华里，雇工挑运，二人共肩一箱，半日竣事，赵君坤良昆仲，富有资产，待人和善，号召力强，一声令出，数百挑夫立至，故搬运书箱，毫不费力。赵君坤良合家居住新建大厦，其旧宅弃置未用，阁书即庋藏其中，余偕工友一人居楼下，楼下正房一间，原作厨房，供宅前店伙用，自书迁入，赵君即令拆灶，余与工友饮食，由新厦供应。其照应周到如此。至待余之厚，更非楮墨所能罄。"②

　　11月1日，杭州危在旦夕，陈训慈在日记中写道："市面沉静，十家九空，惟粮食店懒散开业而已。路上军警频频往来，常拉人力车以行，因是车甚少见，而闸口江阜军队捕船尤急。民间欲雇船更难。"由

---

　　① 陈训慈：《运书日记》，周振鹤整理，中华书局2013年版。
　　② 毛春翔：《文澜阁〈四库全书〉战时播迁纪略》，见王国平主编：《西湖文献集成》第20册，杭州出版社2004年版，第398页。

于还有一部分方志、西文书有待迁运,因此,陈训慈向在省府任职的朋友沙孟海求助,但"不能得船只",陈训慈再去找浙大,仍然是"无车无办法"。最后,沙孟海给公路局长徐学禹写了一封介绍信,十一点半,陈训慈赶往公路局,徐学禹仅派技工王某代见,答应派汽车运富阳一次,陈训慈回去后,派馆员汪闻兴负责接洽,不料汽车已被其他机关征用,"闻兴不得要领而归"。①

11月15日,陈训慈在日记中说:"今日杭市所得消息恶劣,人心惶恐,馆员亦亟亟作迁移之准备,竟日奔走探听消息,应付公私各事"。②昨日,在汪闻兴接洽汽车事宜的同时,总务部主任史美诚亦去雇船,不幸的是,船亦为军事机关占用。③

11月20日,为了解决交通工具的问题,陈训慈又四处奔走。他在日记写道:"由于雇船困难,叫孙金三君赴闸口雇船,不得而归。十时许,余赴省政府访秘书沙孟海,并介绍伍时谨秘书长。设法借车,伍先生曾在中山大学掌教,于浙馆公私都有同情。他打电话至公路局设法。孟海写一信介绍给徐局长,又到公安局,龙不在,与钟科长、余秘书一谈,告诉得船,派警照料。……"④

11月22日,陈训慈运书的交通工具仍然悬而未决。"为借车事,再赴省府、公路局及浙大。……伍秘书长再电徐局长,答语模棱……"对于各方推诿,陈训慈不由感慨:"以公家于文化公物之眇视,尚为意想中事;非常时期,组织行动之散漫尤可为全局虑也。"在陈训慈无助的奔波中,还时遇危险,不但有来自敌方的危险:"至省府时八时,孟海来,忽闻空袭警报,敌机二架少顷即至。如在省府上盘旋。孟海嘱同避

---

① 林祖藻:《陈训慈与文澜阁〈四库全书〉》,见浙江图书馆编:《陈训慈百年诞辰纪念文集》,北京图书馆出版社2006年版,第669页。
② 袁逸:《陈训慈在1937》,见浙江图书馆编:《陈训慈百年诞辰纪念文集》,北京图书馆出版社2006年版,第708页。
③④ 林祖藻:《陈训慈与文澜阁〈四库全书〉》,见浙江图书馆编:《陈训慈百年诞辰纪念文集》,北京图书馆出版社2006年版,第668页。

地下室中……敌机声音未解除警报，即辞出省府。"①还有来自乱兵的威胁，"有军人夺余自用车，宪兵为代请乃免……警察阻余车前进"，终于"旋得局长通知，说可有车送书一次至富阳"。没想到还是一场空欢喜，"下午电话，则说此车主席有要物送吴兴……"至此，陈训慈也不由哀叹："无车无钱之苦至此乃饱尝风味矣。"②

11月23日，陈训慈赴建德，在富阳到处觅船，准备将杭州运来之书一并送到渔山赵家庋藏，"但军运频繁，纪律荡然，雇船至不易得"。于是陈训慈往县府访县长王懋勤，"闻属员言公安局长为军运困难，刺激太深，神经错乱成癫。新局长今接事，见余等谓无法代觅船，当徐图之，亦不能固请也"。万般无奈之下，陈训慈只得雇佣民船，同时派人给毛春翔送信，告知此事。没想到一波未平，一波又起，此时，毛春翔正急得如热锅上的蚂蚁，也到处在找陈训慈。原因是渔山赵坤良家因"今时局激变，赵不肯庋藏，存怀璧其罪之戒也"。现在，赵家已雇船将阁本代为运出，船已到桐庐。③

11月24日，毛春翔终于在建德找到陈训慈。赵家已将库书装船，但在桐庐因船大无法上水，陈训慈正急于找车，先将书运建德再说。赵家的突然变卦，使杭州运来富阳之书以及原藏于赵家之书都急待转运，无奈之下，陈训慈只得到浙大找竺可桢校长求助，甚至亲自去找司机张某，"多方恳说，获其同意，明日可以车运一次"④。

多年以后，对于竺可桢的临危相助，陈训慈仍是充满感激，他在文章中说："当库书尚未西迁时，这批笨重的线装书（包括方志及善本）初运至浙江富阳，需迅速转运浙南，但当时船只极少，浙图又无自己的卡车，省教厅虽有经费而不允拨款，幸赖竺师对浙图之同情，对文物图书之重视，慨然命浙大腾出自己的运输卡车，多次为浙图抢运阁书及其

---

① 林祖藻：《陈训慈与文澜阁〈四库全书〉》，见浙江图书馆编：《陈训慈百年诞辰纪念文集》，北京图书馆出版社2006年版，第669页。
② 袁逸：《陈训慈在1937》，见浙江图书馆编：《陈训慈百年诞辰纪念文集》，北京图书馆出版社2006年版，第708—709页。
③ 陈训慈：《运书日记》，周振鹤整理，中华书局2013年版，第148页。
④ 陈训慈：《运书日记》，周振鹤整理，中华书局2013年版，第149页。

他书箱。"①

  11月25日，陈训慈即与王文莱、毛春翔同到浙大办事处找到李絜非，商量到桐庐运书一事。因浙大汽车先赴富阳，经过桐庐时，王文莱、毛春翔先下车，整理船上库书，等浙大汽车返经桐庐时，再将船上之书装车，因"太重，仅装二十六箱（共计二百二十八箱）。于下午三时到。书置汽车站，觅人管理……"②

---

  ① 陈训慈：《竺可桢出长浙大由来及其他》，见浙江省政协文史资料委员会编：《一代宗师竺可桢》，浙江人民出版社1990年版，第31页。
  ② 林祖藻：《陈训慈与文澜阁〈四库全书〉》，见浙江图书馆编：《陈训慈百年诞辰纪念文集》，北京图书馆出版社2006年版，第669页。

无处安妥的藏书之地

11月26日，陈训慈再次赴浙大办事处，找司机张某，没想到张某已由富阳赴杭州，"须待之明日再商矣（……）"，于是陈训慈只能以奉化老乡之情去找县长江起鲸，商询汽车之事，结果也是无疾而终。于是，陈训慈只好去找建德民教馆施馆长商办存书事，施馆长建议将库书暂存于绪塘某姓庋藏。

安排妥当之后，下午一时，陈训慈又马不停蹄地赶往兰溪，运书事托王文莱料理。陈训慈此行到兰溪的目的有两个，一是与迁移于此的浙图同人商量运书方案，二是浙江省教育厅已迁往金华城外的东乡王家村，陈训慈打算直接向教育厅求助。

11月27日，早晨八点，陈训慈即前往教育厅，向许绍棣厅长报告馆事，并向教育厅借车搬运在桐庐待运的库书。[1]

11月28日，陈训慈召集浙图同人开会，因为迁运库书，经费捉襟见肘，无奈之下只得裁撤馆员，陈训慈在日记中写道："谈话历一小时，同人亦相对黯然，其中自不乏感念前后怅惜离别之情绪也。"[2]

11月29日，陈训慈为被裁撤馆员饯行，他在日记中说："余亦为泫然而叹。"但感情归感情，宴后，陈训慈"匆匆归所赁馆舍，即搬内帐桌，剪烛话馆事……论日军进兵方针，商讨继续运书工作"。[3]

---

[1] 陈训慈：《运书日记》，周振鹤整理，中华书局2013年版，第151页。
[2] 陈训慈：《运书日记》，周振鹤整理，中华书局2013年版，第152页。
[3] 陈训慈：《运书日记》，周振鹤整理，中华书局2013年版，第153页。

12月1日，陈训慈自兰溪赴金华，到教育厅请示运书的相关事宜，具体情况如下：八点半，陈训慈与西湖博物馆馆长董聿茂同赴金华东郊，步行三里到三滩教育厅办事处。由于库本、善本已借浙大汽车由桐庐运往建德，不再需要教育厅派车，但建德为用兵之地，并不安全，宜设法将书运往赣湘一带，不巧厅长许绍棣外出。

中午，陈训慈与董聿茂在小店吃面，一点又到教育厅，等至两点，许绍棣才回来，陈训慈认为文澜阁本为《四库全书》仅存之硕果，目前存放于建德不安全，建议"以政府之力经浙赣路车运赣湘，则于持久抗战中为较安全"。但许绍棣对此并不关注，只是东拉西扯，一会说"途中多有危险（如误传军火，易遭空袭），不如存藏、金山乡之山洞"，一会又说"赣湘亦非安全，策其全，宜入川"。陈训慈在当日的日记中愤怒地写道："然此言似随便言论，非为文物实际策其全者，余亦不欲毕其辞矣！"①因此，陈训慈决定去绪塘实地考察之后再说。

12月2日，库书幸赖浙大卡车之助，分运三天已全抵绪塘，经民教厅施馆长辗转介绍，暂存方丽斋先生家中。②

12月7日，陈训慈亲往方丽斋家中，对于库书的堆放较为满意，"今日特为往视，叠正厅中"。对于方家的为人陈训慈也较为放心，"方君家中落，为人慎厚，言纳纳若不能出诸口者。并晤其乡长方锦崇，则该乡富绅也"。但陈训慈仍然觉得不妥，"然绪塘太近公路，意殊不安，自宜更迁山乡"。③

12月10日，陈训慈再次在日记中写道："为《四库全书》暂放建德之绪塘，接公路太近，宜迁山乡。"可见陈训慈对库书的安全颇为挂怀。虽然存放库书之地有了着落，但运书经费又出现问题，陈训慈在日记中说："为运书款绌，已向张晓峰（注：浙大教授张其昀）借二百金，自垫二百金，今悉罄，无以应挑工工资，乃往访振公（注：浙大教

---

① 陈训慈：《运书日记》，周振鹤整理，中华书局2013年版，第153页。
②③ 陈训慈：《运书日记》，周振鹤整理，中华书局2013年版，第155页。

授诸葛麟），仅借得六十金，应付颇不易。"①

12月11日，陈训慈只得向省教育厅呈递报告求助："为搬迁文澜阁《四库全书》，各方借款甚多，而书在途中，挑运仍许费用，经常费用无力垫还。因念如此文物，教育厅不视为本身事，至赴杭借资，而今已自筹借债运出，然在杭书尚多，宜可续运[……]请特拨运书费八百元，……"②

12月18日，从杭州运出的约三万册普通中西图书，暂时存放于绪塘民教分馆。晨八点，陈训慈约王文莱坐公路车前去察看，九时到达，看到正在整理的西文图书凌乱不堪，陈训慈不禁"对景尤感增乱离之感"。这不由更增加了陈训慈对库书藏书地点的担忧，让人没想到的是，陈训慈的担忧显然"多余"。午后，陈训慈和王文莱步行八里来到绪塘坞，约见原先答应藏书的杨姓山民，没想到此人却突然变卦。陈训慈在日记中哭笑不得地写道："杨固无知，本允方君可以出赁置书，今乃诿为戚来，后以底情私告方，谓山农畏藏公物，如怀璧招罪而引敌也。闻山中人忆传吾等运来书中有数箱置钞币，故尤引为畏惧。"③对此，陈训慈也无法勉强，只能另外物色近村的山舍。

12月21日，陈训慈约集王文莱、祖训、汪闻兴、次宏、虞培兰五人举行谈话会。陈训慈在日记中写道："余报告运书情形与经济状况，并于同事之工作与进修，谆谆规戒，旋复讨论分工办法，并决定谈《四库》、善本迁定，派闻兴、培兰前往管理。"④

12月24日，杭州失守，教育厅第三科决定图书馆只能留四至六人，而分散各地看守图书，至少须职员六七人。同时，图书馆经费也只发原来的二成五（如图书馆原为每月5300元，九月份后为2652元，一月份当减至1300元），至此，陈训慈在经费上、人手上都几近绝境。

---

① 陈训慈：《运书日记》，周振鹤整理，中华书局2013年版，第156页。
② 林祖藻：《陈训慈与文澜阁〈四库全书〉》，见浙江图书馆编：《陈训慈百年诞辰纪念文集》，北京图书馆出版社2006年版，第668页。
③ 陈训慈：《运书日记》，周振鹤整理，中华书局2013年版，第157页。
④ 陈训慈：《运书日记》，周振鹤整理，中华书局2013年版，第158页。

但陈训慈最大的困扰在人事方面，对于库书不宜存绪塘一事，教育厅张彭年科长表示"可迁迟些"，但后来与许绍棣厅长商谈时，张彭年却又改口说："汉口、长沙现避难纷纷，可见今日实无安静土，浙南各地须防匪，不如即在建德较燥之山寄藏，不必更转输。"对于这种朝令夕改的行为，陈训慈不觉语塞："余一时竟无以进也。"①

1938年1月1日，陈训慈坐船前往迁驻永康的教育厅，对于新年的第一天，陈训慈在日记中感慨地写道："昨夜二时，鸡鸣而醒。自旦又与国家俱增一龄矣。思念往事，感触多端，又回念六年来担任图书馆职务之得失功过，自忏甚多，而此次仓皇迁避，搬书未完，未达安全之地，尤觉未能善其守书之职，忧咎难以自解也。"②

也许是在新的一年对未来的希望，也许是难得的忙里偷闲，午后，即将37岁的陈训慈和王文莱上岸步行，并助船夫拉纤，陈训慈还童心未泯地在日记中特别记录："拔畦中萝卜"，陈训慈一方面一本正经地说："是亦突来之窃行也，应戒"，另一方面又开玩笑地自找理由："盖元旦不见国徽，不敢不践国壤以作我爱家邦之念耳。"最终，陈训慈还是享用了"劳动成果"："既停范村，时约五时，乃即滩上席地而食萝卜青菜，味之甚甘，天已昏矣。"

1月5日，陈训慈在永康方岩胡公殿求签（胡公殿是方岩名胜，胡公即北宋清官胡则），签云"不如缩手度光阴"，陈训慈自解为"保守现状，勿离馆职"。翁祖望（陈训慈的姐夫，时在浙江省教育厅任职）对此签另有他解："'缩'为推却之义，至此不能成我理想，可以退返初服矣。"翁祖望认为"战局延长，图书馆仅保管，无事可为，枯守无益"，要陈训慈尽快丢掉浙图这个烫手山芋，专职去浙大任教职。

竺可桢与陈训慈在东南大学时即有师生之谊，陈训慈晚年撰写的《自述小传》中称："大学时代最服膺之老师为丹徒柳翼谋（诒徵）先

---

① 陈训慈：《运书日记》，周振鹤整理，中华书局2013年版，第159页。
② 周振鹤：《陈训慈及其〈运书日记〉》（待续），见上海中山学社编：《近代中国》第15辑，上海社会科学院出版社2005年版，第311页。第237—239页引文如无特别说明，均见于此文，不再逐一标注。

生、地理气象学家绍兴竺可桢先生。"陈训慈还与竺可桢有私人之谊，竺可桢出任浙大校长即出自陈布雷（陈训慈之兄）的推荐，陈训慈在此事上也颇多建言。1936年3月6日，竺可桢在日记中写道："接陈叔谅自杭州来长函，知其兄布雷已将余只允就浙大校长半年事告知渠，怂恿余接受浙大校长事不加以期限，且谓外间谋此事者人多，不宜久搁。且谓浙省文化近来退化殊甚，需一大学为中流砥柱"。[①]1936年5月17日，浙大史地学系主任张其昀即函邀陈训慈前往任教："弟至望兄担任一课（题目可商酌），以资增重，想荷赞同，望赐复为幸。"[②]可见，就公事与私宜而言，陈训慈要到浙大专任教职都是易如反掌，但对于翁祖望的建议，陈训慈表示"惟余意终踌躇"。

1月6日，因前日传言日军撤离杭州，陈训慈认为这是再次赴杭运书的良机，故派王文莱俟机辗转赴杭。

由于时时惦念运书事宜，陈训慈已是身心俱疲，他在当日的日记中写道："数日来夜眠杂梦常多，固由于心境不佳，亦可见神经之益损健全。"虽然陈训慈自勉"今后欲健身当减梦，欲减梦当节杂念，节杂念尤当读修养有助之书"，但陈训慈也承认"而人事仆仆，牵累日多，而国运屯塞，前途多棘，何能约以事己，俾乃留多时以读书养心耶？"有鉴于永康县立中、小学停顿，民教馆无所作为，陈训慈在日记中痛斥："甚矣知识分子之临难脱逃也。"

1月7日，对于当权者在库书迁运一事上的不负责任，陈训慈在日记中怒斥："最所不安者为文澜《四库全书》。几经面陈教厅当局，以迁往内省为宜，而迄不得要领，（每谓内地亦不安全，岂不知相对的安全，自有差殊。）今既无余钱，又无交通工具，无米之炊，前已饱受痛苦，今将安所效力。瞻念万一疏失，将何以对浙人，何以对文化？不禁殷忧，尤不禁对主持教育行政者致其愤愤也。"

---

① 转引自王来法主编：《思想政治理论教育新探索（2010）》，浙江工商大学出版社2011年版，第391页。
② 张其昀：《致陈训慈先生函》，见《张其昀先生文集》第21册，中国文化大学出版部1989年版，第313页。

1月8日，公路局来人告知："谓公路网密布，苟有汽车可运书直达川、滇，即汽油所费亦不多。"陈训慈无奈道："向使省教育局知图书文物之重（浙西、江南流风遗韵犹多私家藏书，今皆沦战区，损失之巨可想。战后书必更稀贵，而公家藏书所关乃尤巨），以保全为急务，则提出省府会议，令公路局拨数辆卡车迁往内地各省，或更拨有限之款搬运，离公路入山乡，固易若反掌。在省府所费极微，而所保全者实大，特政权在握之新进者漂薄无识，轻易视之，如余守书，亦徒深心力绌之慨耳。"多年以后，陈训慈对此仍是耿耿于怀："因当时教育厅不肯出运费和受交通工具的限制，故这样步步迁移，实是不经济的。"①

虽然陈训慈为守书有"深心力绌"之慨，下午，陈训慈仍致信回复浙大史地系主任张其昀："告以馆务不能摆脱，拟乘此读书自修，守残余事业，不忍背弃以就大学。"

1月10日，陈训慈向教育厅密呈："报告《四库全书》迁地及拟请主持续迁内地"。

1月11日，为了将库书尽快迁往内地，陈训慈去找省府秘书长李立民，李立民也认为："兹事系文物之重，如教厅确定迁往目标，当属公路局竭力备车供运。"当晚，陈训慈又去找许绍棣厅长，"先陈迁来办公运书及紧缩之情形，继遂陈述建德松阳坞离公路仅十里，其地易沦战区，最好迁往他省"。许绍棣"惟致慨于公路局之弊政，云此次迁移，并省府索车亦无之，则李立民先生语实现否犹一问题"。许绍棣还说"外省臂长莫及，可就处属物色一地"，并承诺与交通处商借运书车辆。

令陈训慈倍感愤怒的是，当局并非完全无车辆可供调度。陈训慈在日记中写道："更可笑者则当除夕顷敌兵偷渡垂成之际，绍、曹忽传敌已过江东区，刘建绪（编注：第三战区第十集团军总司令）遂令路局将在曹娥、余姚一带之客车共四十节烧毁之，火光冲天，慈西大震，实则

---

① 陈训慈：《补抄文澜阁〈四库全书〉史实》附记，见《浙江图书馆志》编纂委员会编：《浙江图书馆志》，中华书局2000年版，第272页。

是晚消息已好转。或以暂缓为请，执不可。"对此，陈训慈怒斥："夫焦土抗战，谓虽至焦土犹抗战也。今必解以炸毁物力于退败之时，即不能不然，亦何至萧、曹未警，而慈、姚先焚车耶？此与某军于富阳失守，即全烧桐庐民船如此一辙，亦以见主军者挫敌焰则不足，毁公物、摧民力则有余也。"更让人"是可忍，孰不可忍"的是，前公路局长徐学禹"此次乃乘战乱之间大胆妄行，搜括无数，其事即晚清败政中亦不敢公然妄行至此，可谓处极刑有余辜也。徐之主路局，乘战事遴逼，复兼长全省汽车总队部、船舶总队部，征用民船及商营汽车甚多，乃在任时既浪用浮报（薪额各超于建厅相称之职），复将汽油大量私售，移交时竟一空，且将征用之商用汽车于移交前悉还商家，以市惠渔利，或竟转售，致一时军运大成问题。闻其人已在逃，而继之者陈琮，复舞弊营私而去。今省府改设交通处，委魏某主其事，闻于汽车船舶将加调整，不知多时能有实效。政治积弊，因作战而益暴露，此第趁火打劫之一例耳"。

1月13日，听闻浙江南浔嘉业堂图书毁于战火，陈训慈倍感痛心地说："今闻十一月间敌入南浔，焚烧甚烈，嘉业堂书则有运往日本之传闻，信然，诚吾浙书林之一劫。……今战事遍及江南浙西，即图书之浩劫已为空前所未有，然以言民力国富之摧毁，则此言犹为书生小见矣。"

求神拜佛

1月14日，鉴于嘉业堂的藏书被毁，陈训慈仍然固执于自己的"书生小见"。由于自认为前日与许绍棣商讨续迁库书事，已得其同情，只是何时有汽车及接洽途径仍然未有着落，陈训慈当日特地偕史叔同赴丽水，并让史叔同物色适当存书地址。经38公里"形势多险"的山路颠簸后，陈训慈到达丽水，结果扑了个空，张彭年科长去了碧湖，许绍棣厅长去永嘉指导党务工作，三天后才回来。

1月15日，在丽水第二天。陈训慈派史叔同赴龙泉，寻洽寄放善本的地点。自己则留在丽水等候许绍棣厅长。

1月16日，在丽水第三天。上午，陈训慈赴处中找到张彭年，据张说许厅长大约今日可从温州回来。午间，陈训慈又到许绍棣寓所，许仍未回来。傍晚，张彭年告诉陈训慈许绍棣已于下午回来。陈训慈"以晚间人或有事或疲累，拟明晨往洽"。

1月17日，在丽水第四天。经头一日的"三顾茅庐"后，八点，陈训慈终于见到了许绍棣，陈训慈汇报了再迁库书一事，并说已派史叔同前往龙泉寻找存书之地，请许绍棣致信交通处魏思诚副处长接洽借车运书。许绍棣则说可交方岩教育厅去办，陈训慈认为由许亲草书信较为郑重，许绍棣则推诿与魏思诚并无交情，最后才同意交下属去办理信件。十时余，陈训慈去取书信，发现书信系民教厅一职员所写，"寥寥数语，初未及库书之重要，果仅此一书，可得不用公车耶？"陈训慈再次去找许绍棣，许正为事发脾气，只得作罢。陈训慈不禁感慨道："余为得一运输办法而守待四天，人乃不能假数分时间以作信介绍，甚矣其轻视此事之甚也。"

九时，陈训慈访杭高校长项定荣，项定荣给陈训慈出了个主意：可以图书馆协会名义电教育部长陈立夫，请主持运藏，还可以致电陈训慈的二哥陈布雷转为周旋。陈训慈对此颇为踌躇："官厅大抵层转推卸，纵使立夫先生重视此书，亦惟电浙教厅长妥善运藏，而协会系余等主持，又人所共晓，恐省教当局更以为援上势以相绳，更不开心，而二兄固更不喜干与范围以外事也。"

午后，史叔同自龙泉归来报告，已觅到较为妥善的藏书之地，陈训慈"拟决以龙泉为庋藏《四库》地，不复作迁出省外想矣"。

1月18日，早晨，陈训慈和史叔同再至许绍棣寓所，报告在龙泉已选定藏书地点，并请发拨车公文，许绍棣让陈训慈或去找李立民秘书长，或去找方岩教育厅。

本月6日，陈训慈曾派王文莱俟机返回杭州运书，但无机可乘，只得返回宁波，15日，王文莱回到永康，带来了陈训慈家人的书信。妻子阮莹的信"语简而盼余尚可一归度岁，大致避居甚意乱矣"。女儿陈约文则在信中说：陈遴（陈训慈的儿子）"耳疾不痊，似扁桃腺痛而颈侧"。陈训慈对此甚为焦虑："此孩幼颖，自染耳疾即钝鲁，割治又太年幼，其智育与立身之前途颇可虑也。"

1月19日，陈训慈偕王文莱，自永康赴方岩，在省政府秘书处找到李立民，告知已在龙泉找到藏书地点，请拨发运输车辆。李立民谓"且在省府会议席上提起，嘱送一节略，即当据以令交通处拨车"。陈训慈马上回去写呈文，五时写就，准备次日晨送去。

1月20日，陈训慈冒雨再次到省府找到李立民，递交昨日拟就的呈文，李立民则将呈文批复并电令交通处事，交科长赵荣士办理。等了一个多小时，陈训慈才拿到批文，其实电文只有寥寥数字而已："事关保存国粹，仰该处长迅拨大卡车八辆、至少四辆交与运书。"

拿到批文后，下午三时，陈训慈即找车回永康，打算次日赴金华，到交通处联系运书车辆。四时，刚回到住所，听说公路局有汽车到金华，五点一刻，喘息未定的陈训慈又坐车赴金华，"以一小时整行箧及被包，甚匆促"。七点到金华，在渡口等了一个多小时后，陈训慈遂步行进城找旅馆，"步出街头晚膳"。

1月21日，在金华的第一天。有了前几次被打官腔的教训，陈训慈先找到在省府任事的七弟陈训愿（叔同），因为交通处秘书李乃常是陈训愿同事的姐夫。

下午三时，陈训慈和陈训愿一起去找李乃常，正如费孝通所说：中国社会是一个"熟人社会"，李乃常对运书事表同情，但认为"公路局车少，租用商车不堪长征，宜分水程陆程，近际水大，自建德至金华可用船，自金华运龙泉则用汽车"。陈训慈认为言之有理，遂约定次日去找李乃常拿交通处致船舶总队部的公函，并与交通处实际负责人魏思诚副处长面谈。

1月22日，在金华的第二天。上午，陈训慈与陈训愿、王文莱一起赴交通处见魏思诚。魏思诚同意建德至金华一段船运，金华至龙泉一段车运，但费用问题双方产生了分歧。陈训慈原以为汽油费由交通处义务或先记账，后由省府拨还。但魏思诚却坚持"汽油须现付，而索价又颇巨（谓以公路每公里二角计，金永二百六十里来回一次须百零四元，加车租等；又谓如汽油六十加伦，每加伦高价一元四角，亦须八十四元）"。

下午，陈氏兄弟二人分头行事，陈训愿去取交通处致建德船舶总队的介绍信，陈训慈则打电话到方岩教育厅请示林秘书。林秘书听说索价数额巨大，推诿教育厅能否筹付该款不敢擅主，并说既然是省府电令，就应该找省府秘书处。陈训慈只好决定次日发电报或打长途电话请示省府秘书处。

1月23日，在金华的第三天。上午，陈训慈再到交通处找李乃常商谈，李乃常"颇不以魏计较为然，劝勿以费事而稽延，终有办法"。陈训慈也相信纵然许绍棣不做明确表示，省府"亦不好意思为千金而推诿"。但当陈训慈打电话请示省府秘书长李立民时，李立民却表示：

第九章 前丁后陈 并垂不朽

"公务何得费巨至此,属与魏先生再洽,以电复之。"因此,陈训慈决定赴方岩面谈,同时派王文莱赴建德向船舶总队索船装书运金华,陈训慈估计船的事情办妥大约也需六七天,到时车的事情也应该能办妥。

1月24日,在金华的第四天。陈训慈此行到金华还有一个私人目的,就是办妥运书之事后,即由金华乘车赴南昌之吉安,结束在浙大上期的任课,"然余念馆事即在保管状态中也,不易交代,意甚踌躇"。陈训慈只得致函张晓峰,感其诚意,"并告以如西史各学程已开定,余亦拟课(?)守半载再说"。虽然陈训慈说:"自知此种犹疑状态亦可笑也。"但从中可以看出,陈训慈对在浙大任教还是心向往之,只是囿于浙图职责所在,不忍弃之。

下午一时,陈训慈回到永康,五时,陈训慈往访书友王式园。王式园交游广泛并爱护文物,"允为《四库》向该处某队长商减费云"。因此,陈训慈写信给王文莱,"告以费事有望,促速运书装船"。

1月25日,陈训慈在日记中,详细记载了朋友张崟(慕骞)长信的内容以及自己内心的真实看法。

张崟在信中说:"辞任卸责为下策,诸事卸罢觅代告假为中策,终始职守唯力是视为上策。辞去既绝无可能,固守恐未易决,所可采者自不出中策。惟当将迁藏妥善,慎选代理。"张崟的意思是:现在辞去浙图馆长职为下策,运书事毕再往浙大为中策,固守现职为上策。下策"不义"而上策"不易",唯有中策可行。张崟还劝陈训慈"勿犹豫不决,闷损精神"。

陈训慈即在回信中表示:"义仆不以主人中落而背弃,往昔受之于公者多,所自效者少,一念此义,何敢贸然以去。自惟六载心血,成效诚鲜,但亦不自菲薄。异时战局终结,图籍之复位,规制之重整,要当与二三子共善终始,部署略妥,然后待时让贤。"

但此时的陈训慈却无法不"犹豫不决,闷损精神",陈训慈表示:"盖余于浙馆自分无大愆,而梏守太无聊,于晓峰兄相期之殷,不能无动于中,读慕骞信,辄又不禁犹豫,欲婉却浙大聘,留守半载再说也。晚作一信，写前二天日记，十时寝。"陈训慈虽然十时寝，却是一夜无眠，想到自任浙图馆长以来的种种往事，以及眼下尽忠职守的艰难，陈训慈不由百感交集："自余来杭垣主持浙江图书馆，于今适为六周岁。客中追怀，百感交集，而播迁靡定，珍籍分隔，旧雨星散，独守馆铃，尤不禁怆然于怀，与忧国之念交迸而不能自抑也。……抗战既起，游离迁书，虽遗留孔多（书版全在孤山馆舍，尤为可虞），盖已尽其在我，至今株守事闲，告假亦未能决也。回忆去岁今日，二三子以余拳拳馆事，亦既五载，为举行'主馆五周纪念会'，醵金以表一、自来水笔一为贻。物犹在怀，同人已散。当日数十人一堂融融，今夕则凄凄与伯均寒灯相对，念往事，忧来日，不自禁其感愤，不能成寐也。"

1月26日，也许是觉得县官不如现管，陈训慈通过王式园直接找到交通处赵队长再谈运书计费事。赵表示为难："公路局无经费，全为自身维持，车已预备，需费标准已复函许厅长。"陈训慈则希望能按实用汽油计价，最后，赵队长应允"各超过预定可以不足数记账"。[①]

1月27日，得知许绍棣在方岩出席省府例会，将到教育厅，上午十时，陈训慈马上由永康赶往方岩，但等到下午三时，省党政联席会议仍未散。陈训慈便找到省府的赵崇士科长，说明魏思诚要求运费现付，陈训慈表示可否由省府先拨此款，赵崇士答应转告李立民秘书长。陈训慈旋即来到教育厅，不料许绍棣刚回厅马上又要去丽水，并且已经上车。陈训慈赶快长话短说，许绍棣得知车费估计共需千八百元，即在概算表上匆匆写"拟省府提案"五字。陈训慈随后去找教育厅林秘书，不料林秘书完全摸不着头脑，因为许绍棣对此根本没有交代。

事实上，许绍棣对运书一事完全未放在心上，他目前致力于开办青年训练团，教育厅的日常事务完全交付科长、秘书。本月20日，许绍棣到金华，从省主席黄绍竑处得知，教育部长陈立夫在南昌召集江、浙、

---

① 周振鹤：《陈训慈及其〈运书日记〉》（续），见上海中山学社编：《近代中国》第16辑，上海社会科学院出版社2006年版，第337页。第240—250页引文如无特别标注，均见于此文。

皖、赣、湘五省教育厅长讨论青年训练与民众训练问题，许绍棣即自行前往南昌开会，离开浙江已逾一周。许绍棣此行非常辛苦，座车在途中抛锚，即改搭军车，以致两日未眠，两日未吃饭，只以粗饼充饥。由于省党政联席会议去电催促，26日才回到金华，27日又赶到方岩，会客又甚多，以致"中并五分钟犹不容秘书有接洽机会"。对于此种"不务正业"，陈训慈在日记中奚落道："余谓劳而粗心（忽略本职□□□□）〔整理者按：此处装订时被切去一半，无法辨识〕亦奚以益人，有专以克苦耐劳为战时公务人员之要件（？）者，亦所谓知其一不知其二者也。"

节外生枝

1月28日，晨九时，陈训慈即往省府找李立民秘书长，等至十时半才得到接见。陈训慈简略汇报了接洽车辆经过，并说许厅长已向省府提案。李立民"初谓经费未定稍缓，后闻已启运，谓亦不妨。当告魏君减费，并嘱转告教厅星二（编者注：2月1日，因1月30日为除夕）即提案"。

正当陈训慈觉得运书的车辆、经费都稍有着落的时候，不料又旁生枝节。李立民告诉陈训慈，27日浙江省府接到教育部来电，略谓"据浙江大学竺校长电陈，《四库全书》已由该校帮同运严州，偏近战区，未妥。兹为保全国家文献起见，望贵省府设法运黔，盼即电复"。此事确系竺可桢所为，1月22日，竺可桢在日记中记载："教部陈立夫，报告运仪器之近况，并报告文澜阁《四库全书》硕果仅存，虽由浙大帮同运严〔建德〕，似更运内地为是云云。"①没想到黄绍竑系行伍出身的桂系巨头，与之谈运书之事难免是"秀才遇到兵"。李立民告诉陈训慈："此电甚空洞，主席见之甚不高兴，谓土地人民如放弃，文物何足云。入贵州，岂谓黔省以西（整理者按：原文如此，当作以东）之大地悉准备放弃耶？教部有办法，惟自来运。"并已复电教育部"正迁浙南，不便远迁"，黄绍竑此举纯属意气用事，陈训慈认为这是黄绍竑的一贯作风："实则教部在教言教，此主张亦不可谓非。'人民能行，而书不能

---

① 竺可桢：《竺可桢日记》，人民出版社1984年版，第198页。

行，文物内保固非暗示尽迁他地托理由。'黄主席于政治教育往往未能见大虚心，如谓办青年团，即全省中等学校可停，其妄断可见也。"

1月29日，临近旧历除夕，永康城内已时闻腊鼓爆竹。被运书之事搞得焦头烂额的陈训慈难免触动乡思："年年除夕常在五官桥故里，曾有一年在京。在杭五年，则三年返乡，二年亦并与莹与诸孩共聚度岁，稀有故乡之念。今岁夏历度年方完全为旅途生活，然人生不可太平凡，安居眠食，无流离冻馁之苦，而犹思近故里，亦自愧太无志气矣。"

饶是如此，陈训慈仍未动摇尽忠职守之志，他发一电报寄泰和浙江大学，告知张其昀："以库书事不能来赣，本其课程通信结束，下期课候示再定"。

1月31日，大年初一，陈训慈想到为保存库书，浙图同人天各一方，不禁感慨成端："在永康寓次。馆友吴伯均、柳永缙同寓。史美诚、王文莱在建德、金华途中运书。图书馆自一再紧缩，一月初旬迁来永康，仅余等五人。此外，汪闻兴、虞培兰在建德总管书，而孙金三与馆工王仁焕等命留杭守馆宇及民房存书，不知其安全如何，良可念也。"

早在1月23日，陈训慈就派史叔同、王文莱赴建德联系船只，同时，陈训慈则着手联系车辆。28日，库书乘船上行，30日抵金华，在此换装汽车，分两次运送龙泉。在接下来的数日，陈训慈密切关注着库书的搬迁动向。

2月1日，"今午叔同押书一车至，谈装运情形。午后往站视之，叔同即押运去丽，明日赴龙。今日凡装车三辆，约八十箱。晚文莱来电报谓时局风声稍紧，车供军运，无大者"。

2月2日，"今晨八时伯均、永缙二人去金华协助文莱运书来龙泉（今日又有书一车过境往龙，永缙明日再押车去，伯均或赴兰一行）"。

谁知天公不作美，在接下来的几天中，阴雨绵绵，库书无法搬运，陈训慈又不免忧心忡忡。

2月3日，"阴雨连绵，竟日不息，本馆运书工作为之中辍，今日无书车过境"。

2月4日，"以雨故，本馆运书车无过境者。叔同亦滞丽未返金，殆以雨，金华不能装而龙邑不能卸也"。

2月5日，"雨不已，继之以雪。旁晚见斜阳，雪霁溶，听溜声滴滴，卜明天晴也"。

2月6日，"上午天晴，下午又阴霾，三时复雨，继之以雪雹，入晚又淅沥不休"。

当日，金华运书至龙泉的工作开始恢复，"今日自金华开来过永康驶者，凡四大车。据云《四库》善本已装完矣"。

正当陈训慈觉得可以稍微松一口气的时候，突然接到浙大代理总务长沈鲁珍的电报："教部已三电浙省府速将《四库全书》运往安全地点，并指令浙大协同办理，即派李絜非兄来，请兄赴藏书地方会商。"陈训慈对此甚感意外："不料教部乃又来二电，立夫先生竟如此重视（或部有人主张之）《四库》欤？抑文津、文渊确知有被劫之虞欤？殊属费解。"因此，陈训慈决定运龙泉的库书暂不入山，等探明浙江省政府的态度后，再做打算。

2月8日，陈训慈再次接到浙大沈鲁珍的电报，称为协助运送库书事派李絜非直接来永康，大约四天后可到。

2月9日，眼见运书一事告一段落，陈训慈在当日的日记中很有意思地进行了自我评判："昨晚静思，顿生一感觉：即我之处已对人与赴事，自省与现时代下中国所需要于如我其人者，实甚远！亦可谓我自信不可谓好人，而亲友多衷心犹推为好人，而见闻所及，亦深觉滔滔者于学识、负责、公忠种种皆较我等而下之者太多，如此一想，可为国家不寒而栗。中国之不能遽见复兴，其原由何假外求，此一念中，基因存焉。"诚哉斯言，有陈训慈辈为国家之幸，陈训慈辈太少则为国家之悲！

对于教育部电令迁运库书去贵州，黄绍竑觉得有伤面子，复电称："《四库全书》正由图书馆长商承教育厅，拟先移本省较为安全区域，并已在妥藏中。承示当饬厅知照。"但教育部又两次来电坚持运至省外，黄绍竑干脆来了个撒手不管："省府复电略以贵部仍拟将《四库》

书运至省外，希即派员来浙主持搬运云云。"对此，陈训慈感到左右为难："此乃黄主席于此事表示不满，即过此以往不肯负责也。同时部又电浙大协助，故浙大特派李君来此，以余地位甚难表示，不知教部是否立夫先生本人如此重视，府电去后，反应又何如也。"

2月15日，因库书是否转运贵州，教育部和浙江省府出现了分歧。因此，陈训慈只得赴方岩教育厅探听消息，林秘书详细地告诉了陈训慈整个事情的来龙去脉：2月1日，省府会议讨论《四库全书》迁运费一事，刚好接到教育部电报，要求将库书运往贵州，省主席黄绍竑就颇为反感，"谓土地人民危险，何斤斤于一书，似可索性不动"。与会的高等法院院长郑烈荪、永嘉区行政督察专员许蟠云等都发言，"称此书之重要与存本之鲜"。省府秘书长李立民也"力陈迁出建德、搬至龙泉为本省应有之责任，事属已办，应照拨费（林先生代表许厅长出席，有所说明）"。只有民政厅厅长王先强默不作声，陈训慈在日记中嗤之以鼻，"此公为黄季宽之亲信者，而希意承旨如此，可叹"。对于黄绍竑的粗陋，陈训慈也颇有微词："黄氏为桂省名军人，曾主浙政而竟识浅度仄至此。（闻烈荪先生告我，渠在席上耳语，询究为如何一书，是否档案之属，真可笑。不能书犹可说，妄自用则不足言从政矣。）渠对李立民谈，有'《四库全书》即与浙江共存亡'语，虽保省治军本色，然语实粗鄙不伦矣。"此事的最终结果是，黄绍竑见附和者甚多，也只有将库书搬迁费用一事"悻悻谓即作通过云云"。

2月16日，陈训慈再往省府探询迁运库书的意见，李立民秘书长"述及教部三电主运黔事，则仍黄主席于此甚不谓然，近闻部电谓已令浙大派员来浙，省府决不负再迁责，且车辆亦无可拨"。陈训慈知道所谓车辆无法调拨，无非是有意给教育部使气出难题。本来李立民对于运书一事颇为帮忙，"今表示坚决如此，盖佐理地位，不能不以黄意为意见也！"

回到永康后，陈训慈见到了竺可桢派来协助运书赴黔的李絜非，据李絜非说：抗战开始以后，全国图书损失惨重，仅就《四库全书》而言,"文津卒陷于敌,是否能久保于旧都,不可知矣。故宫之文渊阁本库书,在沪为影印之后,闻运京,不知迁出与否"。也就是说,文澜阁本也许是《四库全书》硕果之仅存,因此,陈训慈更是认为"浙馆犹得以运出善本与其他书数万册为差可自慰,幸矣!"

2月17日,陈训慈偕李絜非赴丽水访许绍棣,因为许绍棣是"浙江CC派"的核心人物,陈训慈可能觉得"立夫先生与许有旧,或易接近"。到许绍棣寓所探问,"谓原系每日往碧湖,晚归丽城,近以水大,已携行李往,午膳后开车试行,水大不得渡瓯江"。

2月18日,陈训慈与李絜非"同以大车赴碧湖,以渡江有兵车争渡,故至旁午始到达"。见到许绍棣后,"即谈《四库》书教部主再迁黔省事。渠意殊不为然,发言甚多,大抵误此种保全文物为同样具有'逃难苟安'之意味也(惟谓如部中负全责来运,则亦不阻,意谓省不再出费也)"。而李絜非原是教育部令浙大协助而来,此时"即亦不作主张,惟以教部电交阅,及表示以此报告学校复命耳"。

2月19日,陈训慈与李絜非再次到方岩探询省府意见,先到教育厅见到了教育部致浙江省府的第四封电文,略谓"《四库》书事已令浙大派员来助,兹据浙大电陈已派员来浙,请贵府协助,并将起运期电复"云云。而省府仅批"录副存卷,原件送教厅阅洽,存查"云云,其不负责之态度显然可见。

2月21日,陈训慈不得不"为《四库全书》宜由部费主迁及浙省府颟顸情形",致信教育部高教司司长吴俊升(陈训慈东南大学的同学),同时致信新任教育部次长张道藩。

2月23日,陈训慈终于搬出了个人的最后一张王牌,致信二哥陈布雷:"告个人流迁与保书之情形,以库书运黔经费事致道藩先生信请转去。"先后写信给吴俊升和陈布雷的用意非常明显,向来公私分明的陈训慈已经被运书一事搞得无可奈何,只得动用私人关系。同时,陈训慈又作书妻子阮莹"告近况,并定应浙大聘与偕眷入赣之计"。

2月28日,陈训慈"决定返慈溪家乡一行,携眷入赣,应浙大专任教授之聘（案：约在三月三日到家，十日离家来永。补记）"。此时，库书运贵州一事已成定局，心力交瘁的陈训慈终于决定应浙大教授之聘。

陈训慈《运书日记》残本就此完结，1938年3月25日，竺可桢在日记中写道："叔谅来，知文澜阁《四库全书》于日内可由龙泉起运赴湘。"[①]由此可知，陈训慈至少这时已到浙大，而库书也在不久即由龙泉起运。

贵阳地母洞藏书库

陈训慈曾在《丁氏兴复文澜阁书纪》一文中，对丁丙、丁申弟兄的护书义举充满敬仰地写道："文澜旧业，维系勿坠；湖光岚影，长留珍籍。虽后贤继武，克底于成，而矩型是式，端赖前规。先生之竺志文教，尽瘁乡邦，洵足系后人无穷之敬思矣。"[②]

毛春翔则在《文澜阁〈四库全书〉战时播迁纪略》一文中更加敬仰地写道："清咸丰庚申之变，阁书散而复存，阁毁而复建，全赖钱塘

---

① 竺可桢：《竺可桢日记》，人民出版社1984年版，第218页。
② 陈训慈：《丁氏兴复文澜阁书纪》，见《浙江图书馆志》编纂委员会：《浙江图书馆志》，中华书局2000年版，第262页。

先贤丁松生先生倡导之力。此次倭寇入侵,烧杀焚掠,远酷于洪杨,阁书颠沛流离,奔徙数千里,其艰危亦远甚于往昔,八载深锢边陲,卒复完璧归杭,是谁之力与?曰陈叔谅先生之力居多。凡人事安排,经费请领,防潮设备之改善,员工生活之维持,以及其他有关于阁书之安全者,皆赖先生主持维护于其间,前丁后陈,并垂不朽。"[1]

---

[1] 毛春翔:《文澜阁〈四库全书〉战时播迁纪略》,见王国平主编:《西湖文献集成》第20册,杭州出版社2004年版,第399页。

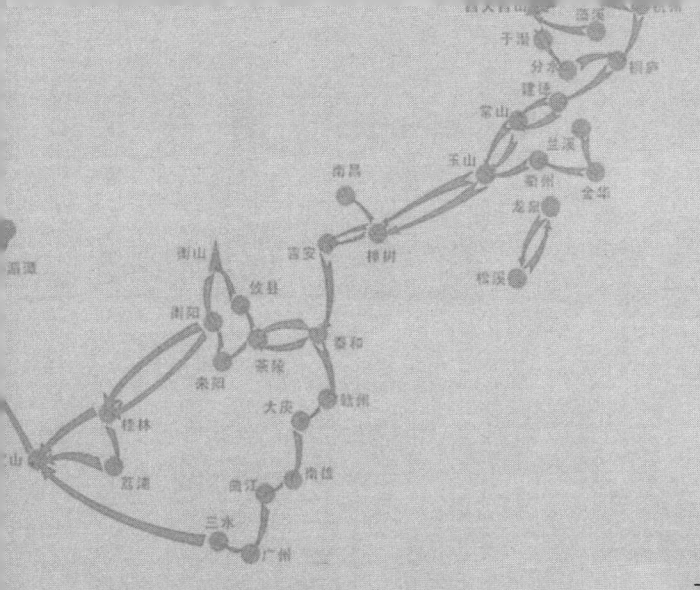

第十章
动物也不当亡国奴

陈训慈成就了守护"中国文化的万里长城"的神话,而中央大学的内迁则谱写了"鸡犬不留"的传奇。这个罗家伦津津乐道的"动物大军"西迁的故事,在相当长一个时期内被湮没在历史的尘埃中,甚至对于当事人王酉亭的记载也语焉不详。

炸弹下长大的大学

1937年6月,为应对日见深重的民族危机,国民政府在庐山召集各方社会贤达共商国策,恰逢七七事变爆发,7月17日,蒋介石发表抗战宣言号召:"如果战端一开,就是地无分南北,年无分老幼,无论何人,皆有守土抗战之责任,皆应抱定牺牲一切之决心。"7月20日,谈话会匆匆结束,参会的中央大学校长罗家伦(字志希)回到南京,马上着手中央大学的搬迁事宜。其实,早在一年前的冀东事变时,罗家伦就预见到中日之间迟早难免一战,因此嘱咐总务处打造了一大批木箱。面对时人的不解,罗家伦顶住压力表示:"我并不想做陶德曼(Trautmann,系当时德国驻华大使,我们开玩笑叫他逃得慢)大使的哥哥'陶德快',但为保全国家文化事业元气计,平时也不能不作有备无患的打算。"[1]罗家伦曾是五四时期的北大学生领袖,也是"五四运动"这一提法的命名者,他所说的"为保全国家文化事业元气"堪称远见卓识。为确保中央大学的搬迁,罗家伦派出几路人马去内地

罗家伦

---

[1] 罗家伦:《炸弹下长大的中央大学——从迁校到发展》,见罗家伦:《逝者如斯集》,传记文学出版社1981年版,第19页。本章以下罗家伦的回忆如非特别注明,均见该文,不再逐一标注。

寻找适当的新校址。一路是法学院长马洗繁和经济系主任吴干向重庆出发，一路是心理系教授王书林向两湖出发，还有一路是医学院教授蔡翘向成都出发，向华西大学接洽容纳中大医学院事宜。由于缺乏当事人的记录，寻找新校址的艰辛已无从考证，只从罗家伦后来的回忆记载就可见一斑："他们都抛开了家庭不管，为迁校而奔波，吃了许多辛苦。王书林先生曾一度赴湖南醴陵觅校址，被县长当做汉奸捉起来了，经朱经农先生去电方才释放。"

八一三淞沪抗战爆发后，8月15日，日军即开始轰炸南京，中央大学在第一次轰炸中就未能幸免。据罗家伦说："一批敌机向中大扫射，弹中图书馆及附属实验学校大门，那时我还教大家不要张扬，恐怕校内人心动摇，有碍装箱及招考工作。"就在这一天，在中大礼堂，罗家伦向全校师生做搬迁动员报告时坚定地表示："现在全面抗战已经爆发，这场中日战争是关系中华民族生死存亡的一场大战。此仗不打则已，一旦打起来就不是三年五年、十年八年能够结束的。我们这一代人打不完这一仗，下一代人还要打下去，一直打到日军被驱逐出我国国土、收复全部失地为止。"[①]

8月19日，中央大学第二次被炸，当时罗家伦正在中央大学召集三大学（中央大学、浙江大学、武汉大学）联合招生委员会决定录取学生名单，发现敌机来袭，罗家伦等人避入图书馆地下室。罗家伦写道："南京地底，掘下去二三尺即见水，所以校内仅有防空壕的设备，上面不过盖土二三公尺。而图书馆的地下室，也是很普通的，窗子还在地平上面。"因此，即使在图书馆地下室，罗家伦还是能够非常清楚地感受到轰炸的猛烈："忽听砰然一声，屋顶上的水泥，如急雨般的打下，房子向两边摇摆。以后继续的几十声，有如天崩地塌。我们知道本校受炸了。炸后又有五分钟不断的清脆爆炸声。"轰炸之后，罗家伦发现："统计那次大学围墙内落了二百五十公斤（五百五十磅）的炸弹七枚，墙外还有许多。这炸弹的重量不是随便估计的，因为我们所在的图书馆墙外，就中两弹；我们拾到的炸弹片有一块很完整的，上面有八个汉文

---

① 刘敬坤：《中央大学迁川记》，见中国人民政治协商会议西南地区文史资料协作会议编：《抗战时期内迁西南的高等院校》，贵州民族出版社1988年版，第249页。

楷字'二五〇瓩陆用爆弹'。（此片当保存，为传校之宝。）这种重磅炸弹，有一个就落在我们所在地的墙外三公尺爆炸。不是一重钢骨水泥的墙，我们二百多人，一齐毁了。这是敌人对付我们文化机关的狰狞面目！"罗家伦还记载了这次轰炸造成的损失，"损毁房屋七八处，死了校工七人。大礼堂的讲台被炸了，但是讲台上笨重的椅子，却安然飞在第三层看台上摆着！"让罗家伦感到庆幸的是："牙医专科学校的房子炸平了，里面二十八箱贵重的仪器，刚巧于那天早上八点钟搬到下关！"当时的情况应该是险象环生，8月19日，王世杰在日记中证实："日机于今日黄昏来京轰炸。在中央大学投四巨弹：一弹落于化学实验室，一弹落于女生宿舍及礼堂，二弹落于图书馆侧……该校正在图书馆中开联合招生委员会，且有武大、浙大教授多人参与。事后罗校长志希来余宅，余见其衣上有血迹多处，彼尚不知，当系当时受伤者之血所溅。"[1]8月20日，胡适也在日记中写道："我们到中央大学去看，见图书馆背后一个大炸弹，入地一丈多，炸径一丈多，离图书馆后墙不过两丈，后墙上有炸坏的几处，玻璃全碎了。大礼堂的后墙被炸（弹）片炸穿了三个大洞，满地是碎玻璃片。（我在这礼堂讲演过三次，是中国最大的礼堂，又最舒服。原来是为国民会议建筑的。）中大的女生宿舍（板屋）震塌了。化学实验室炸烧了。中大共丢了四个大炸弹。……在竺（编者注：可桢）家见着胡刚复、郑晓沧，始知昨夜中央大学被炸时，志希与晓沧、刚复等正在图书馆底层计算此次联合考试的分数。那后墙外的炸弹若向南移两丈，他们全都完了。"[2]浙大校长竺可桢也在8月20日的日记中说："七点半至中央大学，拟询浙大同人之安全否，至则大门禁闭，警长谓因中大被炸，内部纷乱，故暂时不准入内。谓各部职员均安好。……十二点回，适晓沧、亦秋、吴雪愚、徐美成等均在寓，知昨七点日机轰炸时渠辈方在图书楼下避躲，有一弹落地，离图书馆不过四五米

---

[1] 王世杰：《王世杰日记》，林美莉编辑校订，中央研究院近代史研究所2013年版，第33页。

[2] 胡适：《胡适日记全编6：1931—1937》，曹伯言整理，安徽教育出版社2001年版，第706—707页。

云。又知中大内部共打死四人,一为校役,三为建筑工人。……"[1]

8月26日,中央大学第三次遭到轰炸,中大实验学校被炸得面目全非,罗家伦面对惊恐的校工,指着弹坑倔强地说:"寇能覆之,我必能兴之。"罗家伦事后的回忆并非虚词,10月19日,罗家伦在接受《大公报》记者采访时就再次宣称:"敌机的轰炸,实不足畏,你炸毁我一个实验室,我造两个给你看。你炸毁我一个图书馆,我造两个给你看。你炸死我一个爱国的有用青年,我培养十个给你看。你能炸毁的是我们的物质,你不能炸毁的是我们的意志。你可以炸毁的是我们的建筑,你不能炸毁的是我们建设的经验。这是我们对于敌人轰炸的答复。"[2]9月25日,中央大学第四次遇炸,罗家伦这一次差点罹难。此前,罗家伦的总办公室在图书馆旁的文学院内,由于日机连日轰炸,总务长先斩后奏将罗家伦的办公室迁至三牌楼的农学院内。罗家伦后来心有余悸地写道:"二十五日上午,我到图书馆时,知道总办公室已搬。我深怪这搬移的举动太快;本部恐怕还有小部分事要料理,想把他搬回来。总务长告

中央大学旧址

---

[1] 竺可桢:《竺可桢日记》,人民出版社1984年版,第137页。
[2] 《罗家伦对低级任意轰炸表示愤慨》,原载1937年10月19日《大公报》。

我，说是他允许他们搬去的，我自然也就尊重了负责同人的意见。那知道他这意见很好，就是二十五日下午的四时，文学院被炸了！"

在日机接连不断的轰炸中，罗家伦仍然念念不忘中大的搬迁，8月19日，罗家伦等人差点被炸死在图书馆地下室，而罗家伦的办公室也被炸得不成样子，8月20日一早，罗家伦就站在校门内一行法国梧桐底下办公，由于当时正值暑假，教职员工不轻易来校，因此，罗家伦每见一位教职员进来，就分配一项整理和装箱工作，听到空袭警报就到图书馆内暂避。在装箱过程中，最为笨重的设备是航空工程系的风洞，值二十几万美金，这是试验飞机模型所必需的设备，最大的一件机器重达七吨，当时根本就找不到这样大负荷的载重汽车。罗家伦委托航空工程系主任罗荣安负责把风洞运往重庆，罗荣安当即表示，风洞不走人坚决不走，最后居然以愚公移山的办法，把这庞然大物搬上轮船载往重庆。罗家伦由衷地说："像这种的精神，实在是值得赞扬。"①其实，罗家伦作为校长亦何尝不是如此，他曾谈及当时内心的真实想法："在这段期间，中央大学每次轰炸，我都在场，我自己家里的物件器具全部放弃，什么事先尽公家，亦只有这种作法，才可以对得住中央大学这些同事，若是我做校长的先顾自己的东西，我能责备谁应当先为公家着想？"②事实上，罗家伦离开南京的时候，的确也可说是两袖清风，他只带了两个装换洗衣服的小手提箱，罗家伦曾写到离家时的依依不舍之情："临走的时候，把各个房间巡视一番，心里觉得：第一，要带也带不了这许多；第二，在这伟大的抗战揭幕以后，生死都置之度外，还管什么东西？"③罗家伦带走的唯一奢侈品是一瓶香槟酒，他曾指着这瓶酒发誓道："不回南京，我不开这瓶香槟。"④

在罗家伦的大力主持下，中大得以完整搬迁，由于这次搬迁是在日机的轰炸中进行的，罗家伦索性将回忆文章命名为《炸弹下长大的中央

---

①②③④ 罗家伦：《抗战时期中央大学的迁校》，见《罗家伦先生文存》编辑委员会编：《罗家伦先生文存》第8册，台北"国史馆"、中国国民党中央委员会党史委员会1976年版，第441页。

大学——从迁校到发展》，他还自豪地总结道："我们这次搬家，或者可以算是较有计划有组织的；几千个人，几千大箱东西，浩浩荡荡的西上，于不知不觉之中，竟做了国府为主持长期抗战而奠定陪都的前驱。这次搬来的东西，有极笨重的，有很精微的；还有拆卸的飞机三架（航空工程教学之用），泡制好的死尸二十四具（医学院解剖之用），两翼四足之流，亦复不少。若是不说到牧场牲畜的迁移，似乎觉得这个西迁的故事不甚完备。中大牧场中有许多国内外很好的牲畜品种，应当保留。我们最初和民生公司商量，改造了轮船的一层；将好的品种，每样选一对，成了基督教旧约中的罗哀宝筏（Noah's Arc），随着别的东西西上。这真是实现唐人'鸡犬图书共一船'的诗句了。"罗家伦煞费苦心的搬迁，实际上源于他对抗战的理解，搬迁到重庆以后，面对日机的轰炸，罗家伦曾如此勉励学生："我们抗战，是武力对武力，教育对教育，大学对大学，中央大学所对着的是日本东京帝国大学。"

1941年，清华大学校长梅贻琦曾对校友表示："在这风雨飘摇之秋，清华正好像一个船，漂流在惊涛骇浪之中，有人正赶上负驾驶它的责任，此人必不应退却，必不应畏缩，只有鼓起勇气，坚忍前进，虽然此时使人有长夜漫漫之感，但我们相信不久就要天明风定，到那时我们把这船好好地开回清华园，到那时他才能向清华的同人校友说一句'幸告无罪'"。[①]而作为前清华校长，罗家伦无疑身体力行地为梅贻琦对大学校长的认知做了一个注脚，罗家伦无疑就是中大的"舵手"。原中央大学校友，后来台湾的"监察院"院长王作荣就盛赞罗家伦："在所有内迁的学校中，中大是唯一事先有准备，临危又不乱，将全部图书仪器迁至后方，立即安定下来，维护弦歌不绝的一个学校。虽然其他中大老师对迁校之功甚大，但究竟不能缺少当家者的气魄与眼光。……罗校长迁校成功应得一个勋章。"[②]

[①] 梅贻琦：《梅贻琦谈教育》，辽宁人民出版社2015年版，第103页。
[②] 王作荣：《最堪回首是沙坪》，见王作荣、范馨香：《欣云杂文集》，时报文化出版企业有限公司1988年版，第29—30页。

让罗家伦折服的另类"长征"

耐人寻味的是，在高校内迁中备受推崇，也颇感自负的罗家伦，却在多篇文章中不厌其烦地讲到中大畜牧场动物的搬迁传奇。

在《炸弹下长大的中央大学——从迁校到发展》一文中，罗家伦写道："可是还有余下来的在南京的呢？我以为管不得了。所以我临离开的时候，告诉一位留下管理牧场的同人说，万一敌人迫近首都，这些余下的牲畜，你可迁则迁，不可迁则放弃了，我们不能怪你。可是他决不放弃。敌人是十一月十三日攻陷首都的，他于九日见军事情形不佳，就把这些牲畜用木船过江。由浦口、浦镇，过安徽，经河南边境，转入湖北，到宜昌再用水运。这一段游牧的生活，经过了大约一年的时间。这些美国牛、荷兰牛、澳洲羊、英国猪、美国猪和用笼子骑在他们背上的美国鸡、北京鸭，可怜也受日寇的压迫，和沙漠中的骆驼队一样，踏上了他们几千里长征的路线，每天只能走十几里，而且走一两天要歇三五天。居然于第二年的十一月中到了重庆。"

在《抗战时期中央大学的迁校》一文中，罗家伦再次写道："关于牲畜的迁移，还有一个极动人的故事在后面，因为除了选了每样一对畜种之外，还有许多留下的牛羊等等，怎么办呢？我在将离开南京以前，把管农场的一位职员王酉亭先生找来，亲自对他说：'这留下的东西，交给你，在敌人未到南京以前，你设法保管，万一敌人攻陷南京，那时你若是认为无法维持的话，不得已而放弃，我也绝不怪你。'那知道南京攻陷前三天，他看见情形危急，居然把全部牲畜移到大胜关农场，再由大胜关用木船运过长江，迂回的循着陆路游牧起来了，由安徽到河南，再由河南转湖北，到宜昌之后才上木船到达重庆，这样的游牧，近乎有一年的时间，当然沿途的费用，我都随时接济他，或是请当地县政府先行垫付，可是这漫长的路程是不容易走的，有时候背后就是敌人，而这些高贵的'慢牛'（很多是荷兰和美国种），毫不知道发急，一天只能走十几里路，走了二三天，必得休息一个星期，装了笼子的各种鸡鸭，在路上要请牛先生帮忙背负，可是奇妙得很，从南京出发到重庆，这些大的牲畜没有死亡一个，还添了一条小牛。"①

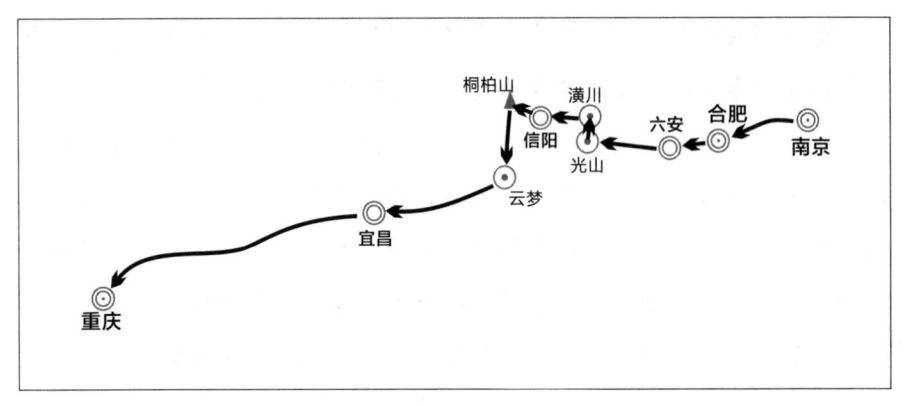

动物西迁路线示意图

近年来，经过新闻媒体的不断报道，特别是诸多学者的反复考证，"动物西迁"故事的来龙去脉才逐渐清晰、丰富起来。

8月13日，淞沪之战爆发，这是国民党正面战场抗战中最为惨烈的一次战役，11月9日，国民政府正式宣布迁都重庆，11月中旬，上海失守，战火迅速向南京蔓延。12月1日，日军攻占江阴要塞，并下达进攻南京的作战命令，南京保卫战正式开始。

12月4日，日军逼近南京郊区，国军党守军与日军正式接火。当日，罗家伦最后一次巡视检查学校后，来到丁家桥农学院畜牧场。此时的中大畜牧场除了选定的运走的牲畜之外，还剩下1000多只畜禽，罗家

---

① 罗家伦：《抗战时期中央大学的迁校》，见《罗家伦先生文存》编辑委员会编：《罗家伦先生文存》第8册，台北"国史馆"、中国国民党中央委员会党史委员会1976年版，第459页。

伦告诉畜牧场场长王酉亭：一旦日寇攻陷南京，这些动物是丢，是送，是杀，可随机应变。

12月5日，王酉亭把妻子夏淑哲和三个儿女送上了中大家属西迁的轮船，自己义无反顾地留下来迁运畜牧场的畜禽。当时王酉亭年仅36岁，两个女儿，一个4岁，一个2岁，儿子只有8个月大。当晚，王酉亭召集了畜牧场的留守职工会议，在多数职工遣散后，最后只留下了16个人，这16个人中，目前只考证出王酉亭、吴谦、曹占庭、袁为民等四人的名字，这是四个应该被世人铭记的普通人的名字。这四个倔强的涟水人都表达了一个朴实而坚定的愿望：不惜一切代价，把没能迁移的动物护送到重庆，送给迁到那里的中央大学，绝不留给日军！多年以后，谈及父亲当年的决定，王酉亭之子王德还不由感慨万千："兵临城下，南京城里到处都是逃亡的老百姓。此时此刻，没有什么比生命更为重要。保住身家性命已成战火中人们的唯一愿望，难道有人会为了牛马猪羊鸡鸭鹅而让自己置于险境吗？"

12月6日，日军发动全面进攻，12月7日凌晨，蒋介石离开南京。12月8日，南京卫戍司令长官唐生智下令撤守外围阵地，日军直扑南京城，此时的南京已成围城之势，东南西三面被日军包围，天上飞机轮番

1932年，王酉亭、夏淑哲（前排左一、左二）结婚照

轰炸,地面枪炮声昼夜不断,只有长江北岸日军尚未到达。

12月9日,日军兵临南京城下,这天凌晨,王酉亭到城西北的三汊河江边,用中大发放的遣散费,高价雇用四条大木船悄悄驶至下关,而当时王酉亭的月薪不过80元。当天晚上,畜牧场职工将鸡鸭鹅兔等小动物装箱进笼,驮在牛马背上,同时驱赶着猪羊等家畜出挹江门,在下关的江边上了船,连夜偷渡长江,在枪炮声中到达浦口上游登岸,然后又马不停蹄地沿着浦镇至合肥的公路前行。

12月10日,日军全线攻击南京城防阵地,12月13日,南京沦陷,日本最高当局对攻陷南京欣喜若狂,"觉得中国首都之攻陷已经剜掉了中国抗战的心脏"①。随后六个星期,日军有计划、有组织地开始了惨绝人寰的血腥大屠杀。"动物大军"数日前经过的下关、挹江门等处皆成尸山血海的人间地狱。日本侵略者以为屠杀了30余万中国军民,就可以摧毁中国人的抗战意志,王酉亭等普普通通的中国人却置个人安危于不顾,从硝烟弥漫的围城中,带出1000多只畜禽,他们用这种让人匪夷所思的举动,向侵略者表明了中国人"动物也不当亡国奴"的坚定信念!

王德在口述中说:"生前,我父亲曾经对子女叙述过西征途中的几个故事——地图、自行车和双筒猎枪;路遇土匪抢劫,勇敢搏斗,国军相救;日军烧毁村庄,敌机炸毁桥梁;逃难人群、散兵游勇、游击武装;一份中大证件、一路联络交涉、杀猪送奶慰问抗日队伍,赢取行进路条,补充队伍给养;群策群力,斗智斗勇,化险为夷……"由于当事人相继离世,这些故事的具体经过和详细内容已很难考证,但由此不难推断出"动物大军"一路风尘中所发生的故事。

很难想象这是怎样的一种奇观,在血与火的战争年代,1000多只动物,拖出长达300米的行军队伍,不紧不慢地行进在兵荒马乱之中。但这毕竟不是和平时期的田园牧歌,其中的艰难是难以想象的。一是动物

---

① [美]白修德、贾安娜:《中国的惊雷》,端纳译,新华出版社1988年版,第58页。

有动物的脾气，畜牧场的牲畜丝毫不知道身边的危险，人急它不急，每天只能走十几里，而且走一天要歇三五天。王酉亭等人即使心急如焚，也只能对迫近的战火置若罔闻，将就动物的"作息时间"，动物走则人走，动物停则人停，实在迫不得已，就雇佣沿途农民的板车、毛驴车拉着走得慢的动物加速西行。二是这些美国牛、荷兰牛、澳洲羊、英国猪、美国猪都有"高贵"的血统，抗日战争爆发前都是中大畜牧场"娇生惯养"的宝贝，有专人负责配制专门的饲料。战乱时期，物品奇缺，价格昂贵，王酉亭等人也只有想方设法，沿途收割牧草，并向农家购买饲料、粮食，配制饲料喂养这些动物，人则以不倒下为原则，粗茶淡饭、吃糠咽菜。三是这些动物突然改变了生活环境，特别是从来没有经历过这样的长途奔波，很容易发生疫情。王酉亭等人就用带出来的有限医药，以及沿途采摘的草药进行诊治，甚至于后来还要为产仔的动物接生。

西迁入川的中大畜牧场的乳牛

正当南京城陷于血雨腥风之时，王酉亭带领的"动物大军"就像沙漠中的骆驼队一样，经过江浦、全椒，在12月底过了合肥，往河南信阳方向进发。1938年春节前后，"动物大军"终于赶到今安徽省六安市霍邱县叶集镇，暂时到达相对安全的地方。叶集镇地处豫皖两省交界大别山的北麓，为安徽西大门，被称为"大别山门户"。农历十二月二十三日或二十四日，为"送灶"之日，亦称"过小年"，按叶集风俗，在祭祀灶君时，不但要为灶君准备"祭灶糖"，还要为灶君的坐骑备"马料"（剪短的稻草和黄豆），至于"过大年"更是中国人阖家团聚的传统节日。而王酉亭等人到达叶集时，却是动物断料人断粮，远在千里之外的家人亦是生死未卜。王酉亭原计划到达信阳后乘火车南下武汉，无奈此时正值隆冬，天寒地冻，王酉亭的"人""马"皆成强弩之末，继续前行已不可能。王酉亭随即致电已搬迁至重庆的中央大学，告知已将畜牧场的畜禽完整地带出南京，正在前往重庆途中，希望得到母校的接济。接到电报的罗家伦完全没有想到已经放弃的畜禽会失而复得，惊喜之余，他马上汇款至叶集镇邮局，让邮局转交并告诉王酉亭暂停行军，寻觅安全地带休整过冬。

1938年3月，"动物大军"经过休整之后重新上路，继续沿着河南商城、光山一线，行进在大别山北麓的丘陵和原野间，向信阳前进。此时，徐州会战正在激烈进行，5月下旬，徐州会战结束，中国军队全部撤抵皖西、豫南地区，这时，"动物大军"才过了商城，6月中旬到达潢川附近。潢川位于信阳中部，地处鄂、豫、皖三省连接的中心地带，南依大别山，北临淮河。大别山西接桐柏山，基本上位于南京和武汉的正中间，王酉亭本想此时率队翻越大别山，南下直趋武汉。但当地人执意劝阻，因为大别山区野狼成群，"动物大军"一旦身陷其中根本无法抵御。王酉亭只得放弃这一计划，继续沿着公路向信阳西行。

信阳属于亚热带季风性气候，春夏之交骤冷骤热，常有低温连阴雨，降雨天数在四季中是最长的。在这种季节，人畜都极易患病，这时通往信阳的公路不但泥泞难行，而且挤满了西撤的军队和各路难民，散兵游勇和乡匪路霸也混杂其间，"动物大军"显然无法与混乱的车辆和人流争道，而且兵匪也会不时掠杀动物，王酉亭一行很多时候只得绕行乡间小路。更为雪上加霜的是，为了配合地面部队的行动，6月—9月，日军连续出动20余批、200多架次飞机，对信阳地区轮番进行狂轰滥炸，投掷炸弹及燃烧弹1000多枚。8月5日,汉夫在《豫南剪辑》的通讯中,报道了信阳火车站被惨炸的情形:"敌机九架去轰炸火车站一带,紧急警报和投弹,几乎是同时的。全城惊恐万状。结果火车站一带被炸甚惨!烧夷弹下落,大地延火30小时未熄。房屋倒塌,死伤数百。而避难树林中的难民,更是炸得惨。人肉血皮,代替了树叶,挂满了树梢。哭声喊叫,凄惨之极!当天,市面就从热闹一变为冷落。街无行人,店门都关得紧紧的。第二天,二次空袭警报,又将城中人民逼到城外,城外的人民跑去乡村。从那以后,每天清晨五六点,老百姓就挟了条席子,拿了把扇子,背了包袱或提了皮箱,走去树木(林)、山上、河边或小村落中避难,直至傍晚六时才回来。整个白天,没有什么东西可买,饭店无人,饮食维艰,想买包香烟,都是买不到的。"①通往信阳的路上,到处是逃难的人群,无疑加大了信阳一带的恐怖气氛和道路拥塞。由于天、地、人的多重阻碍,"动物大军"行进异常缓慢,8月中旬,才到达信阳附近。令人难以想象的是,现在从潢川到信阳,铁路104公里,公路90公里,汽车一般1小时40分左右,走高速则只要半个小时,而就是这样一段距离,王酉亭时走时停,走了两个月左右。但是形势已经不容"动物大军""闲庭信步"了。从6月起,武汉会战开始,6月11日,日军攻占安庆,被视为武汉会战的开端,7月26日,日军攻占九江,8月10日,日军攻占瑞昌,离武汉已不足200公里,这无疑让王酉亭由信阳乘车赴武汉的计划也化为泡影。8月底,日军占领安徽六安、霍山后,为配合进攻武汉,直指潢川、商城,以便于向西可进攻信阳,南下可突破大别山。这一进攻路线几乎是尾随"动物大军"而至,王酉亭如果继续在信阳滞留显然只能是坐以待毙。进退失据的王酉亭紧急电告中央大学请示行止,罗家伦迅速回电:"不可再去武汉,须沿大别山北麓公路西行,过平汉路,再沿桐柏山南麓迳趋宜昌。"罗家伦的计划是,动物大军越平汉铁路继续西行,向襄樊、老河口方向进发,由宜昌乘轮西上重庆。

---

① 中央党史研究室第一研究部编:《抗日战争时期全国重大惨案》第6册,中共党史出版社2014年版,第149页。

10月25日，武汉沦陷，西迁的"动物大军"由信阳穿过平汉铁路，取道桐柏山南麓，转湖北中部，继续在云梦泽地带和武当山区行进。桐柏山位于河南、湖北边境地区，是淮河与长江两大水系的分水岭，三国时吴人徐整《五运历年纪》记载："盘古之君，龙首蛇身，嘘为风雨，吹为雷电，开目为昼，闭目为夜。死后骨节为山林，体为江海，血为淮渎，毛发为草木。"神话学专家袁珂多次到桐柏山考察后认为："桐柏山是中原盘古文化产生的中心。"这充分说明了桐柏山地势的险要，因此，桐柏山号称"比华山高险，与黄山竞秀"。王酉亭等驱赶着"动物大军"在崎岖的山区行进，风餐露宿，感受的恐怕不是其"秀"，而是其"险"，其中的艰辛亦非常人所能想象。11月上旬，"动物大军"长途跋涉，抵达湖北宜昌，此时距离开南京已将近一年，王酉亭等人好不容易脱离战区，进入了大后方，按理来说总算可以松一口气了，但王酉亭到达宜昌后，满怀的希望几乎马上变成了绝望。

动物的"敦刻尔克"

湖北宜昌,素有"川鄂咽喉"之称,国民政府迁都重庆,特别是武汉失守以后,长江黄金水道成为进入大后方最重要、最便捷的运输生命线,因此,宜昌此时更是中国保存抗战实力,命悬一线的咽喉。谈及宜昌大撤退时,晏阳初曾说:"这是中国实业史上的'敦刻尔克',在中外战争史上,这样的撤退只此一例。"《大公报》记者徐盈在《当代中国实业人物志》一书中说得更为直截了当:"中国的敦刻尔克的撤退的紧张程度与英国在敦刻尔克的撤退并没有什么两样,或者我们比他们还要艰苦些。"

卢作孚

敦刻尔克大撤退是依靠一个国家的力量完成的,而宜昌大撤退则完全依靠的是卢作孚的民生公司。

当时的宜昌滞留了从沦陷区和战区蜂拥而来的人流和物流,卢作孚在《一桩惨淡经营的事业——民生实业公司》中说:"宜昌这一段撤退工作,不但是民生公司的一段最艰巨的工作,也是整个抗战运输当中的一段最艰巨的工作"①。卢作孚如此描述当时的严峻状况："这时除这八万吨（编者注：物资）以外，还有政府的全部，学校的大部，航空委员会航空器材的全部，民间工厂的大部，通通需要内迁，其总量又远超八万吨以上。大半年间，以扬子江中下游及海运轮船的全力，将所有一切人员和器材，集中到了宜昌。扬子江上游运输能力究嫌太小。汉口陷落后，还有三万以上待运的人员，九万吨以上待运的器材，在宜昌拥塞着。全中国的兵工工业、航空工业、重工业、轻工业的生命，完全交付在这里了。"卢作孚接着描述了宜昌的混乱局面："遍街皆是人员，遍地皆是器材，人心非常恐慌。因为争着抢运的关系，情形尤其紊乱。我恰飞到宜昌，看着各轮船公司从大门起，直到每一个办公室止，都塞满了交涉的人们，所有各公司办理运输的职员，都用全力办理交涉，没有时间去办运输了。管理运输的机关，责骂轮船公司，争运器材的人员，复相互责骂。"②

这些亟待转运的人流、物流对于中国抗战的重要性是不言而喻的，但卢作孚却不得不面临以下难题：一是航道危险，宜昌往上游的三峡是长江的咽喉，航道狭窄弯曲，滩多浪急，暗礁林立，自古以来三峡就不能夜航，同时，1500吨以上的大轮船还不能直达重庆，只能换载开川江的大马力小船，才能穿过三峡前行；二是运力的不足，当时能够穿行三峡的除民生公司22艘轮船外，只有2艘中国轮船和几艘外国轮船。而外国轮船不但要价高昂，还因中立的关系，只运商品，不运与抗战相关的东西；三是时间紧迫，当时距川江每年的枯水期只有40天了，枯水期一到，水位下降，运载大型机器设备的船只根本无法开航。而在此时，日军正在疯狂地向宜昌推进，敌机不停地飞临宜昌进行轰炸。

以上形势不但把卢作孚逼上了绝境，更把王酉亭的"动物大军"

---

① 卢作孚：《一桩惨淡经营的事业——民生实业公司》，见卢作孚著，文明国编：《卢作孚自述》，安徽文艺出版社2013年版，第32页。
② 卢作孚：《一桩惨淡经营的事业——民生实业公司》，见卢作孚著，文明国编：《卢作孚自述》，安徽文艺出版社2013年版，第30页。

1938年10月24日，第一艘抢运轮船开出宜昌

逼上了绝境。为了尽快抢运人员、物资，卢作孚做了规定："因为宜昌重庆间上水至少需要四日，下水至少需要两日，于是尽量缩短航程，最不容易装卸的，才运到重庆，其次缩短一半运到万县，再其次缩短一半到奉节巫山，甚至于巴东。一部分力量较大的轮船，除本身装运外，还得拖带一只驳船。"总之，"尽量利用所有的力量和所有的时间，没有停顿一个日子，或枉费一个钟点"。卢作孚还描述了当时分秒必争的装运情形："每晨宜昌总得开出五只、六只、七只轮船，下午总得有几只轮船回来，当着轮船刚要抵达码头的时候，舱口盖子早已揭开，窗门早已拉开，起重机的长臂，早已举起，两岸的器材，早已装在驳船上，拖头已靠近驳船。轮船刚抛了锚，驳船即已被拖到轮船边，开始紧张的装货了。"①显而易见，动物的装载、运输难度比一般货物及人员均要大得多。一是动物在运输时无法叠加摆放，甚至不能过密过挤，这意味着在寸土寸金的舱位中所占面积更大；二是动物在上下船只时不易组织，并且容易受到惊吓而造成混乱，这不但耗力而且耗时；三是在运输过程中还必须随时给牲畜喂水喂料，这

---

① 卢作孚：《一桩惨淡经营的事业——民生实业公司》，见卢作孚著，文明国编：《卢作孚自述》，安徽文艺出版社2013年版，第31页。

在拥挤的船舱中无疑极为麻烦。因此，在众多抗战物资、人员亟待转运的时候，恐怕连王酉亭自己当时也会觉得，要让"动物大军"上船近乎"无理要求"。没有资料直接证明王酉亭是怎样找民生公司接洽的，实际情况是，民生公司的负责人员得知了王酉亭"动物大军"的传奇经历以后，居然近乎"天方夜谭"地给动物们活生生地挤出了舱位，并直达重庆。这说明王酉亭"动物也不当亡国奴"的信念，是中国人抗战到底的精神支柱，其精神意义远远大于运出千余只动物的现实意义。也说明王酉亭的传奇已远不局限于王酉亭一个人，而是整个民族精神的相连，共同成就了"动物大军"的西迁传奇。

王酉亭一行终于在宜昌登上民生公司的轮船之后，"动物大军"溯江而上进入三峡，差不多与此同时，11月18日，胡风带着妻儿坐民生公司的轮船从宜昌去重庆，他在回忆中写到了船过三峡的惊险："轮船航行在四川境内，江面越走越窄。快到巫山时，只见高峰耸立在两侧，船航行在狭小的江中，简直看不见峰顶，而那青灰色的大块大块的石壁像巨人似地站在那里，它们只要愿意，一抬脚就可以压碎我们这条大轮船。"特别是船过滟滪堆时，更是令人十分紧张："船越走越慢，真成了老牛慢步了。江中、江边都是突出的、嶙峋的、像匍匐着的怪兽似的大石滩，像在伺机扑上来吞噬我们，十分可怖，这里就是有名的险滩'滟滪滩'，据说，看得见的石滩还好躲，而藏在江中心的暗礁就不好躲避了。船停在这里等候绞滩。"滟滪堆自古以来就是船夫的噩梦，宋代范成大《吴船录》中记载了古代船只过滟滪堆的情景。"十五日至瞿塘峡口，水平如席，独滟滪堆水疾石险，摇橹者汗手死心，皆面无人色。每舟入峡数里，后舟方敢始发，一舟平安则簸旗以招后舟……"即使到了抗战时期，有了机动轮船，三峡的航行状况仍然非常险恶。胡风就写到了绞滩的惊心动魄："在远处的高山上安置了绞滩机，将长长的铁索羁在船头的铁桩上，用人工绞着铁索，拉着船慢慢地指挥着向安全的河道前进。绞索工人在上面喊着号子，这大概就是他们的指挥令吧，船小心谨慎地慢慢行进，两边的石滩上有时出现破木船的残骸。有的地方还挂着几片布条，不知是死者的还是纤夫的。看去实在令人触目惊心！我们伏在栏杆上看它怎样绕过大石，有时可以看到水底暗礁张牙咧嘴的可怕模样，有时还能听见船底同暗礁碰击的声音，真有蜀道难难于上青天之感。"①既然船行如此险恶，王酉亭是否可以带领"动物大军"沿三峡两岸行进？白屋诗人吴芳吉在《蜀道日记》中就给出了否定的答案。1913年8月，吴芳吉从宜昌到重庆，在8月10日的日记中，吴芳吉写道："滩水甚险，余与同舟皆起岸，悬崖绝壁，攀援而上。岩巅有大路，宽可一尺，乃缘山凿而成者。余行路中，觉足下不能自主，尤不敢四望，转过一山，有瀑布自山顶泻下，声如裂帛，一路皆为飞沫浸湿，滑不敢步。余扶一舟子手，得无恙，俯瞰江中，高可百余丈，举首望天，则岩石突出欲坠。余为足软目眩，惟正墙面立。舟既过滩，复攀援而下，至江边少憩，神魂犹恍惚不定。同舟谓余曰：'此乃大道最易行者。若在大峡内，则崎岖百倍矣！'余不觉心酸胆寒，吐舌不知所可，自思若彼时有猛虎来，必无幸矣。"②所谓"起岸"就是船过险滩时，有时乘客不得不下船在岸上步行，吴芳吉所记还是"大道最易行者"，不少地方"崎岖百倍"。吴芳吉甚至两次想打退堂鼓，放弃走水路而改走陆路，8月15日，吴芳吉在日记中说："余以水行之险，万倍于陆，拟返归州陆行。老齐急止余曰：'天气太热，万不可去。且巫峡中无路可走，往往峭岩绝壁，虽猿猱不能攀渡，矧先生文弱如此！'余曰：'滩水凶险，奈何？'老齐曰：'此亦无法。若陆路能行，早已往矣。实莫如何事也，安之为善。'此时余心殊悒悒，可恨无费长房缩地之方，以移巴山蜀水于舟前也。"③显而易见，这样的地势，"动物大军"是根本没有办法沿岸迁移的。

---

① 胡风：《胡风自传》，江苏文艺出版社1996年版，第111—112页。
② 吴芳吉：《蜀道日记》，原载《国风半月刊》1935年第3—4期。
③ 吴芳吉：《蜀道日记》，原载《国风半月刊》1935年第5—6期。

苏武归来

王酉亭一行过三峡，途经秭归、巴东、奉节、万县、涪陵，最后抵达重庆朝天门码头。中央大学校长罗家伦在晚年回忆录中写下了与"动物大军"在重庆见面的难忘场面："在第二年（1938年）深秋，我由沙坪坝进城，已经黄昏了。司机告诉我说，前面来了一群牛，像是中央大学的，因为他认识赶牛的人。我急忙叫他停车，一看果然是的。这些牲口经长途跋涉，已经是风尘仆仆了。赶牛的王酉亭先生和三个技工，更是须发蓬松，好像苏武塞外归来一般。我的感情振动得不可言状，看见了这些南京赶来的牛羊，就像看到久别重逢的老朋友一样。我几乎要向前去和它们拥抱。当我和这些南京的'故人'异地重逢时，心中一面喜悦，一面也引起了国难家仇的无限愤慨；我眼中的泪水也不禁夺眶而出了。"[1]中大校友王作荣曾回忆当时的情景："在化龙桥附近与罗校长的座车相遇，连天烽火，几番生死，老友异地重逢，罗校长的诗人气质又来了，单向热泪盈眶，下车与那些畜牲拥抱亲吻了一番，据说那些畜牲还摇头摆尾的回应一番哩。"[2]到此，王酉亭率领农学院畜牧场十六壮士及千余头牲畜，跨越苏皖豫鄂川五省，长途跋涉4000里，历经南京保卫战、徐州会战、武汉会战、宜昌大撤退，最后成功西迁重庆，堪称

---

[1] 罗家伦：《抗战时期中央大学的迁校》，见《罗家伦先生文存》编辑委员会编：《罗家伦先生文存》第8册，台北"国史馆"、中国国民党中央委员会党史委员会1976年版，第441页。

[2] 王作荣：《沙坪之恋》，见张宏生、丁帆主编：《中华学府随笔·走进南大》，四川人民出版社2000年版，第55页。

第十章 动物也不当亡国奴

抗战期间的另类长征。

中央大学"鸡犬不留"的搬迁在山城引起了轰动,王作荣曾感慨地说:"中大附近的居民常羡慕中大的校工厨师的谈吐举止,都有大学生之风,其实,中大的牲畜都有中大之风——朴实而有光辉。默默的走遍长江黄河、秦岭蜀山,来参加抗战行列,多么朴实,多么光辉。"①同时,王作荣还指出:"王酉亭在中大西迁过程中,做了一件了不起的事,是一位了不起的人,不应该被浩瀚的历史所湮没!"②王酉亭也从此被誉为"中大的焦大""中大的有功之臣""中大最光辉的名字"。在谈及"动物大军"的长征故事时,校长罗家伦激动地说:"中兴业,须人杰,至诚至真,止于至善,是我中央大学之精神。在日寇的轰炸中,中国大学没有溃败,灾难深重的中华儿女,在抗战中涌现出无数可歌可泣的悲壮故事。成贤畜牧场牲畜家禽西迁,当是其中之一!"③学者风范的罗家伦校长还激情赋诗一首:

紫金郁秀大江横,一片弦歌拂石城。
敷教岂曾拘六艺,制天穷理济斯民。
嘉陵江上开新局,劫火频摧气益遒。
更喜牛羊明顺逆,也甘游牧制渝州。④

后来,在中央大学的一次大会上,谈到什么是中大精神时,罗家伦再次激动地说:"唯有诚朴者方能成就伟大的事业,'诚、朴、雄、伟'是吾校校风的四字方针。你们在敌人的大轰炸、大屠杀的追逼之下,用你们诚朴机敏的行动,将牲畜家禽从敌人的魔爪下抢救出来,辗

---

① 王作荣:《最堪回首是沙坪》,王作荣、范馨香著:《欣云杂文集》,时报文化出版企业有限公司1988年版,第30页。
② 薄云峰:《台湾导演来宁:20年,终于找到你》,载2016年5月6日《扬子晚报》。
③ 杨小民编绘:《南大故事5:向西,向西》,南京大学出版社2016年版。
④ 罗家伦:《中央大学校庆感赋》,见李飞、王步高编:《中大校友诗词选》,东南大学出版社2002年版,第34页。

转千里，历经千辛万苦，来到重庆，以汉代苏武牧羊的榜样，实践了中央大学的精神！"[1]其实，王酉亭的精神又何止是中大精神，也是中华民族宁死不降、抗战到底的精神！

---

[1] 杨小民编绘：《南大故事5：向西，向西》，南京大学出版社2016年版。

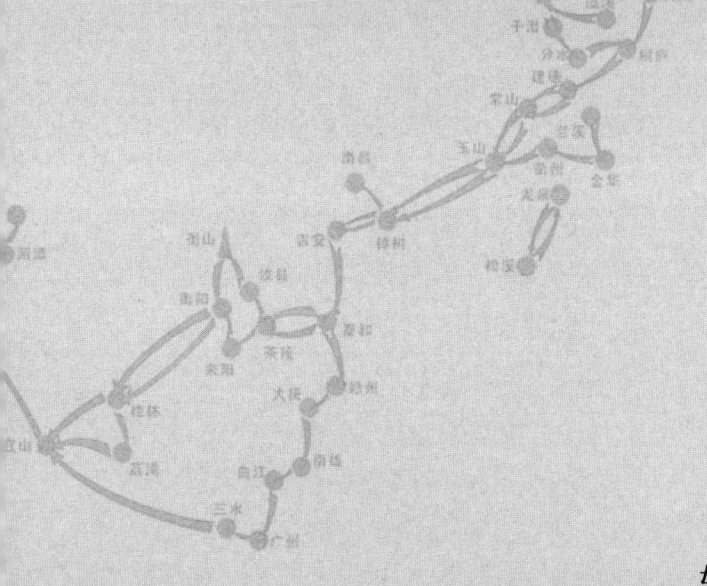

第十一章
斩不断的文化血脉

抗战时期的文化大迁徙，用历史的眼光看，保存了中华文化的血脉，使四大文明古国中硕果仅存的中华文明得以延续；从现实的角度看，就是最终形成的抗战文化，为抗战胜利提供了强大的精神动力，并最终取得抗战胜利，实现了中华民族的伟大复兴。正如罗家伦所言："武力占领一个国家的领土是可能的，武力征服一个民族的精神是不可能的。"

抗战文化运动

邓正兵对抗战文化做出了如是定义："抗战文化是抗战时期推动抗日救亡为抗战服务的文化系统，包括文化作品、文化运动、文化政策、文化人物等内容。"①高向远则进一步指出：抗战文化运动"以抗战文化作为反侵略斗争的锋利武器，配合抗日的政治斗争和军事斗争，在动员民众、推动文化工作者团结抗战、声讨日伪及战地服务等方面发挥了重大的历史作用"②。

抗战时期，在大后方形成了以下三大文化中心：

一是武汉。抗战爆发至武汉陷落前，面对空前的民族危机，中国文化人空前团结，各种全国性的文艺组织纷纷成立。1938年3月27日，中华全国文艺界抗敌协会（简称"全国文协"）在武汉成立，这是中国文艺工作者空前的大联合，郭沫若称之为作家团结的"豪华版"，其意义正如周恩来在大会演讲中所说的那样："全国的文艺作家们，在全民族面前，空前的团结起来。这种伟大的团结，不仅仅是在最近，即在中国历史上，在全世界上，如此团结，也是少有！这是值得向全世界骄傲的！"③军委政治部第三厅则是此期抗战文化运动的领导核心，汇集了当时中国文化界的名流巨子，时称"名流内阁"，在其周密组织下，

---

① 邓正兵：《近十年来抗战文化研究述评》，见涂文学、邓正兵编：《抗战时期的中国文化》，人民出版社2006年版，第649页。
② 高向远：《论抗战文化运动在抗日战争中的地位和作用》，载《陕西师范大学学报》1997年第3期。
③ 《周恩来在全国文艺界抗敌协会成立大会上的讲话》，见南方局党史资料编辑小组编：《南方局党史资料·文化工作》，重庆出版社1990年版，第29页。

各种文化活动不胜枚举，郭沫若在评价武汉时期的文艺运动时，甚至认为："中国自七七抗战以来，才真正到了'文艺复兴期'"①。1938年5月19日，"第三厅"成立以来的工作报告，对武汉时期的抗战文化运动进行了全面总结，仅4—5月，"第三厅"就连续开展了武汉各界第二期抗战扩大宣传周、"雪耻与兵役扩大宣传周"等大规模文化活动。1938年7月7日，郭沫若在《抗战一年来的文化运动》中坚定地表示："抗战已经一年了。虽然敌人用飞机大炮轰毁了我们无数有名的文化机关……。然而由我们文化工作者底努力，在沦陷区域中，在战区中，在后方，都已建筑起新的更为坚固的文化堡垒。"②

中华全国文艺界抗敌协会成立时的合影

二是重庆。1938年，"全国文协"理事冯乃超在离开武汉赴重庆时，曾慷慨激昂地写道："集全国优秀作家的力量，我们相信是能够将闭关锁国的西蜀——以至整个西南的文艺状态，推动到蓬勃发展的道路上去的。'敌人要将我们过去的文化中心变为文化落后的区域，而我们

---

① 郭沫若：《中国战时的文学与艺术》，见南方局党史资料编辑小组编：《南方局党史资料·文化工作》，重庆出版社1990年版，第116页。
② 郭沫若：《抗战一年来的文化运动》，见中国第二历史档案馆编：《中华民国史档案资料汇编》第5辑第2编《文化》（1），江苏古籍出版社1998年版，第53页。

则要将过去的文化落后区域变成文化中心'。"①诚如冯乃超所言,正是抗战时期的文化内迁使重庆成为全国的文化中心,设在重庆的中华全国文艺界抗敌协会、文化工作委员会、中苏文化协会是当时文化界最有影响的三大支柱②,在其领导之下,组织开展的各种类型的文艺运动不胜枚举。在抗战文艺运动中,最值得大书特书的是,1941年11月16日,中华全国文艺界抗敌协会、文化工作委员会、中苏文化协会等在渝文化团体联合举办了"郭沫若五十寿辰暨创作生活二十五周年"纪念活动,影响尤其巨大,延安、桂林、香港等地都积极响应,《新华日报》《中央日报》《新民报》《商务日报》《国民公报》《新蜀报》《时事新报》《扫荡报》《益世报》《解放日报》《广西日报》《星洲日报》《中苏文化》《抗战文艺》等报刊也对纪念活动做了广泛报道,此次活动的持续时间前后达半年之久。

郭沫若五十周年诞辰,文化工作委员会同事送大笔一支

---

① 冯乃超:《论本刊的使命》,见楼适夷主编:《中国抗日战争时期大后方文学书系》第1编《文学运动》,重庆出版社1989年版,第133页。
② 李畅培:《周恩来与郭沫若》,见重庆市博物馆《巴渝文化》编辑委员会编:《巴渝文化》第1辑,重庆出版社1989年版,第135—136页。

三是桂林。1938年10月，武汉、广州相继失守后，特别是1941年太平洋战争爆发，香港沦陷，上海孤岛消失，桂林成为沟通沦陷区、香港、大后方的枢纽，一时间，大批内迁文人云集桂林。据初步统计，抗战时期迁到桂林的文化团体有数十个，文化人数以千计，其中闻名全国的就有200多人，王坪甚至断言："留桂的文化工作者，无论质和量，有一个时期都占全国第一位。"①桂林遂成为抗战文化运动的又一中心，并由此形成了"桂林文化城"现象。据不完全统计，目前关于桂林抗战文化研究的共有资料类26种，著作类26种，论文集12种，各种学术文章难以统计。单是2015年由广西桂学研究会发行的《抗战时期桂林文化城史料汇编》，共15册，500多万字，内容涉及政治、经济、教育、军事、民族、文学、戏剧、美术、音乐舞蹈、新闻出版、自然科学、文化建设、广西人文、广西抗战、国际问题等15个方面。从这些大体量的研究资料，不难看出桂林抗战文化运动的盛况。

陈高佣在《战时文化运动》一书中指出："近代的战争是全民族的战争，而不仅是军人的战争；是科学文明的斗法，而不仅是前线将士的肉搏；是意识思想的对立冲突，而不仅是战场上的杀人流血；质言之，不仅是'武化'的战争，而尤其是文化的战争。"②因此，大后方抗战文化运动究其实质就是一种全民族的文化总动员。1938年秋，当军委政治部下属的九个抗战演剧队分赴各战区巡回演出时，田汉特地为之赋诗壮行："演员四亿人，战线一万里，全球作观众，看我大史戏。"③这一慷慨激昂的诗句实为抗战大后方文化运动最生动之写照，在抗战时期，文化总动员的例子比比皆是。中华全国戏剧界抗敌协会成立后，将每年10月10日定为中国戏剧节，因此，1938年10月10日就成了中国有史以来第一届戏剧节。10月29日，在重庆国泰大戏院上演的《全民总动员》堪称首届戏剧节的压轴戏。该剧汇集了戏剧界著名演员近200人，

---

① 王坪：《文化城的文化现状》，原载1943年9月8日《广西日报》。
② 陈高佣：《战时文化运动》，正中书局1938年版，第1页。
③ 田汉：《为湘剧宣传队题字》，见田汉著，屠岸、方育德编：《田汉全集》第11卷《诗词》，花山文艺出版社2000年版，第265页。

剧作者曹禺、宋之的，国民党文化界首领张道藩、国立剧校校长余上沅都登台演出。该剧的演出是不同流派、不同党派戏剧家的合作，在中国戏剧史上是罕见的，也是戏剧界真正的"全民总动员"。曹禺对此深有感慨："让我们鼓起兴头来演戏，笑着演戏，更愉快地演戏。因为在不断的艰苦抗战中，我们的民族是有前途的。"[1]此剧在重庆引起轰动，当时重庆一家报纸报道了这一盛况，文中盛赞："这个戏的演出，在渝剧人全体参加，在中国戏剧史上可谓空前盛举。"

---

[1] 张家浩：《〈全民总动员〉演出回顾》，载1988年1月30日《团结报》。

大后方文学、艺术的发展

抗战大后方文艺的范围极为宽泛，各文艺门类的表现较之抗战之前、之后都有很大差别，其成就从不同的角度评判也褒贬不一，实难逐一详述。尼印曾在《艺坛漫步》一文中说："抗战三年来，艺术宣传工作表现最有成绩的是文学，戏剧和音乐，绘画界最没有出息。"[①]姑且不论此一观点之是非，暂按此顺序，从抗战宣传的角度对大后方文艺进行论述。

1. 文学

1989年重庆出版社出版的《中国抗日战争时期大后方文学书系》（以下简称《书系》）是专门针对抗战大后方文学的一次集中整理，收录了1937年7月到1945年8月大后方的作家发表或出版的作品和文章。分为文学运动史料、文艺理论论争、中短篇小说、散文杂文、报告文学、诗歌、戏剧、电影、通俗作品、外国人士作品，共计10编20卷，1100多万字，如此鸿篇巨制尽显抗战大后方文学的空前繁荣。

在抗战大后方文学领域，报告文学和诗歌是最为广泛的形式。《书系》的报告文学编共3集，2225页，选录了174位作者的230篇作品，这当然只是抗战大后方报告文学中最为优秀的作品。实际上，1941年，叶以群过目的近三年来的报告文学就有200多位作者，约500篇作品。据叶以群统计，当时一般的文艺刊物都用70%—80%的版面来发表报告文

---

① 阮荣春、胡光华：《中华民国美术图史》，四川美术出版社1992年版，第285页。

学。胡风在《论战争期的一个战斗的文艺形式》一文中,就对报告文学推崇备至,他说:"它和战斗者一同怒吼,和受难者一同呻吟,用憎恨的目光注视着残害祖国生命的卑污的势力,也用带泪地感激向献给祖国的神圣的战场敬礼……。而读者的我们明显地感受得到,作者们是希求着把这怒吼,这呻吟,这目光,这感激,当作一瓣心香射进不愿在羞辱里面苟且偷生的中华儿女们底心里的。"①

论及战时诗歌,郭沫若曾指出:"诗歌最受着鼓舞,因为战争本身的刺激性,又因为抒情诗人的特别敏感,随着抗战的号角,诗歌便勃兴了起来,甚至诗歌本身差不多就等于抗战的号角,抗战以来,诗人之多,诗歌产量之丰富,是超出于其他各种部门的,人们对于诗也表示着特别的欢迎。"②《书系》的诗歌编共2集,1894页,选录了373名作者的691篇作品,这是从抗战大后方1000多名诗歌作者的作品中选录出来的。艾青的《抗战以来的中国新诗》是一篇评述抗战诗歌的重要论文,对抗战前半期的诗歌做了全面的论述。在谈及战时诗歌的特点时,艾青指出:抗战开始以后,"中国新诗和中国文学的各个部门一样,急速地在现实主义的道路上成长与繁茂起来。这时,中国新诗的作者更有意识地,具体地用他们创作的热情,与中国的现实紧密地联系起来"③。

对于抗战大后方文学的巨大成就,夏衍在《书系》的总序中做出了高度评价,他说:"八年抗战的大后方文学经历着一条独特的艰难曲折的道路,它不仅面对日本帝国主义的飞机大炮,还要顶住国内反动派的高压,并且不断克服自身的不足和弱点,在坚持抗战、团结、进步的全民族生死存亡的抗争怒潮中脱颖而出,蔚然成长。从而无论在作家队伍本身的团结和作家与人民群众的关系上,在文学工作的方向和创作的理论指导上,在作品的质和量,对现实反映面的扩大和深

---

① 胡风:《论战争期的一个战斗的文艺形式》,见林志浩、李葆琰主编:《中国新文艺大系》(1937—1949)《评论集》,中国文联出版社1998年版,第421页。
② 郭沫若:《中国战时的文学与艺术》,见南方局党史资料编辑小组:《南方局党史资料·文化工作》,重庆出版社1990年版,第117—118页。
③ 艾青:《抗战以来的中国新诗》,见娄东仁、晓非编:《艾青散文》(下),中国广播电视出版社1994年版,第4页。

入的程度上，又无论是诗歌、报告和通信文学、小说、散文、杂文、戏剧和电影文学以及各种形式的通俗作品，比抗战前都有一个很大的发展和提高。在全民抗战的潮流中不断受到逆流冲击的大后方文学，因其哀怨决绝而表现出深刻的爱国主义精神，因其求生意志而迸发出强烈的要求社会进步的呼声。这是真正血写的文章泪写的诗，作为一个时代的文学，也是中国文学史上一份极可珍贵的文献。"①

2. 艺术

戏剧是最为大众化的艺术形式，在战时宣传中受到高度关注。正如张道藩所说：戏剧"使一般文盲所知道的东西，和知识分子一样，甚至于更多，更切实，就只有把要告诉他们的内容，利用戏剧的形式来演出，就只有利用演员作为表现内容的符号，用动作与言语，直接而深刻地教育他们"②。

1944年2月15日—5月19日，在桂林举行的西南第一届戏剧展览会（亦称西南剧展），堪称对抗战时期戏剧的总检阅。此次展览会历时92天，参加者有来自粤、湘、桂、滇、赣等5省的33个艺术团体，演职人员895人，加上大会工作人员，与会者达千人以上。这次剧展以"戏剧演出展览""戏剧工作者大会""戏剧资料展览"为三大中心活动。在"戏剧演出展览"中，共演出各类戏剧179场，观众共达10万人以上；在"戏剧工作者大会"中，总结了抗战以来的戏剧成果，讨论和确定了今后的工作任务，通过了《戏剧工作者公约》并起草了《西南第一届戏剧展览会闭幕宣言》；"戏剧资料展览"为期20天，参展团队22个单位，展出资料总共达1000余件。西南剧展历时之长，规模之大，参加人数之众多，展出内容之丰富，在中国戏剧史上是罕见的。美国著名戏剧评论家爱金生特地为《纽约时报》写了一篇报

---

① 夏衍：《中国抗日战争时期大后方文学书系》总序，见楼适夷主编：《中国抗日战争时期大后方文学书系》第1编《文学运动》，重庆出版社1989年版，总序第7页。
② 张道藩：《中华民国第一届戏剧节的意义》，原载1938年10月11日《扫荡报》。

道，对西南剧展做了很高的评价："这样宏大规模的戏剧展览，有史以来，除了古罗马时代曾经举行外，还是仅见的。中国处在极度艰辛环境下，而戏剧工作（者）还能以百折不挠的努力，为保卫文化、拥护民主而战，功劳极大。这次聚西南八省戏剧工作者于一堂，检讨过去，策励将来，它的贡献尤其重大。"①

西南剧展

音乐在抗战大后方的众多文艺形式中，具有最广泛的群众基础，丰子恺就指出："抗战以来，艺术中最勇猛前进的要算音乐。文学原也发达，但是没有声音，只是静静地躺在书铺里，待人去访问。演戏原也发达，但是限于时地，只有一时间一地点的人可以享受。至于造型艺术（绘画雕塑之类），也受着与上述两者相同的限制，未能普遍发展。只有音乐，普遍于全体民众，像血液周流于全身一样。……有人烟处，即有抗战歌曲。"②阚培桐编《救亡之声——中国抗日战争歌曲汇编》，全书共8卷，收录抗战歌曲3621首，仅署名的词曲作者就有1800多人。唐守荣、杨定抒编著《国统区抗战音乐史略》则重点介绍了89位著名

---

① 《爱金生赞扬西南剧展》，原载1944年5月19日《新华日报》。
② 丰子恺：《谈抗战歌曲》，见丰子恺：《子恺谈艺》（下），海豚出版社2014年版，第3—4页。

音乐家，26个音乐社团，23个歌咏团体，23所音乐学校和教育机构，141种抗战音乐图书、42种音乐报刊，单从以上数字就不难看出抗战大后方音乐发展的盛况。

大后方抗战音乐最重要的形式莫过于群众性的歌咏运动，主要集中在武汉、桂林和重庆三个抗战文化城。武汉时期的抗战音乐运动几乎渗透于所有的宣传活动中，其中，庆祝台儿庄大捷的"水陆火炬歌咏大游行"、"歌咏日游行"、"美术歌咏游行"、"节运"歌咏漫画游行等几乎都是倾城出动。郭沫若如此描述1938年4月7日"水陆火炬歌咏大游行"的盛况："通合武汉三镇，怕有四五十万人……火炬照红了长江两岸。歌唱声、爆竹声、高呼口号声，仿佛要把整个空间炸破。"①这样的规模在整个大后方抗战音乐运动中是首屈一指的。②桂林的抗战音乐运动，从1936年6月1日，桂林初中歌咏团上街演唱抗战歌曲起，至1944年7月30日，田汉率抗战工作队赴前线慰问前夕举行的告别晚会止，整整持续了八年时间，持续时间之长久，超过抗战大后方其他任何一座城市。桂林举行的千人以上的群众歌咏集会就有几十次之多，万人以上的抗战歌咏集会也近10次。重庆作为战时陪都，歌咏团体众多，据不完全统计，部分报刊上报导亮相的合唱团就有45个，还有不少公开半公开的合唱团。③除群众性歌咏运动之外，重庆抗战音乐较之其他大后方城

《救亡之声——中国抗日战争歌曲汇编》

---

① 郭沫若：《洪波曲》，百花文艺出版社1959年版，第48—49页。
② 李莉、田可文：《"国共合作"中的武汉抗战音乐活动》，载《武汉音乐学院学报》2005年第3期。
③ 叶语：《烽烟万丈，战歌震天——漫话"陪都"抗战音乐》，载《人民音乐》1995年第12期。

市更为丰富多彩。交响乐方面，重庆被誉为"中国交响乐的摇篮"，组建了被称为"山城三大交响乐团"的中华交响乐团、国立音乐院实验管弦乐团、国立实验剧院管弦乐团；在民族器乐方面，郑体思曾撰文说："重庆是近代新型民族管弦乐队的发祥地"；在歌剧艺术方面，1942年1月31日—2月13日，中国第一部大歌剧《秋子》在重庆国泰大戏院首演，轰动了山城；在音乐教育方面，抗战期间，外地迁来的、本地新建的音乐教育单位云集于此，盛况空前，据不完全统计，专业音乐院校或设有音乐专业的学校有17所之多。①

抗战时期的美术，最突出的转变是木刻、漫画异军突起。正如黄宗贤所言："木刻和漫画是与现实结合得最为紧密的艺术门类。直面现实，勇敢地去表现与反映现实，可以说是中国新兴木刻和漫画最基本的品质。"②大后方出版发行的美术刊物，从某种角度说都是木刻和漫画刊物，以至于在论及抗战美术运动时期的美术史时几乎演变为木刻、漫画史。抗战胜利后，1946年9月18日，全面抗战八年木刻展在上海开幕，这是对抗战木刻运动的一次总结，展出了900多件展品。郭沫若在展览会的留言簿上写下了这样一段话，可算是对抗战木刻运动的一个总结："中国就像一块坚硬的木板，要靠大家从这里刻出大众的苦闷、沉痛、悲愤、斗争，由黑暗中得到光明。看见八年来的木刻，令人增加了勇气和藉慰。中国究竟是有前途的，人民终必获得解放。把大家的刻刀对准顽强的木板！"③

在谈到漫画的宣传功能时，漫画家胡考说："漫画是简便的大众化的读物。它有直觉的效能，在形式上它是明确的，最易使观众了解的，在内容上它是煽惑的、鼓动的、感情的，诚然后者是每种宣传品必具的条件。但漫画的形式是最易受大众接受的。"④丰子恺更明确指出：

---

① 叶语：《烽烟万丈，战歌震天——漫话"陪都"抗战音乐》，载《人民音乐》1995年第12期。
② 黄宗贤：《抗日战争美术图史》，湖南美术出版社2005年版，第246页。
③ 王琦：《抗战八年木刻展及其它》，见王琦：《艺海风云：王琦回忆录》，人民美术出版社1998年版，第116页。
④ 胡考：《漫画与宣传》，原载1938年1月25日《文艺战线》。

"漫画是笔杆抗战的先锋,因为它的宣传力顶锐利。……'百篇文章不及一幅漫画。'"[①]正因为如此,全面抗战爆发伊始,漫画界就积极投入救亡运动中,1937年8月底,上海救亡漫画宣传队出发,经南京到达武汉后,在第三厅领导下开展活动,救亡漫画宣传队几乎集中了当时中国漫画界最优秀的画家。9月20日,漫画队创办了会刊《救亡漫画》,在创刊号上刊登了题为《漫画战》的代发刊词,号召全国漫画家"与日寇作一回殊死的漫画战"。1939年春,日本漫画界召开了一次座谈会,被迫承认中国漫画所取得的成就已经超过日本漫画。在全面抗战期间举行的漫画展非常灵活但也相当零散,无法做出准确的统计,但都对抗战起了积极的宣传作用。郭沫若曾对抗战时期的漫画做出了高度评价:"漫画,就在于它的漫。漫,道路何其广宽,漫,画家漫舞其笔。为美术救国,立下了汗马功劳。"[②]

从宣传和政治的角度,郭沫若曾盛赞中国战时文艺"五年的发展,抵得上抗战前的二十五年"[③]。田仲济(笔名蓝海)则在《中国抗战文艺史》一书中,对抗战文艺进行全面系统的回顾,并宣称:"时代是一个英雄的时代,文艺上也应是一个英雄的时代。"[④]

[①] 丰子恺:《漫画是笔杆抗战的先锋》,见丰子恺:《子恺谈艺》(下),海豚出版社2014年版,第1—2页。
[②] 王伯敏:《中国绘画通史》下册,生活·读书·新知三联书店2008年版,第365页。
[③] 郭沫若:《中国战时的文学与艺术》,见南方局党史资料编辑小组编:《南方局党史资料·文化工作》,重庆出版社1990年版,第120页。
[④] 蓝海:《中国抗战文艺史》,山东文艺出版社1984年版,第3页。

大后方新闻、出版业的发展

七七事变后，国民党新闻机构随国民政府辗转内迁，从上海、南京到武汉、长沙，再到重庆、桂林，最终建立起了以重庆为中心的新闻宣传网络。各主要新闻报刊主要采用在各地办分社、出分版的办法开展活动，1938年以后，《中央日报》的分社分版扩大到12个城市，《民国日报》扩大到13个，《扫荡简报》扩大到50个，《阵中日报》扩大到11个，同时，国民党还在各地大量创立党报。据1944年的统计，抗战期间，国民党先后创立过中央党报18家，地方党报412家，军报有170家。战时全国的报纸约1100家，国民党共计创办过600家左右的报纸，占当时全国报纸总数（不包括沦陷区和解放区）的53.9%，大大高于战前40.5%的比例。①战时地方报纸在大后方各省发展也十分迅速，据勾适生《中国后方的报纸》一文统计，抗战大后方的地方报纸共有228种，主要的20个省份里，有报纸的城市一共是60个，并特别声明："这里所说的中国后方是对沦陷区而言，而不包括解放区在内。"②国民政府还逐渐恢复其新闻传播网络，在各地设立广播电台共23座，特别是1940年8月在昆明建立了一座大功率的广播电台——昆明广播电台，这在中国广播事业史上具有重要意义。中央广播电台台长吴道一就认为："抗战期间，我国广播事业在极度困难的条件之下，与抗战以前相较，实有异常

---

① 蔡铭泽：《中国国民党党报历史研究》，团结出版社1998年版，第204页。
② 勾适生：《中国后方的报纸》，见张静庐辑注：《中国现代出版史料》丙编，中华书局1956年版，第104页。

显著的进步。"①

在谈及内迁广播事业对中国抗战的贡献时，吴道一将之称为与陆、海、空三军并列的"第四战线"，他不无感慨地说："我国广播事业先天就注定了须得服务于抗战。因此广播事业分担了抗战的沉重职责，分担了随抗战而来的困苦艰辛。抗战八年，历经无数次的危殆震撼，颠簸动荡，然而广播事业始终支撑了全民作战的勇气；无情的揭发敌人的阴谋诡计，积极的粉碎敌人的谣言攻势，对世界友邦发出'中国之声'向他们报道正确的战况，申述'抗战中国'的需要，争取友邦的了解与同情，信赖与援助；对沦陷区的同胞，广播事业更无异是政府一支（只）温柔而极有力量的手，时时寄予他们以关切和抚慰，让他们相信所期待的自由光明的日子必将到来。广播事业在抗战期中，施展了最大的力量，充分尽到政府喉舌的责任"。②在震惊世界的重庆大轰炸中，中央广播电台的播音从来没有间断过，当年东京报纸恼怒地将之称为"重庆之蛙"："我皇军飞机大炸重庆，那里的青蛙全都炸死无声，为什么那个扰人心绪的中央电台还是叫个不停？"

"重庆之蛙"遗址

①② 吴道一：《胜利还都与我国广播事业》，见赵玉明主编：《中国现代广播史料选编》，汕头大学出版社2007年版，第190页。

对于内迁新闻媒体在全民族抗战中的责任，《大公报》曾发表社论表示："任何私人事业，与国家命运不可分，报纸亦然。自从抗战，证明了离开国家就不能存在，更说不到言论自由。在平时，报纸要争新闻，这是为着事业，也为着兴味。但在国家危辱关头，这些问题，全不成问题了。所以本来信仰自由主义的报业，到此时乃根本变更了性质。就是，抗战以来的内地报纸，仅为着一种任务而存在，而努力，这就是为抗战建国而宣传。"①1939年5月起，日军开始对重庆实施大规模的无差别轰炸，特别是3日、4日两天的轰炸，造成大量人员伤亡，引起极大的社会恐慌，多家报社也有人员伤亡，房屋、设备损毁严重，无法正常出版。为回应日机的残酷轰炸，《中央日报》《大公报》《时事新报》《新华日报》《扫荡报》《国民公报》《新蜀报》《新民报》《西南日报》《商务日报》等10家报纸共同出版《重庆各报联合版》（简称联合版），各报编辑印刷人员在山洞中编印。5月6日，联合版即出版第1号，并在发刊词中豪迈地宣称："敌人对我们的各种残酷手段，我们的回答是加紧我们的组织，我们要拿组织的力量，去粉碎敌人的一切阴谋诡计！"从5月6日起，到8月13日止，联合版每天出1号，共计出版99天，10家报纸出联合版堪称世界新闻史上的奇闻和壮举。

全面抗战时期的出版业内迁也为救亡运动做出了巨大贡献。1937年—1938年，以武汉为中心的大后方图书出版业，以出版各种丛书为特色，各出版社、书店出版的抗战丛书有50多套，包括了500多种图书。武汉时期发行的刊物以政论和时事报道等小型式样为主，一致以宣传抗日救亡为主要内容。1939年—1941年，此期以出版重版书和译著为主，虽然是抗战以来的出版最低谷，但仍然形成了以重庆为中心、桂林为重点的大后方出版业，鄂、湘、川、黔、滇、粤、赣、浙、闽的若干中小城市也相继成为各省或数省出版发行的新据点。1942年—1945年，抗战大后方出版业出现了明显的复苏迹象，陆续新建了一些出版机构，据

---

① 张季鸾：《抗战与报人》，见《民国丛书》编委会编：《季鸾文存》（下），上海书店出版社1989年版，第151页。

统计，抗战大后方1942年出书3879种，1943年出书4408种，均是1941年的两倍多，从出版物的内容与品种结构上看，也基本上恢复了常规性的出版状态。

  据不完全统计，全面抗战期间，大后方的出版社、书店总共1287家，印刷厂1400多家。共出版图书22,552种，其中，哲学738种，宗教207种、理科887种、医药425种、农业537种、工业703种、社会977种、教育1352种、经济3000种、政治3833种、法律401种、军事1959种、史地2297种、语言文字555种、文学3948种、艺术525种、总类208种。[1]此外还出版期刊2000余种[2]，由此可见抗战大后方出版事业在战时的艰苦环境中仍有顽强的发展。

---

[1] 熊复主编：《中国抗日战争时期大后方出版史》，重庆出版社1999年版，第370页。
[2] 吴永贵、王静：《抗战时期大后方书刊出版概览》，载《出版发行研究》2007年第7期。

大后方教育的发展

抗战时期的大后方教育虽历经劫难，但仍弦歌不绝，并不断发展壮大，这从各层次教育战前、战后的对比中，可以非常明显地看出来。

1. 高等教育

中国高等教育是指国立、省立、私立的大学、学院、专科学校。

七七事变前后全国高等教育比较

1936年		1945年		
108	学校数	141	+33	同比增长30.5%
75	研究生数	464	+389	同比增长518.6%
37,255	本科生数	69,585	+32330	同比增长86.7%
4592	专科生数	13,449	+8857	同比增长192.8%
11,850	教职员数	18,094	+6244	同比增长52.6%
39,275,386	岁出经费数	6,653,456,594	因涉及币制、通货膨胀等因素，不予比较	

上表根据《中华民国史档案资料汇编》第5辑第2编《教育》（1）（中国第二历史档案馆编，江苏古籍出版社1997年版）中的"教育部战时教育概况统计表""历年度全国国民学校及小学概况表""抗战期间全国中等教育概况表""抗战前后高等教育比较表""战时全国专科以上学校之岁出经费数统计表"合并整理而成。

七七事变前后全国高等院校专业情况比较

	1936年	文类	1945年		
学系数	174	文	122	-52	同比减少29.8%
	78	法	118	+40	同比增长51.2%
	44	商	65	+21	同比增长47.7%
	34	教育	32	-2	同比减少5.8%
	330	共计	337	+7	同比增长2.1%
		实类			
	158	理	132	-26	同比减少16.4%
	76	工	111	+35	同比增长46%
	8	医	26	+18	同比增长225%
	47	农	80	+33	同比增长70.2%
	—	师范	55	+55	
	289	共计	404	+115	同比增长39.7%
科数		文类			
	18	文	52	+34	同比增长188.8%
	4	法	10	+6	同比增长150%
	11	商	27	+16	同比增长145.4%
	24	教育	14	-10	同比减少41.6%
	57	共计	103	+46	同比增长80.7%
		实类			
	2	理	8	+6	同比增长300%
	23	工	44	+21	同比增长91.3%
	15	医	12	-3	同比减少20%
	7	农	22	+15	同比增长214.2%
	—	师范	52	+52	—
	47	共计	138	+91	同比增长193.6%

上表根据《中华民国史档案资料汇编》第5辑第2编《教育》（1）（中国第二历史档案馆编，江苏古籍出版社1997年版）中的"抗战期间全国专科以上学校概况表"，学系数、科数，"抗战前后高等教育比较表"院科系数改制而成。

从以上二表可以看出，七七事变前后在衡量高等教育发展水平的各项主要指标中，学校数、学生数、教职员数等均有明显增长，学生数增长尤为迅速，其中，为适应战时科技强调实用性的要求，增长最快的是研究生（培养研究型人员），增长了5倍多，其次是专科生（培养应用型人才）。在专业设置方面，大后方各高校较之七七事变之前不但门类更为齐全,同时,应用学科的发展尤其突出,在很大程度上纠正了之前教育与社会需求脱节的弊端。特别值得注意的是,在上表的高校专业设置中,师范学系数和科数都是从无到有的净增长。这在很大程度上弥补了战时教育师资的短缺,为各层次教育的大力发展提供了条件。

2. 中等教育

中国所谓中等教育,包括中学、师范学校与职业学校三类学校。

七七事变前后全国中等教育比较

1936年		1945年		
	中学			
1956	学校数	3727	+1,771	同比增长90.5%
482,522	学生数	1,262,199	+779,677	同比增长161.5%
41,180	教职员数	91,289	+501,109	同比增长121.6%
41,453,790	岁出经费数	20,822,735,908		因涉及币制、通货膨胀等因素,不予比较
	师范学校			
814	学校数	770	-44	同比减少5.4%
87,902	学生数	202,163	+114,261	同比增长129.9%
10,222	教职员数	19,342	+9,120	同比增长47.1%
10,851,224	岁出经费数	3,534,221,572		因涉及币制、通货膨胀等因素,不予比较
	职业学校			
494	学校数	576	+82	同比增长16.5%
56,522	学生数	102,030	+45,508	同比增长80.5%
8645	教职员数	13,991	+5,346	同比增长61.8%
8,730,591	岁出经费数	2,516,664,315		因涉及币制、通货膨胀等因素,不予比较

上表根据《中华民国史档案资料汇编》第5辑第2编《教育》(1)(中国第二历史档案馆编,江苏古籍出版社1997年版)中的"抗战期间全国中等教育概况表"改制而成。

从上表可以看出,抗战大后方的中等教育在学校数、学生数、教职员数等方面较之七七事变前同样增长明显。只有师范学校数略有下降,这是因为全面抗战初期中等师范学校损失尤其严重,1936年与1937年相比,学校数、学生数、教职员数不但损失过半,1937年的各项指标在整个抗战期间也是最低的。到1945年，学校数基本上恢复到之前的水平，而学生数、教职员都出现了明显增长，这说明中等师范教育总体上较之战前仍有所发展。在上表中还可发现，1945年中等教育的三大类别比例较之1936年显得更为合理，这表明战时中等教育已脱离地方省市各行其是的无序状况而得以综合、平衡、协调发展。

3. 初等教育

在初等教育方面，抗战期间，各项主要办学指标也有不同程度的增长。

七七事变前后全国初等教育比较

1936年		1945年		
320,080	学校数	269,937	-50,143	同比减少-15.6%
18,364,956	学生数	21,831,898	+3,466,942	同比增长18.7%
702,831	教职员数	785,224	+82,393	同比增长11.7%
119,725,603	岁出经费数	21,863,334,281		因涉及币制、通货膨胀等因素，不予比较

上表根据《中华民国史档案资料汇编》第5辑第2编《教育》（1）（中国第二历史档案馆编，江苏古籍出版社1997年版）中的"教育部战时教育概况统计表""历年度全国国民学校及小学概况表"改制而成。

从上表可知，在初等教育中，学校数较之七七事变前有所减少，这是由于之前将义务教育、失学补习教育、扫盲教育皆纳入初等教育，但三者各自为政，因此基数庞大。战时创设了国民教育制度，将几者加以整合，虽然总体学校数有所下降，但学生数和教职员数却有所增加，这无疑表明国民教育具有更高的效率和更为理想的结果。

4. 社会教育

中国社会教育包括电化教育、补习教育、科学教育、美术音乐与戏剧、民众教育馆、图书馆、博物院，以及一切文物之保存与清理等项。

七七事变前后全国社会教育比较

	1936		1940		
学校数	158,038		132,832	-144,756	同比减少-91.5%
学生数	3,867,158		4,614,561	+747,403	同比增长19.3%
教职员数	211,192		151,690	-59,502	同比减少-28.1%
岁出经费数	17,866,426		17,986,651	因涉及币制、通货膨胀等因素，不予比较	

上表根据《中华民国史档案资料汇编》第5辑第2编《教育》（1）（中国第二历史档案馆编，江苏古籍出版社1997年版）中的"教育部战时教育概况统计表"改制而成。

七七事变前后全国社会教育机构比较

	1936		1940		
民众教育馆	1509		1269	-240	同比减少-15.9%
图书馆	1848		204	-1644	同比减少-88.9%
公共体育场	2865		1417	-1448	同比减少-50.5%
电化教育机关	89		649	+560	同比增长629.2%
民众学校	67,803		20,995	-46,808	同比减少-69%
各种补习学校	2184		916	-1268	同比减少-58%

上表根据《中华民国史档案资料汇编》第5辑第2编《教育》（1）（中国第二历史档案馆编，江苏古籍出版社1997年版）中的"历年度全国重要社会教育机关数统计表"改制而成。

从以上二表可知，1940年与1936年相比，全国社会教育在学校数、教职员数等方面都有所下降，这是因为从1940年起，各地基层社教机关同国民学校及乡镇中心学校合并，学校数、教职员数纳入初等教育计算，不再纳入社会教育统计范围。在社会教育机构方面，1945年与

1936年相比，民众教育馆、图书馆、公共体育场、民众学校、补习学校等方面数量都有所减少，这是因为七七事变前社会教育规模庞大，但过于零散，实行国民教育后，原社会教育的诸多功能被初等教育所取代，战时资源得到更合理的分配。需要特别指出的是，上表显示，电化教育机关的数量增加了数倍，同时，接受社会教育的学生人数也有所增加，这说明抗战期间社会教育更加注重其质量和效率。在抗战期间，为了强化民族意识，实行全民总动员，国民政府发动了多方面的力量投入社会教育中去。抗战胜利后，教育部在对战时教育进行总结时称："抗战期间，国民之民族意识加强，抗战情绪热烈，推行社会教育，贡献甚大，皆国民政府成立以来积极提倡所致也。"[①]

5. 边疆教育

1935年，民国政府教育部、蒙藏委员会联合制定了《推广边疆教育实施办法》，开始明确提出边疆教育的概念。

■ 七七事变前后全国边疆教育比较

	1939		1945	
学校数	4	39	+35	同比增长875%
学生数	334	8634	+8300	同比增长2485%
教职员数	缺	970	—	—
岁出经费数	747,132	5,977,601,400	因涉及币制、通货膨胀等因素，不予比较	

上表根据《中华民国史档案资料汇编》第5辑第2编《教育》（1）（中国第二历史档案馆编，江苏古籍出版社1997年版）中的"抗战期间国立边疆学校历年概况比较表""抗战前后历年度边疆教育经费统计表"改制而成。国立边疆各级学校，总计设校50余所，期间若干地方，

[①] 《抗战期间的中国教育》（1937—1945年），见中国第二历史档案馆编：《中华民国史档案资料汇编》第5辑第2编《教育》（1），江苏古籍出版社1997年版，第318页。

因实施边教以后,特殊文化渐趋统一,乃将原有边校移交地方,改办普通教育。各师范附属小学数字,概未计入。

从上表不难看出,1939年时边疆教育异常薄弱,几近于无,1945年的增长与之相较,发展是非常惊人的。这充分说明,为加强战时民族团结,巩固边疆地区国防,边疆教育日益受到重视,经过战后几年的发展,已卓有成效。

全面抗战以来,中国教育从高等教育、中等教育、初等教育、社会教育、边疆教育等各个层次来看,在学校数、学生数、教职员数等主要指标方面都取得了较大发展。只有岁出经费数,因涉及币制、通货膨胀等原因,变数过多,无法进行比较。众所周知,在全面抗战时期恶性通货膨胀的影响下,教育经费虽然表面数字巨大,就其实值而言,教育经费较之前不升反降,国民政府教育部也承认:"表面数字虽增加极大,而实际拮据更甚于前。"即使在这种情况下,抗战大后方教育仍取得了极大发展,实属不易。更重要的是,正如《抗日战争时期中国教育研究》所言:"由此而保存了中华民族最终战胜日本帝国主义乃至求得整个民族独立的精神财富和人才资本,也在某种程度上保障了中国现代化建设事业不致因战争的破坏而完全中断。"[①]

综上所述,全面抗战期间,在极其艰难的条件下,大后方的文化、教育等方面都取得了一定发展。1947年,国民政府教育部长朱家骅在为《第二次中国教育年鉴》所写的序文中,不无感慨地说:"抗战八年间,我全国教育科学文化界人士,冒危难、耐劳苦,淬励奋发,维持全国教育文化于不坠,发扬民族意识,推进内地文化,凭战时仅有之贫乏物质,而自觉自力以适应教育上之需要,其艰苦卓绝之精神,非仅可歌可泣足为后人景仰,且亦足以动国际之观听,供盟邦之借镜。"[②]这实际上是对抗战大后方文化教育的最好总结。全面抗战

[①] 余子侠、冉春:《抗日战争时期中国教育研究》,团结出版社2015年版,第154页。
[②] 朱家骅:《第二次中国教育年鉴》序言,见教育部教育年鉴编纂委员会编:《第二次中国教育年鉴》(一),商务印书馆1948年版,序言第1页。

时期文化内迁是中华民族历史上的伟大壮举,其意义如何评价都当之无愧。正如游国斌所言:"文化内迁是战争条件下中国高等院校、科研机构、文化设施及文化精英的战略大转移。这场内迁,尽管是为了保存中华民族的文脉而迫不得已进行的,但它却造成了中国文化教育重心、布局的变动,促进了西部地区文化、教育、科学乃至社会的发展。这些不但为抗日战争的胜利提供了重要保证,而且也为中华民族的复兴积累了许多现代化的因素。"[①]

[①] 游国斌:《救亡与复兴:抗战时期的民族觉醒》,中国财政经济出版社2005年版,第405页。

后　记

本书的写作纯属无心插柳，甚至可以说是"因祸得福"。

由于一直生长在象牙塔中，虽然从来不敢自认为是知识分子，却对知识分子问题倍感兴趣，特别是仰望民国知识分子的背影，总觉得可钦、可佩、可感。依我愚见，抗战时期的救亡知识分子上承五四时期启蒙知识分子、20世纪30年代自由知识分子，下启解放战争时期民主知识分子、中华人民共和国成立后思想转型知识分子，在中国知识分子发展史上起着承上启下的作用。虽然明知这种概括有失偏颇，甚至贻笑大方，但每当面对民国知识分子这一诱人的"陷阱"时，我还是会不知不觉或者说是心甘情愿地掉进去，以至于我的博士论文选了一个自虐乃至自戕的题目——《抗战大后方知识分子心态研究》。需要指出的是，所谓"心态研究"其实多少有附庸风雅之嫌，我的单纯想法不过是想弄清楚抗战大后方知识分子的所思、所想、所为。

陈寅恪提出的"同情式历史研究法"认为："所谓真了解者，必神游冥想，与立说之古人，处于同一境界，而对于其持论所以不得不如是之苦心孤诣，表一种之同情，始能批评其学说之是非得失，而无隔阂肤廓之论。"此言大善，历史研究的宗旨即在于求真，对于心态研究尤其如此。心态史本来就近乎虚无缥缈，知识分子更是以复杂性著称，在他们丰富的思想层面之下，往往有着鲜为人知的内心世界。在撰写博士论文的同时，我又承担了2015年度重庆市社会科学规划项目"中外人士抗战大后方历史记忆研究"，因此，在进行史料筛选上，我将重点放在大后方知识分子的私密性著述上，说得更明白点，就是主要取材于日记、信函、口述等。之所以如此，正如朱光潜在谈到日记的写作时说："作者是在自言自语，为自己的方便或乐趣而写作，无心问世。唯其如此，他毫无拘束，毫无隐瞒避讳，无须把话说得委婉些，漂亮些。只须赤裸裸地直说事实或感想。他只对自己'披肝沥胆'（confidential），所以他想写的真正是'亲切的'（intimate）。"我亦认为，这种"赤裸裸"才正是所谓"赤子之心"。

在大后方知识分子私人记忆中，主要涉及以下几个方面的内容：一、治学；二、交游；三、流亡；四、轰炸；五、物价。其中，一、二两项是文人的本质属性，可以说在任何时候的文人记忆中都存在此类记述，而后三项才是抗战所带来的特定产物。但即便就是"流亡""轰炸""物价"这三个方面，要在一篇博士毕业论文中同时驾驭如此大体量的材料，至少相较于我的才疏学浅而言，是一件费力不讨好，或者干脆说就是力不从心的事情。面对这一大堆史料，我虽然觉得"食之有味"，但亦觉得"弃之可惜"，治史之人对于史料的搜集犹如寻宝，未获之时，魂牵梦绕，偶有获取，欣喜若狂，一旦割弃，则痛如十指连心。因此，看到拾荒般搜集而来的史料即将束之高阁，我心黯然，甚至觉得这就是我博士论文的墓志铭。但隐约作痛之中，也难忘初心，更确切地说是于心不甘，总觉得探索大后方知识分子的内心世界，是我个人挥之不去的梦想，为一代知识精英树碑立传，则是我辈治史者的责任，即便仅仅是向先贤致敬亦是我辈后学的荣耀。

正当我感到山穷水尽之时，陕西师范大学出版总社找我加入"抗战大迁徙实录丛书"文化卷的写作，这对我来说真可谓是柳暗花明。本来抗战大迁徙是一个老生常谈的话题，特别是文化迁徙的研究成果更是汗牛充栋，由于不胜枚举以至不用枚举。我常自问是否有能力去画蛇添足，是否有必要去狗尾续貂。

所谓"民国之后，再无大师"，其立论当否姑且不置，但在以往学界的著述中，民国知识分子的思想之博大精深让人望尘莫及，即使是他们日常生活的风花雪月也如不食人间烟火。总之，民国知识分子给人的印象多少让人觉得高不可攀以至于望而却步。黑格尔说："历史是人的作品。"

其实，民国知识分子也是人，而不是神，只是不是一般的人，这种不一般，在很大程度上在于他们更多地承载了国破家亡的苦难，也更自觉地担负了救亡图存的责任。

由于我是研究文学出身，对于历史研究可说是半路出家，以前总是天真地自我安慰，以为"文史不分家"，但进入师门后才发现，在学术研究的名义下，文、史早已变得泾渭分明，文学研究变得越来越"浮"，史学研究则变得越来越"实"。记得王小波曾说"文学的使命就是制止整个社会变得无趣"，我最粗浅的理解就是"文学就是要有趣"。在当前学界，不能不引起注意的是，当文学研究开始逐渐向史学研究渗透，越来越注重"实证"的时候，史学研究却仍然固执地将文学的"趣味"拒之于门外。如果说"有趣"是文学研究的专利，和史学研究风马牛不相及，这种说法是我无论如何不能接受的。因此，本书的写作宗旨在于不放弃文学的"有趣"，而这种"有趣"则基于历史的"真实"。我以为回眸大后方知识分子的历史，本身就应该是一件有趣的事情，根本不需要再去添油加醋。读者在阅读本书的过程中，如果说觉得有趣，那么是在于这些故事本身，而不在于我的叙述；如果说觉得无趣，那么罪在我的叙述，而不在于这些故事本身。

言尽于此，词不达意。总之，首先要感谢陕西师范大学出版总社给我提供的这样一个机会，让我天马行空的想法没有胎死腹中并成为我承担中央高校基本科研业务费专项资金项目"抗战大后方公教人员心态研究"（SWU1709636）的最终成果；其次则要感谢西南大学抗战大后方协同创新中心的全体同人，本书是中央高校基本科研业务费专项资助创新团队项目"中国抗战大后方研究"（SWU1709101）的成果之一，并得到国家社科基金抗日战争研究专项工程项目"中国抗战大后方历史文献资料整理与研究"（19KZD005）的支持。没有团队成员的包容，我将无法任性地做我喜欢的事情，而这恰恰是我为学的动力所在。最后要感谢我的爱人，就我个人而言，没有她的鼓励，我将一事无成，没有她的欣赏，我所做的一切都将变得毫无意义。

2020年6月22日于巴山夜雨中